Tafel 1.

Dorfplatz im Wendland / Bauernhäuser in Schott / Dorfstraße in Siblos.

Texte siehe Rückseite

Tafel 1.

Oben: Dorfplatz in einem Runddorf im Hannoverschen Wendland mit verschiedenfarbig bemalten Häusern.

Mitte: Bauernhäuser in Schott, Ostfriesland.

Unten: Dorfstraße in Siblos in der Rhön, Hessen-Nassau. Geschindelte und verschiedenfarbig bemalte Häuser.

ZU DIESEM WERK

Als 1903 die erste Auflage der »Deutschen Bauernkunst« erschien, war die traditionelle Volkskultur fast zur Gänze der Industrialisierung des 19. Jahrhunderts zum Opfer gefallen. Oskar Schwindrazheim, der Autor des Werks, war einer der wichtigsten Fürsprecher der Heimatbewegung, die sich gegen Ende des vorigen Jahrhunderts formiert hatte, deren Mitstreiter sich gegen die Auswüchse der modernen Zeit wandten und sich dem Sammeln und Bewahren alten Kulturgutes verpflichtet fühlten. Seinen Zeitgenossen galt Schwindrazheim als »der Entdecker der Volkskunst und Heimatkunst, der auch zu deren Wiederbelebung beitrug, und der Entdecker der malerischen Schönheit unserer niederdeutschen Heimat«, so hieß es in einer Schrift, die 1925 als Festgabe anläßlich seines 60. Geburtstags erschien.

Schwindrazheim, von Haus aus bildender Künstler, später ein unermüdlicher Sammler und Volkserzieher, deutete die überall in Deutschland vorgefundenen Relikte einer versunkenen Zeit als »Kunst eines uns fremd gewordenen Volkes, zu der wir uns aber doch eigenartig hinzugezogen fühlen«, wie er in seinem Vorwort zur »Bauernkunst« schreibt, und er verspürte in sich ein »Gefühl, wie es ein Forschungsreisender haben mag, der die Kunst eines fremden Naturvolkes studiert«. Der Allgemeinheit die Ästhetik volkstümlicher Kunst nahzubringen, die Geschmacksbildung an historischen Vorbildern zu schulen, war sein erklärtes Ziel, das er wie in all seinen anderen Bemühungen so auch in seinen zahlreichen Schriften verfolgte.

Wer war dieser Mann, der seine künstlerischen Fähigkeiten und forscherischen Interessen in den Dienst dieser pädagogischen Idee stellte? Oskar Schwindrazheim wurde am 16. April 1865 in Hamburg geboren. Nach dem Besuch der dortigen Kunstgewerbeschule wirkte er als Lehrer und Bibliothekar an der Altonaer Handwerker- und Kunstgewerbeschule, deren Leiter er auch zeitweise war. Seit 1911 trug er den Titel eines Professors. Ob als Künstler, als Buchillustrator, als Lehrer, plattdeutsch dichtender Lyriker oder als Publizist, Vortragender und Kunstphilosoph und -pädagoge: Immer waren es die Schönheiten und Eigentümlichkeiten der heimatlichen Landschaft, das Bild der ländlichen Siedlung, die kunstvollen Erzeugnisse des bäuerlichen Lebens, die er in den Mittelpunkt seiner Betrachtungen stellte.

Um Volkskunst zu studieren und zu sammeln, zu katalogisieren und zu skizzieren, durchwanderte Schwindrazheim fast ganz Deutschland, zuweilen begleitet von Gleichgesinnten, die Einzelheiten fotografisch festhielten, so etwa der Wiener Verleger Gerlach, in dessen Verlag sowohl 1903 die erste Auflage, als auch 1931 die dem vorliegenden Reprint zugrundeliegende zweite Auflage der »Deutsche Bauernkunst« erschien. 1891/92 gab Schwindrazheim die Zeitschrift »Beiträge zu einer Volkskunst« heraus. Dadurch wurde einerseits er, der Künstler, zum Schriftsteller, andererseits prägte der Titel einen damals neuen Begriff, »Volkskunst«, der schnell weite Verbreitung fand und zum Schlagwort wurde.

Neben vielen regionalen Studien Schwindrazheims sind die fünf Bände der »Kunstwanderbücher« von Anfang des Jahrhunderts hervorzuheben, eine »Anleitung zu Kunststudien im Spazierengehen«. Auch der Artikel »Deutsche Volkskunst« im vierten Band »Das deutsche Volk in Sitte und Brauch« in Buschans Standardwerk »Sitten der Völker« machten Schwindrazheims Ansichten einer breiten Öffentlichkeit bekannt.

Als 1931 die erweiterte und umgearbeitete zweite Auflage der »Bauernkunst« herauskam, hatte sich die Volkskunst im Bewußtsein der Bevölkerung etabliert, mehr noch, man schickte sich an, der damaligen Ideologie entsprechend dem Volkstümlichen einen überhöhten Stellenwert zuzuschreiben und mit rassischen Vorzeichen zu versehen. Von solcher Überhöhung ist Schwindrazheims Werk weitgehend verschont geblieben. Ihm gelang es, einen von nationalsozialistischen Einflüssen unbelasteten volkskundlichen Klassiker zu erschaffen, in seinem Rang vergleichbar dem »Bomann«, dem Standardwerk »Bäuerliches Hauswesen und Tagewerk im alten Niedersachsen« von 1927, das ebenfalls als Reprint in der Edition »libri rari« vorliegt.

Gewiß ist der Forschungsstand, wie er sich in der »Deutschen Bauernkunst« präsentiert – gemessen an dem Stand gegenwärtiger volkskundlich-wissenschaftlicher Forschung – zum Teil überholt (was im übrigen für alle Werke dieser Zeit gilt). Dies betrifft einerseits die damals geübte historische Sichtweise, die von stammesgeschichtlichen Konstanten und einer kulturellen Kontinuität über Jahrtausende ausgeht; beides ist durch die Erkenntnisse der letzten Zeit in Frage gestellt worden. Aber auch die Begriffe »bäuerlich« und »Volkskunst« bedürfen heute einer gründlichen Revision. Bei den Objekten der »Bauernkunst« handelt es sich nicht zwingend um Dinge, die von Bauern oder ausschließlich für Bauern hergestellt wurden. Ihre Schöpfer waren selten Laien, sondern vielmehr in erster Linie berufsmäßige Handwerker. Die Abnehmer von »bäuerlicher« Kunst fanden sich nicht nur im Bauernstand, sondern in sämtlichen Berufsgruppen und sozialen Schichten in Dörfern und Kleinstädten.

Über »Volkskunst« ist in letzter Zeit viel diskutiert worden, mit dem Fazit, daß es sich keineswegs um eine von der »Hochkunst« unabhängig entstandene eigene Richtung handelt, sondern daß die volkstümliche Kunst durchaus von modischen Entwicklungen der »Stilkunst« beeinflußt war. Ferner ist zu beachten, daß die Zahl der verzierten und künstlerisch ausgestalteten Objekte deutlich geringer war, als Publikationen wie die von Schwindrazheim es suggerieren. Das Gros der alltäglichen Gebrauchsgegenstände war schlicht und schmucklos, lediglich haben die Objekte der Volkskunst leichter den Weg in die Sammlungen und Museen gefunden.

Doch solche Anmerkungen aus heutiger Sicht können keinesfalls den Wert von Schwindrazheims außergewöhnlicher Dokumentation schmälern. Das Werk zeichnet ein lebhaftes Bild davon, wie Dorf, Haus und Hof verschiedener deutscher Regionen vor der Industrialisierung aussahen, immer von einem ganzheitlichen Standpunkt aus betrachtet, unter Einschluß der natürlichen Umgebung und der Bepflanzung. Der Leser erfährt, welche Formen und Ornamente das Mobiliar und häusliches Gerät aufwiesen, wie überhaupt das Leben von der Wiege bis zur Bahre von kunstvollen Objekten begleitet war. Ob Schmiedearbeiten, Glas, Keramik, Trachten, ob Sinnbilder oder Sprüche an Haus und Gerät, in Schwindrazheims Werk ist alles versammelt, was den ästhetischen Charakter des dörflichen Lebens deutlich macht. Bemerkenswert ist die Fülle von Illustrationen, insgesamt über tausend Einzelabbildungen: historische Fotografien und vor allem Zeichnungen aus der Feder des Verfassers, darunter eine ganze Reihe wundervoller farbiger Impressionen ländlicher Kunst.

Das Buch ist eine Fundgrube für Kunsthistoriker und Volkskundler sowie alle Freunde ländlicher Wohnkultur und Sammler bäuerlicher Antiquitäten! Es sei außerdem wärmstens empfohlen allen jenen, die sich Anregungen und Vorbilder für eigenes künstlerisches Schaffen suchen.

Dr. Joachim F. Baumhauer, Hannover

Deutsche Bauernkunst

von Oskar Schwindrazheim

Senden Sie Ihr Gesamtverzeichnis auch an:

Name/Firma

Straße

Postleitzahl

Ort

EDITION libri rari

Hobby und Handwerk

EDITION libri artis

Verlag Th. Schäfer Hannover

Für eilige Bestellungen:

Telefon (0511) 87575-075
Telefax (0511) 87575-079

www.libri-rari.de
E-Mail: libri-rari@th-schaefer.de

Bitte ausreichend frankieren

Rückantwort

Verlag
Th. Schäfer GmbH
Postfach 5469

30054 Hannover

Deutsche Bauernkunst

von Oskar Schwindrazheim

mit 12 Farbtafeln

und 202 Abbildungen im Text

1 9 3 1

EDITION libri rari

Verlag Th. Schäfer

Hannover

Reprint nach der 2. Auflage aus dem Jahre 1931,

seinerzeit erschienen im Deutschen Verlag für Jugend und Volk

Wien und Leipzig

aus dem Bestand der Universitätsbibliothek Hannover (a4943)

Die 1. Auflage erschien im Jahre 1903

und wurde herausgegeben im Auftrage der Lehrervereinigung

für die Pflege der künstlerischen Bildung

in Hamburg

Begleittext von

Dr. Joachim F. Baumhauer, Hannover

ISBN 3-88746-405-2

Best.-Nr. 4315

Gesamtherstellung

Th. Schäfer Druckerei GmbH, Hannover

Inhaltsverzeichnis.

Vorwort.

Seit der ersten Auflage dieses Buches sind über fünfundzwanzig Jahre verflossen — — —

Die Stellung der deutschen Bauernkunst in der allgemeinen Wertschätzung hat sich beträchtlich verändert — sie ist als bedeutsamer Zweig der deutschen Volkskunst anerkannt. Ja, sie ist fast etwas wie ein Lieblingsgegenstand des Studiums für Gelehrte, Künstler, Volkstums- und Heimatfreunde geworden. Sammlungen in großen Museen wie in so und so vielen Heimatmuseen (bis zur Aufstellung ganzer alter Bauernhäuser mit allem Zubehör!), eine große Zahl vortrefflicher Veröffentlichungen (von denen im besonderen die Sammlung: Deutsche Volkskunst, Delphin-Verlag, München, herausgegeben vom Reichskunstwart Dr. Redslob, und Dr. Hahm's: Deutsche Volkskunst, Verlag der Deutschen Buchgemeinschaft, Berlin, genannt seien), Aufsätze in Heimatzeitschriften, Ausstellungen in kleinerem oder größerem Maßstabe zeugen von der erhöhten Wertschätzung — nicht minder erzählen davon allerlei Einflüsse, die sie namentlich auf das heutige Kunstgewerbe ausgeübt hat.

Als Ziel nannte die erste Auflage des Buches: Es wolle versuchen, allerlei Leute, die bisher die deutsche Bauernkunst nicht beachtet hätten, auf sie aufmerksam zu machen, sie Freude an ihr gewinnen zu lassen, ja, sie ihnen lieb zu machen. Das ist auch jetzt das Ziel. Ich hatte daher auch erwogen, ob ich's vielleicht im Titel geradaus sagen sollte:

„Freude an deutscher Bauernkunst — — —"

Denn das ist das, was ich geben möchte und auch nur geben kann: Einen Versuch der Übermittlung der Freuden, die sie mir auf meinen Wanderungen bereitet hat, an andere — seien's allerlei gute Leut auf dem Lande selbst, seien's Wanderer und Sommerfrischler, seien's Besucher jener Museen —, sowohl Freude an dem Großen, das in ihr steckt, als auch an allerlei kleinen Reizen dieser oder jener Art!

Freude an ihrer Urwüchsigkeit in ihrem natürlichen engsten Verbundensein mit Heimatart und Volksart — Freude an ihrer dadurch erzeugten Eigenart von Völkchen zu Völkchen — Freude an allerlei in ihr bewahrtem alten, ja uralten Kulturgut — Freude an ihrer Treffsicherheit in allerlei technischem Witz, Ziergedanken, Farbengeschmack u. dgl. — Freude an allerlei Sinnigkeit dieser oder jener Art — usw., usw.

Was ich erzähle und was ich an Bildern biete (von nahestehenden Freunden ist ein klein wenig Ergänzendes dazugekommen), gibt fast ausschließlich Selbstgesehenes und dabei Empfundenes — das hat natürlich zur Folge, daß die von mir durchwanderten Gegenden eine Hauptrolle spielen, aber ich glaube dadurch um so herzlicher zu sprechen und vielleicht auch um so herzlicher wirken zu können.

Die Freude an unserer alten Bauernkunst hat meinem Empfinden nach eine besondere Färbung. Gewiß empfinde auch ich selbstverständlich größte künstlerische Freude an aller anderen alten Kunst, z. B. beim Durchwandern der Schätze aus Patrizierhaus, Kirchen, Fürstenschloß usw. in unseren Museen, aber ich glaube mich nicht zu irren, wenn ich meine, daß ich beim Durchwandern einer Sammlung deutscher Volkskunst, im besonderen deutscher Bauernkunst, oder gar einer Gegend, wo sie noch einigermaßen reichlich, obschon auch nur in Resten, zu bewundern ist, eine andersartige, ich kann wohl sagen: tiefere, wärmere, ja herzlichere Freude fühle! Die Ursache dieser andersartigen Empfindung werden eben jene besonderen Reize sein, die die Bauernkunst seitab „da draußen" bewahren konnte, die die städtische Kunst infolge des Verkehrs und der dadurch hervorgerufenen Beeinflussungen von hierher und dorther, mit dem Ergebnis stärkster Teilnahme an Weltstilen, nicht oder doch nur in weit geringerem Maße wahren konnte! Es scheint mir ein ähnlicher Unterschied zu sein wie der, der uns ja wohl doch zumeist ein Stück reiner Gottesnatur auch dem schönsten gepflegten Park vorziehen läßt!

Auf der einen Seite naturnahes Volkstum — anderseits höchst entwickelte Kunstfertigkeit von Weltgeltung! Beides unzweifelhaft etwas Großes, Bewunderung Verdienendes, aber mit völlig verschiedenen Gründen für ihre Wertschätzung! Das eine steht den uralten natürlichen Quellen aller Kunstäußerungen noch recht nahe — das andere umfaßt verschiedene Höhepunkte der Kunstentwicklung! — in jener noch spürbaren Quellnähe der Bauernkunst steckt sicherlich der Zauber, der ihr die Wertschätzung namentlich der Künstler verschafft hat! Es ist derselbe Reiz, den im Völkerkundemuseum die volkstümliche Kunst irgendwelcher anderen Völker unwillkürlich auf uns ausübt: geschlossenes Einssein mit Heimatnatur und Volksart — nur mit dem wichtigen Unterschied, daß unsere Bauernkunst uns den Kern unseres eigenen künstlerischen Wesens und zwar in all der starken, verschiedenfältigen Eigenart deutscher Stämme widerspiegelt und klarmacht, und so einmal an und für sich uns mehr zu Herzen gehen wird, zum andern gesündere gradausgehende Einflüsse auf unsere Kunst ausüben kann als die auf anderer natürlicher Grundlage entstandene Volkskunst fremder Völker!

Solche Herzensfreude ist es im besonderen, die ich weitergeben möchte!

Ich kann dank dem Entgegenkommen des Verlages eine Fülle neuer Bilder, sogar ein paar farbige, den alten hinzufügen, aus Gegenden, die ich inzwischen kennen lernte, und auch solche von der gemeinsam mit dem feinsinnigen alten Rat Martin Gerlach gemachten Wanderung durch Unterfranken, die er in unserem Buche: „Unterfranken", Verlag Gerlach u. Wiedling, Wien, seinerzeit veröffentlichte.

Möge auch diese neue Auflage eine so freundliche Aufnahme finden wie damals die erste und neben den schönen, letzterzeit erschienenen Veröffentlichungen über deutsche Volkskunst und Volkskunde mit beitragen, unserer alten deutschen Bauernkunst neue Freunde zu werben, ihre Wertschätzung zu steigern und ihre Reste, wie auch die darin enthaltenen Keime für neue volkstümliche deutsche Kunst zu schützen.

Altona, 2. September 1930.

O. Schwindrazheim.

Abb. 1. Sennhütte der Alpen (Zeichnung von Th. Riefesell †).

Zur Geschichte der deutschen Bauernkunst.

Von deutscher Bauernkunst kann mit Fug erst von dem Zeitpunkte an die Rede sein, da es deutsche Bauern gab — deutsche Bauern, d. h. die germanischen Stämme, die sich später selbst den Namen der Deutschen gaben, endgültig dauernd seßhaft wurden und die Lebensweise begannen, die wir Bauernwirtschaft nennen.

Wann dieser Zeitpunkt genau war, ist für unseren Zweck belanglos. Liegt er da, wo der Ackerbau, einerlei in welcher Form, die Oberhand über die Jagd gewann, oder liegt er später, etwa erst in der Zeit der Völkerwanderung? Die Antwort wird verschieden ausfallen, je nachdem man den Ausdruck Bauernwirtschaft auffaßt — sie wird auch verschieden sein je nach der Gegend, die man im Auge hat.

Für unsere Zwecke genügt der Satz in seiner obigen Form. Die Kunst der deutschen Bauern — damit scheidet sowohl die Kunst älterer, nicht germanischer Bevölkerung unseres Vaterlandes, z. B. der Pfahlbauern der schweizerischen und deutschen Seen und auch der keltischen Kolonisten des römischen Germaniens, als auch die der germanischen Stämme vor ihrem endgültigen Seßhaftwerden aus. Weder die eine, noch die andere werden wir zur deutschen Bauernkunst rechnen können, wohl aber dürfen wir heute die Kunst der zu deutschen Bauern gewordenen Slawen u. dgl. dazu rechnen.

Der Übergang von der früheren Lebensweise zum Bauerntum und damit vom Begriff: Urkunst zur Bauernkunst war kein plötzlicher, sondern ein allmählicher, kein Sprung, der zu einem Bruch mit der Vergangenheit, zu einer vollständigen Umänderung der Gegenstände zwang, um die es sich allein handeln kann; sie sind vielmehr nichts als die Fortsetzung der vorher für sie üblichen Formen.

Noch heute zeigt uns allerlei auf dem Lande Erhaltenes, wie der Kunstsinn des Menschen überhaupt zustande kam: aus Notwendigkeit, Nützlichkeit, allmählich entwickeltem (oft damit in nächster Verbindung stehendem, ja draus entstandenem) Schönheitssinn, Farbenfreude, Zeitvertreib, Humor, Minnedienst und religiösen Gedanken. An allerlei ursprünglich anmutenden Bauten der Lüneburger Heide und ihrer

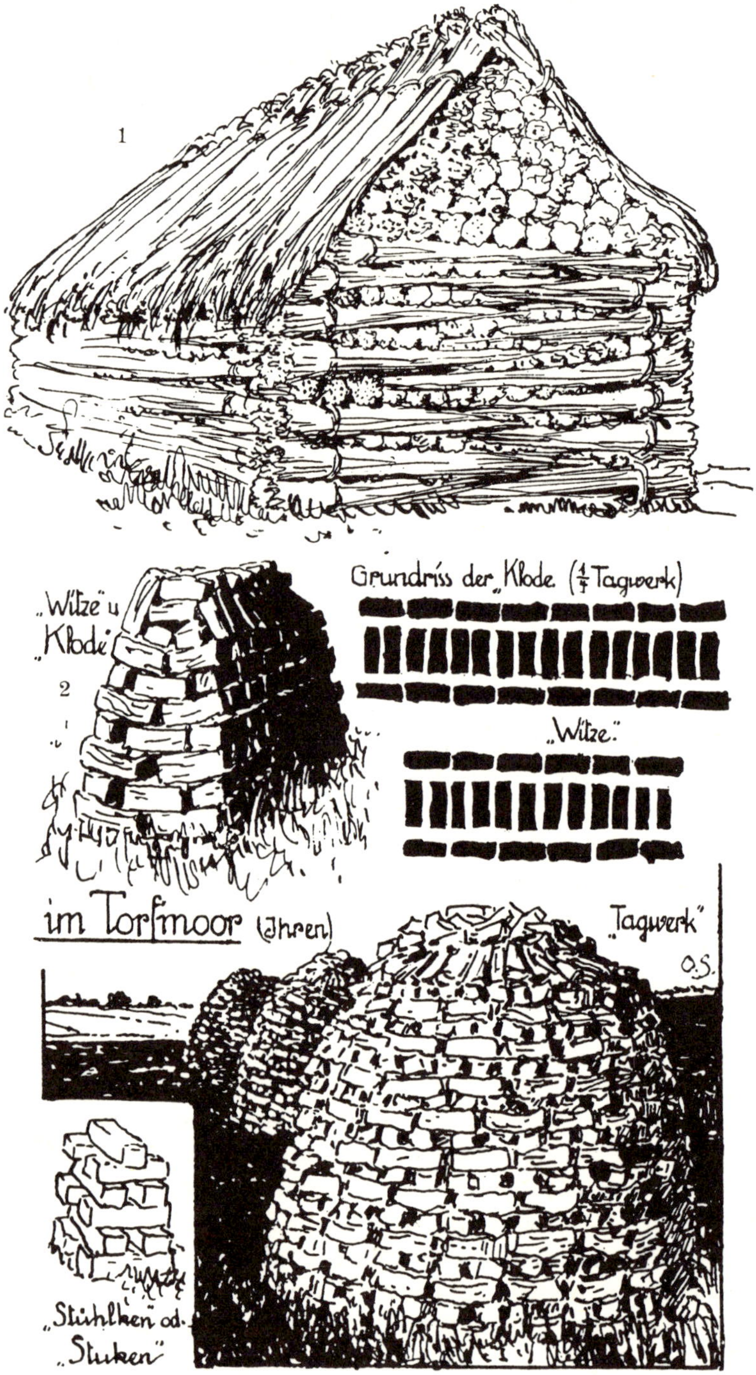

Abb. 2. Natürliche Entstehung von Schönheit in der Zweckmäßigkeit.
1 Aufgestapelte Schilfgarben (Haseldorfer Marsch). 2 Torf im Moor (Ihren, Ostfriesland) aus d. Verf. „Festgehaltene Heimat", Brandstetter, Leipzig.

Moore (z. B. Rübenkellern, Moorhütten, Schafställen, Schuppen u. dgl.) können wir fast lückenlos die Entstehung des niedersächsischen Bauernhauses sehen — es wird anderswo ebenso sein. Sie zeigen — neben aufgestapelten Torfhaufen, Holzstapeln, Stegen,[1] Zäunen u. a. — zugleich, wie Zweckdienlichkeit mit Schönheit Hand in Hand gehen, wie schöne Verhältnisse schon durch Zwecksinn, Betonung von Stütze, Gegendruck, Festwurzeln u. dgl. entstehen und empfunden werden. Dasselbe ist der Fall bei allem kleineren Gerät aus Stein, Knochen oder Holz oder nachher Metall, in dem sich die im Steingerät u. a. gefundene zweckmäßigste und zugleich schönste Gestaltung ja deutlich erkennbar fortsetzt. Technische Selbstverständlichkeiten sozusagen und Zufälligkeiten werden als Schmuck empfunden: die Reihung der kleinen, durch Absplitterung entstehenden Kerben am immer mehr geschärften Rande des Steinmessers, die Kerben des Holzgerätes, die Finger- und Nägeleindrücke des Tongefäßes u. a. desgleichen. Es wird „Schmücken gespielt" zum Zeitvertreib — die Schnitzeleien und Flechtereien von Hirten u. a. sind heute noch des Zeugen! Angeborene Farbenlust tritt ergänzend hinzu, die Lust der Kinder an allerlei Buntem erzählt's uns noch heute! Die Minne beginnt ihre Rolle zu spielen und ruft besonders schön ausgestattete werbende Kunstgegenstände und Sinnbilder hervor, der neckende Humor tut auch das Seine. Und endlich spielen religiöse Gefühle und abergläubische Zauberwünsche auch ihre Rolle, erzeugen rohe Götterbilder oder sinnbildliche, schutz- oder glückbringende Zeichen, Sonnenabbilder, Donnerbesen, Neidköpfe, Drudenfüße — vielleicht sind auch die Tierbilder der Urzeit eine Art Beschwörung wie die Feindabbilder, denen noch späterhin der Aberglaube sinnbildlich das zufügt, was dem Feinde zugedacht ist. Oder es sind Erzeugnisse besonderer, einzeln ans Licht drängender Künstlerbegabung, die natürlich zu allem anregend, fördernd hinzutritt. Und noch eines ist nicht zu vergessen: der Zufall, der dem Humor oder dem künstlerischen Sehen im Erkennen der Tierähnlichkeit eines Knochenstückes, einer Baumwurzel u. a. oder der Technik entgegenkommt.

Von alledem zeugt die alte Bauernkunst deutlich — sie leuchtet weit hinein in das natürliche Werden der Kunst und in ihr So-Werden, wie sie ist — sie ist ja ein ganzes Museum der Kultur- und Kunstgeschichte des natürlichen Menschen!

(Urformen des deutschen Bauernhauses.)

Den Weg von der runden Zelthütte vielleicht, von der uns die Köhlerhütten des Westerwaldes, des Odenwaldes und Harzes (s. Abb. 3_2) u. a. ein gewiß sehr gutes Bild geben, oder von dem viereckigen überdachten Erdloch, dessen Wände durch hölzerne Vorsetzen oder Flechtwände gegen Verrutschen gesichert wurden (Rübenkeller der Lüneburger Heide zeigen es noch heute) und anderen Urformen bis zum eigentlichen viereckigen Hause hatten die Germanen wohl schon zurückgelegt, als sie deutsche Bauern wurden.

Hier war man zum Blockhause oder zu ähnlichem gekommen, da zum Vorfahren des Fachwerkhauses mit Flechtfüllung und Lehmbewurf — ob auch zum Haus ganz aus Stein in der Art der Ziegenställe der Alpen? — Hier mochte man den Gedanken des Einhauses, da den der Mehrhäusigkeit als den zweckentsprechenderen von selbst gefunden oder vom Römer kennen gelernt und angenommen haben, je nachdem die natürliche Neigung des Volksstammes mit den Baustoffen, den Witterungs- und Bodenverhältnissen, der Art des Wirtschaftsbetriebes u. a. m. in Einklang gebracht und, einmal gefunden, beibehalten und ausgestaltet wurde.

Wenn wir uns auch hüten müssen, die glänzenden Schilderungen, die unsere alten Göttersagen und Heldenlieder von der Halle der Häuptlinge und Großen gelegentlich entwerfen, auf die ersten deutschen Bauernhäuser zu übertragen, und gewiß der Wirklichkeit näher sind, wenn wir sie uns urwüchsiger vorstellen — allerlei

Abb. 3. Urtümliches und Urwüchsiges.
1 Schutzhütte im Moor bei Bremerwörde. 2 Köhlerhütte, Harz. 3 Schuppen, Lüneburger Heide. 4 Moorbrücke. 5 Punktzierat von einem Hoftor, Wetterau. 6 Spiralen im Kratzputz, Oberwetz, Nassau. 7 Briefkasten im Torfstich, Ostfriesland.

in die Gegenwart hineinragende Hausarten, Sennhütten, Scheuern und Schuppen überall (Abb. 1 u. 3, Taf. 2) geben vermutlich noch Abbildungen davon — so dürfen wir doch getrost annehmen, daß sie gar keine so üblen Zeugnisse für den Kunstsinn unserer Vorfahren abgelegt haben. Daß ein Römer, der sie mit seinen Prunkbauten verglich, sie nicht allzuhoch einschätzen konnte, ist selbstverständlich. Wir stehen heute aber auf geklärterem Standpunkt. Wie wir in Wohnungen mancher Wilden und Halbzivilisierten, Pfahlbauten der Südsee, Negerhütten, in der Jurte der Kirgisen und Lehmbauten des Sudan — sie würden einen Römer auch nicht in Begeisterung versetzt haben! — Kunstwerke erblicken, weil sie den vernünftigerweise an sie zu stellenden Anforderungen des Zweckes, des Baustoffes und der Technik in eigenartiger, oft anmutiger oder kraftvoll wirkender Weise gerecht werden, so würden auch wir den Bauten unserer Vorfahren ein besseres Zeugnis gegeben haben als Tacitus, der ihnen Schönheit und Anmut abspricht.

Tafel 2.

Schafstall in Deinstedt / Bauernhaus in Melstedt.

Texte siehe Rückseite

Tafel 2.

Oben: Inneres eines alten Schafstalls in Deinstedt.

Unten: Altes niedersächsisches Bauernhaus in Malstedt, beide in der Lüneburger Heide.

Sehen wir uns eine Sennhütte, aus dicken Balken gefügt, mit steinbeschwertem, vorspringendem Bretterdache oder einen Schuppen der Lüneburger Heide, Ständerwerk mit Brettern benagelt oder durch Flechtwerk gefüllt (Abb. 4), das Dach mit Heideplaggen belegt, doch einmal an — was können wir denn von einem Volke, das auf der Entwicklungsstufe unserer Vorfahren stand, viel mehr erwarten? Ich glaube sogar, daß unsere Vorfahren solch ähnliche Baulichkeiten selbstverständlich dauerhafter, die Wärme besser haltend und auch so oder so schöner, schmucker ausgeführt haben. Finden wir nicht oft unwillkürlich in natürlichem Empfinden solche urwüchsige Bauten, wenn wir auf unseren Wanderungen auf sie stoßen, „stimmungsvoll" oder „köstlich", und was der Ausrufe mehr sind, die sie uns entlocken, im Gegensatze zu „eleganten", die ganze „hohe" Kultur unserer modernen Zeit zur Schau tragenden, gar nicht in ihre Naturumwelt passenden Hotels, die wir unfern von ihnen antreffen? — Gewiß, die Romantik spielt in dieser verschiedenen Wertschätzung eine Rolle, was sich schon darin zeigt, daß mancher Schwärmer für eine Sennhütte doch froh ist, wenn er seine müden Glieder im sauberen bequemen Bette des Hotels zur Ruhe betten kann, statt im Strohlager der bewunderten Sennhütte — aber es spricht bei obigen Gebäuden doch auch künstlerische Wertschätzung mit. Wir brauchen uns nur auf den Standpunkt der damaligen Menschen zu versetzen (was man bei plötzlichem Unwetter im Gebirge oder in der Heide schnell fertig bringt!), um höchst angenehm und drastisch den Trotz, die Sicherheit gegen Kälte, Unwetter und wilde Tiere, wie wir ja für die Urzeit hinzusetzen müssen, den Schutz des Herdfeuers, der Familie, des Hausrates nachzuempfinden und, daraus hervorgehend, die Traulichkeit dieses Geschütztseins, die Behaglichkeit des Sitzes um das flackernde Feuer. Und zu all dem das uns fesselnde Einssein mit der umgebenden Natur, vergleichbar der natürlichen Schönheit der Wetterfichten, wie der Blumen darin! Wie soll so eine Sennhütte, wie sollte ein germanisches Haus denn viel künstlerischer aussehen, wohlverstanden, eine Hütte für den Zweck, dem sie dient, und mit den vorhandenen Mitteln errichtet?

Und das germanische Haus war, wie gesagt, gewiß namentlich bei Wohlhabenderen vollkommener als so eine auf den Sommer berechnete Sennhütte u. dgl. nicht für dauerndes Wohnen bestimmtes Bauwerk, wetterdichter gefügt und verstopft und auch geziert. Der Bericht des Tacitus, daß unsere Vorfahren „einige Stellen ihrer Häuser mit einer so reinen und glänzenden Erdart bestreichen, daß es wie Malerei und buntes Linienornament aussieht", zeigt ja, daß der Schönheitssinn eine Rolle bei der Ausstattung des Hauses mitspielte.

An welche Technik haben wir dabei zu denken? Sind's dicke, rohe Bohlen mit nordisch krausem Linienwerk, bunt bemaltes Holzfachwerk, das im Gegensatze zum Lehmanwurf oder zu irgendwie gestrichenen einzelnen Feldern ein Linienspiel ergab? Ist's auf Lehmanwurf eine Kratztechnik, die wir in sich ähnelnden Weisen an urzeitlichen Töpfen wie an heutigen Bauernhäusern in der Lausitz, in Brandenburg, in Hessen noch finden, Spiralen, gerade Linien, Punkte, eingedrückte Punzen in Stern-, Rosetten-, Viereckform verwendend? Nur eingekratzt in den Lehm oder mit Farbe

Abb. 4. Vom Flechtzaun zur Wand. 1 Zaun in Holstein. 2 und 5 Flechtfüllung an einer Scheune, 3 beworfen, halb wieder abgefallen. 4 Wie ein großer viereckiger Korb geflochtener Schuppen, Ladecop, Altes Land (alles ähnlich 6 und 7 Zaun und beworfene Flechtfüllung in Mazedonien). 8 Schuppen in Kröffelbach, Nassau. (2, 3, 5 Lüneburger Heide.)

8

ausgefüllt, wie in Hessen-Nassau noch heute, oder aus einer Farbe, die den Lehmbewurf deckte, herausgekratzt? (Vgl. Abb. 3_6.) Hier war's wohl die eine Technik, da die andere, je nachdem Volksart — daß dieselbe verschieden war, ersehen wir ja auch aus Tacitus' Berichten —, vorhandene Baustoffe und der Zufall der Erfindung sie bevorzugten.

Das hier flachere, dort spitzere Dach wird ebenfalls verschieden gewesen sein. Hier Stroh- oder Schilfbündel, am Sparrenwerk festgebunden, auf dem First besonders, sei's durch besondere feste Bindung oder durch eingesteckte Staken, hie und da vielleicht durch Dachreiter („Knüppel") gefestigt — dort Heideplaggen oder Grassoden — dort festgebundene und steinbeschwerte Bretter. Alles Dachdeckungsarten, wie sie heute noch überall in Übung sind oder doch bis vor kurzem waren. Ob es wahr ist, daß der Giebelschmuck der Niedersachsen, die als Pferdeköpfe ausgesägten Windbretter, Nachkommen einer alten Opfersitte sind, die die Schädel geopferter Pferde als sichtbares Zeichen aufpflanzte? — Im Schwarzwaldhaus soll noch im 18. Jahrhundert Sitte gewesen sein, die Schädel der beim Hausbau tätig gewesenen Zugtiere über dem Herd anzubringen, und am Rehm, dem Gestell über dem alten Herd Niedersachsens, sehen wir gerne Pferdeköpfe ausgesägt — das wäre also eine etwas ähnliche Herleitung (Abb. 121).

Die Tür aus Bohlen oder dick geflochten, in Flechtwerk hängend, mit Riegel verschließbar. Lichtöffnungen am Giebel oben oder an den Seiten, kleiner oder größer, durch Vorhänge, Schiebe- oder Klappläden verschließbar.

Irgendwelche Nebenbauten, Scheunen, Ställe u. dgl. haben wir uns ähnlich vorzustellen, obschon weniger sorgfältig gearbeitet. Der den Hof umschließende Zaun je nach der Landesart aus Reisig, Weiden o. dgl. geflochten oder aus Scheiten gefügt. Wo man Wälder rodete, mag man, wie gelegentlich in den Moorgegenden der Lüneburger Heide (gleichwie in Nordamerika) heute noch, die nebeneinandergestülpten Baumstümpfe mit nach oben gekehrtem Wurzelwerk als Zaun benützt haben. Wo's viel Steine gab, hat man die natürlich zu Hofmauern benützt, anderswo Erdwälle, mit Dornen o. dgl. bepflanzt in der Art des „Gebücks" mittelalterlicher Landwehren. Hier mag der Zugang durch den Zaun einfach durch ein geflochtenes Heck gebildet worden sein, neben dem ein „Stegel" jederseits bequemeren Zugang gewährte. Anderswo mag früh, sei's in Anlehnung an die Vorbilder römischer oder keltischer Gehöfte des römischen Germanien, sei's als eigene Erfindung, ein Tor in der Art der Hoftür hessischer (z. B. Wetterau) u. a. Gehöfte in Mitteldeutschland sich ausgebildet haben. Feldschutz durch Zäune gegen das Wild war natürlich auch nötig.

(Innenaussehen.)

Suchen wir uns eine Vorstellung über das Innere eines germanischen Bauernhauses zu bilden. — Das Innere von Sennhütten u. dgl. wie auf Abb. 5 dürfte ihm wohl entsprechen. Erwarten wir jedenfalls nicht die reich geschmückte Halle unserer Sagen, etwa des Beowulf, zu finden, keine holländische Reinlichkeit!

Eine festgestampfte Lehmdiele, in der Nähe der Mitte des Raumes oder sonstwie zweckgemäß der Herd, ein viereckiger oder runder Fleck aus in den Boden eingelegten Steinen gebildet oder ein wenig erhöht. Stroh, Torf, Reisig, Holzscheite oder auch ganze Baumstämme, mit dem einen Ende auf dem Herd liegend, je nach Bedarf weiter hinaufgeschoben, bilden den Brennstoff — kulturentlegene Gegenden

Abb. 5. Inneres einer Sennhütte (Holzschnitt nach C. Zimmermann in der ehemaligen Zeitschrift „Omnibus“). Zu beachten die Urtümlichkeit im ganzen, wie im einzelnen an Herd, Kesselhaken, Sitzbank, links wohl Bettstatt.

der Lüneburger Heide, des Odenwaldes u. a. zeigten noch unlängst diese erste Form des deutschen Herdes, die Baumstammverwendung inbegriffen! Über das Feuerloch im Boden, die Fortsetzung des Erdloches der Urzeit, an das der Name „Digge“ = Herd in Vierlanden (engl. to dig = graben) noch zu erinnern scheint, war man ja sicherlich schon weit hinaus! Die Gefäße, wohl meistens Tongefäße, wurden in das Feuer oder auf einen Untersatz gesetzt oder aber sie hingen von einem neben dem Herde in die Erde gerammten Pfosten an Haken herab — gerade so wie heute noch da, wo wir die alten Herde finden (s. Abb. 5 u. 125).

Das ganze Innere bildete zunächst nur einen einzigen Raum. Da, wo das Einhaus herrschte, waren die Viehverschläge wohl die erste Abtrennung innerhalb des Hauses. Erst später entstand, in einzelnen Beispielen bis auf unsere Tage erhalten, aus dem Wunsche, die Familie und das Gesinde zu scheiden, die Vorstufe der späteren Stubeneinteilung — Beispiele bieten die „Siddels“ schleswig-holsteinischer Bauernhäuser, enge, kleine, viereckige Räume, gebildet durch ein Stück Wand und zwei sich gegenüberliegende Bettverschläge, während die vierte Seite sich nach dem großen Einraum hin öffnet (s. Abb. 126); an Wand und Bettverschlägen hin befinden sich Bankſitze, die einen Tisch umgeben. Für die erste Zeit dürfen wir indes das wohl noch nicht annehmen; da sammelte sich, insbesondere natürlich im Winter, alles um den Herd, zum Essen, zur Hausarbeit, zum Schwatzen, in besonders kalten Zeiten auch wohl zum Schlafen, obschon wir sonst wohl aus natürlichen Gründen annehmen dürfen, daß der Wunsch der nächtlichen Trennung von Familie und Gesinde durch Entfernung zwischen den Lagerstätten und Abschluß mittels Vorhängen schon früh da war.

(Gerät.)

Was dürfen wir uns als vorhandene Möbel denken? Zunächst von Sitzgelegenheiten die Bank — sei's ein Baumstamm, grob vierkant zugehauen, seien's dicke Bohlen auf Steinen liegend oder, wie noch Gemälde Adrians von Ostade im 17. Jahrhundert solche zeigen, auf kurzen Füßen stehend. Dazu als Einzelsitze bei Ärmeren Baumstümpfe vielleicht? — in nordischen Bauernhäusern finden sich noch Sitze, die offenbar nichts als künstlerische Ausbildungen des alten Baumstumpfsitzes sind — vielleicht gab es Ähnliches auch hier als „Hochsitz" für den Hausherrn? Vielleicht sodann dreibeinige Hocker, wie sie einfache Melkstühle heute noch zeigen. Ob Faltstühle? — an und für sich war ihre Erfindung ja nicht so schwierig, aber ob sie nötig waren? — es gab sie ja schon in der Bronzezeit.

Die Tische der Ärmeren niedrig (wie noch auf altholländischen Gemälden), bisweilen vielleicht auch sozusagen nichts anders als vergrößerte flache Teller, auf drei oder vier kurzen Beinen stehend (wie in Bosnien noch heute), möglicherweise ursprünglich förmlich Schüsseln, indem ihre Platte nach der Mitte zu Vertiefung hatte, und auch als solche benützt — in einigen entlegenen Rheingegenden soll's noch große Tische mit schüsselförmigen Vertiefungen geben für das Essen des Gesindes (vgl. das englische dish = Schüssel). Ob schon viereckige große Zargentische bei Wohlhabenden?

Kastenmöbel waren zunächst wohl unnötig, was hätte darin viel aufbewahrt werden sollen? Die Kleidungsstücke konnte man irgendwo hinlegen oder aufhängen, an stehengelassenen Ästen oder Pflöcken oder über eine irgendwie befestigte dünne Stange. Geräte, Gefäße, Waffen konnte man in eine Ecke stellen oder legen, und was an Schmuck vorhanden war, war ja auch leicht in einem Gefäß oder in einer Höhlung der Wand, wie wir solche wiederum auf altholländischen Gemälden, sowie in alten Bauernhäusern finden, untergebracht (aus ihrem Verschluß durch „Verschränkung" entstand der danach so genannte „Schrank"!) — und mehr hatten die uns hausratüberladenen modernen Kulturmenschen darin glücklich überlegenen Vorfahren ja nicht! Am frühesten erforderten wohl Korn, Mehl u. dgl. kastenartige Möbel. Die Truhe war jedenfalls das erste. In der Schweiz gibt es eine liegende Kastenart mit aufwärts schlagender Tür, die „Trog" heißt — das zeigt wohl, daß die „Truhe" urverwandt ist mit Backtrog und Brunnentrog und daß sie somit wohl wie namentlich letzterer urursprünglich nichts als ein ausgehöhlter Baumstamm war, wie ihn Wilde und Wilddiebe ja heute noch als Aufbewahrungsgelegenheit benützen (vgl. engl. trunk = Truhe und zugleich = Baumstamm)! Natürlich konnte diese Truhe zugleich Sitzmöbel sein: Banktruhe.

Die Lagerstatt dürfen wir uns zunächst auch recht einfach vorstellen, eine etwas erhöhte Fläche, ein paar Bohlen, allmählich zum Kasten sich weiterbildend, auf liegenden Baumstämmen oder Pfosten befestigt, mit Stroh und Fellen belegt, das war wohl zunächst alles; siehe Sennhütten, Köhlerhütten u. a. — Ich sah an einem alten Schafstall der Lüneburger Heide noch so ein Bett, halboffen im Freien, unter dem heruntergezogenen Strohdach seitlich angefügt: das Bett für die Magd oder den Knecht, die die auf der Bleiche ausgelegte Wäsche zu überwachen hatten! Indem die Wände des Bettkastens emporwuchsen, ergaben sie später den Bettverschlag.

Dazu kam allerlei Gerät für Hausgebrauch und Landwirtschaft, sowie die Waffen. Zunächst allerlei einfache Gefäße für Koch-, Speise-, Trink-, Aufbewahrungs- und andere Zwecke: allerlei Körbe, enger oder leichter geflochten, Tongefäße, Schüsseln, Schalen, Töpfe, Näpfe, Holzgefäße, Siebe, Salzfaß u. dgl., geschnitzt oder aus Rinde oder biegsamem Holzspan, hie und da vielleicht auch bronzene oder eiserne Pfannen, Kessel. Alsdann Mehltrog und Mahlstein, Spinngerät, Besen, Messer, Axt, Hammer, Topfuntersätze, einfachste Kienspanhalter (ob Tonlämpchen, wie sie die römischen Kolonen hatten, als Vorgänger der „Trankrüsel“?).

Früh vorhanden waren das deutsche Ackergerät, teils eigene Erfindung, teils eingeführt: Pflug (erst radloser Hakenpflug, dann mit Scheiben- oder Speichenrädern), Egge, Wagen, Karre, Schlitten, Schleife und das Handgerät: Hacke, Haue, Spaten, Schaufel, Sichel, Sense, Harke u. a. m. Peitsche und Geschirr der Zugtiere, sowie Waffen, Jagd- und Fischereigerät.

All das, Haus wie Gerät, dürfen wir uns wohl alles zweckmäßig ausgebildet, aber wenig geschmückt vorstellen — abgesehen vom Schmuck der Kleidung, der Spangen, Fibeln, Armringe usw. Hie und da mag das Holz, sei's am oder im Hause, sei's im Gerät, in einer alten Weise mit Kerben, eingeritzten Linien, in ungefüger Schnitzerei oder in Farben etwas geziert gewesen sein, allerlei heute noch zu findendes urtümlich ausgestattetes Gerät, z. B. von Schäfern und Hirtenjungen, in deren Beruf ja eine noch ältere Kulturstufe, die des ackerbaulosen Menschen, sich fortsetzt, mag ein Abbild solcher Ausstattung sein. Ebenso mögen Ton- und anderes Geschirr und Gerät bis zu dem der Zugtiere so oder so Schmuck aufzuweisen gehabt haben.

(Einflüsse.)

All das war natürlich nicht überall gleich, vielmehr erzwangen die Verhältnisse allerlei Abweichungen.

Hier waren es die Orts- und Klimaverhältnisse: sie forderten an der Nordsee Wurten, im weiten Flachland und im rauhen Gebirge besonders kräftigen Schutz der Häuser auf der Wetterseite, im Tal des Hochgebirges dazu Schutz gegen Lawinengefahr und Steinstürze — alles einflußvolle Forderungen, die in anderen Gegenden völlig fortfielen. Anderswo waren es die Lebensverhältnisse: guter oder arger armer Boden, Ackerbau, Viehzucht, Fischerei, Jagd drückten Hausbau und Gerät einen besonderen Stempel auf, der Keime zu Sonderentwicklung enthielt. Auch der vorhandene Stoff sprach mit, obschon in der ersten Zeit fast überall natürlich Holz in

Hülle und Fülle da war, so daß man an etwas anderes gar nicht zu denken nötig hatte. Indes konnte man natürlich auf lehmbeworfene Bauten, auf Schilfdach, Heidekrautdach u. a. m. nur da verfallen, wo solcher Stoff vorhanden war. Auch das Tongerät war natürlich vom Vorhandensein geeigneten Tons abhängig, sein Fehlen erzwang naturgemäß größere Verwendung hölzerner Gefäße u. s. f.

Nicht ohne Einfluß war natürlich auch die Lage in bezug auf römische Kolonien, deren Bauweise und Gerät die germanische Nachbarschaft gewiß stark beeinflußt hat. Ja, der Einfluß des römischen Gerätes ist gewiß noch viel weiter gegangen, wurde es doch durch Händler weit in Germanien verbreitet. Ganz gewiß hat es an manchen Orten zur Nachahmung gereizt. Die großen römischen Tonfässer ähneln z. B. täuschend noch heute an der Nordseeküste verwendeten großen roten Tonfässern für Wasseraufbewahrung. Es gibt ja auch Vermutungen über die Abstammung des mitteldeutschen, sog. fränkischen Hofhauses, anderseits auch des oberbairischen (?), von römischer Kolonialkultur — es sei auch erinnert an den Ziegelbau, auf dessen Abkunft das Wort Ziegel = lat. tegula ja weist.

Wer war's, der Haus und Gerät der ersten deutschen Bauern herstellte? Im großen und ganzen — abgesehen natürlich von Besonderheiten — er selbst im Verein mit seiner Familie und seinem Gesinde, es war ja auch nicht viel und nichts besonders Künstliches, was nötig war. Das Haus wurde, vielleicht unter Anleitung eines handgeschickten und erfahrenen Nachbarn, von den Insassen selbst aufgerichtet, das bißchen Gerät konnte man leicht selbst schnitzen, formen und flechten, Gewand und Töpfe stellten die Frauen her.

So ungefähr hat wohl die Grundlage ausgesehen, auf der in den nun folgenden Jahrhunderten Nutzsinn und Schönheitsgefühl weiterbauen konnten.

(Fortgang.)

Wenn wir heute noch in Deutschland Bauernhäuser in Benützung erhalten finden, die in Bauart und Ausstattung im großen und ganzen so geblieben sind, wie sie in der ersten Zeit waren — gewesen sein müssen, weil sie gar nicht einfacher zu denken sind: einfachste Blockhäuser, einfachste Fachwerkhäuser aus den nächstliegenden Stoffen, mit einfachstem, an Zierweisen anderer Naturvölker erinnerndem Schmuck, mit einfachster Lehmdiele und Herdanlage, mit einfachstem Gerät, vereinzelt sogar noch mit einfachster Einteilung, noch ohne Stuben; wenn wir hie und da gar noch heute Bauernhäuser bauen sehen in ursprünglicher Technik, in Blockbau, mit demselben alten Giebelschmuck, in Flechtwerk, beworfen, bekratzt, in ziemlich derselben Einteilung wie vor 500 Jahren; wenn wir in Bauernkunsterzeugnissen des 19. Jahrhunderts uralte Techniken, den Kerbschnitt, die Punzung, die Kratztechnik, uralte Linien-, Punktmuster, genau denen germanischer Töpfe gleichend, lebendig finden: so ergibt sich daraus, daß der Vorschritt der Bauernkunst ein außerordentlich langsamer, bedächtiger war, und zwar gewiß um so langsamer und bedächtiger, je weiter zurück wir sie verfolgen.

An irgend welche Stiländerung im Sinne der geschichtlichen Stile der Kirchenbaukunst u. dgl. dürfen wir lange, lange Zeit hindurch nicht denken. Das Gesamtbild der bäuerlichen Kunstäußerungen hat sich zuerst gewiß stilistisch wenig oder fast gar nicht verändert, die ersten Änderungen waren wohl keine anderen als die, welche die Lehrmeisterin Erfahrung lehrte.

Wir dürfen uns aber wohl vorstellen, daß der Grundriß des Hauses sich von Stufe zu Stufe allmählich brauchbarer, für die Verhältnisse hier so, dort so passender gestaltete, daß der Wetterschutz sich besserte, daß man sich in der Behandlung der Werkstoffe vervollkommnete. Auch das Gerät dürfte sich zunächst höchstens in seiner Brauchbarkeit verändert, vervollkommnet haben.

(Dorfhandwerk.)

Die Hauptänderung, die vieles gerade dazu beitrug, dürfte zunächst darin bestanden haben, daß sich zu der von jedermann geübten urtümlichen Hauskunst allmählich das Handwerk gesellte.

Man kann sich vorstellen, daß besondere Geschicklichkeit eines Einzelnen in irgend einer „Kunst“ (im alten einfachen Sinne „Können“ oder schon im Sinne „Schönes

Abb. 6. Oberdeutsches Haufendorf (n. d. mittelalterlichen Hausbuch des germanischen Museums), mit Zaun, Schlagbaum, Brunnen (mit Rad als Beschwerung), Kirche u. a., 15. Jahrhundert.

herstellen können") seine Nachbarn allmählich dazu führte, von ihm hergestellte Arbeiten durch Austausch gegen etwas, was er nicht besaß oder sein Besitz ihm nicht gewährte, zu erwerben. Je mehr seine besondere Kunstfertigkeit in Anspruch genommen wurde, um so ausgebildeter wurde sie, um so besser lohnte sie sich auch, was ihn wieder lockte, sich ihr mehr zu widmen, und mehr und mehr bildete endlich seine besondere Tätigkeit seine Hauptbeschäftigung — der Dorfhandwerker oder sagen wir Halbhandwerker entstand.

Der erste Dorfhandwerker, der sich im Verfolge dieses Weges bildete, ist wohl der Dorfschmied gewesen, gerade seine Technik erforderte ja am meisten Sonderkenntnis und Sondergeschick. Die besondere Geschicklichkeit eines Mannes im Hausbau, die sich weiter herumsprach und in Anspruch genommen wurde, mag ferner hie und da zur Ausbildung des Zimmermannsgewerbes geführt haben — alle Worte dieses Gewerbes sind ja deutsch im Gegensatz zu denen des Maurergewerbes.

Anders verhält es sich mit zwei anderen Techniken. Stellen wir uns vor, daß in einer Gegend ein Werkstoff in besonderer Güte und Überfluß vorhanden ist, so können wir uns denken, daß erst Nachbarn, dann auch entfernter Wohnende trachten werden, dort erzeugte Gegenstände, die die ihren übertreffen, auf dem Wege des Tausches zu erhalten. Bei fortgesetzter Nachfrage wird die Bevölkerung jener Gegend ganz natürlich darauf kommen, den Vorzug, den ihre Heimat bietet, zur Erlangung bequemerer und besserer Lebensführung zu benützen, es wird dort eine Art Industrie entstehen. Das ist insbesondere im Lauf der Zeit der Fall gewesen in der Bauerntöpferei. Bis ins 19. Jahrhundert beherrschten das deutsche Bauernhaus einige besondere Mittelpunkte der Bauerntöpferei, deren Erzeugnisse man bis in die entlegensten Gegenden immer wieder antrifft, z. B. das graue Nassauer Steinzeug, Marburger, Bunzlauer, Bürgler Geschirr, Tellingstedter, Kellinghuser Fayence u. a. m. Und so wird's, wenn auch nicht in solchem Maße, auch schon in jener alten Zeit vielfach gewesen sein. Eine zweite Sonderkunst, scheint's, die auf diesem Wege früh aus der Hauskunst im engsten Sinne heraustrat, ist die Wollenweberei. In Friesland z. B. stand wohl schon früh die Schafzucht in besonderer Blüte und lieferte im Überfluß treffliche Wolle — was natürlicher als der Gedanke, die Erfahrung, daß der von den friesischen Frauen daraus hergestellte dicke Stoff den Neid und die Bewunderung der Nachbarn erregte, auszunützen, die Stoffe auf Vorrat herzustellen und zu vertreiben — wie wir das aus dem 9. Jahrhundert bestimmt wissen und wie das Wort „Fries" für tuchartigen Wollstoff ja beweist.

(Herrenhof- und Klostereinfluß.)

In Dörfern, die einen Herrenhof oder die Burg eines Großen umschlossen oder in der Nähe eines solchen oder eines Klosters lagen, mögen die hörigen Handwerker infolge der ihnen im Hof- und Klosterdienst gestellten höheren Aufgaben früh zu größerer Ausbildung gelangt sein. Und hier werden zuerst wiederum fremde, nichtbäuerliche Einflüsse stattgefunden haben.

Was die Hofhandwerker im Dienste ihrer Herrschaft gelernt hatten, was sie in der Lösung besonderer künstlerischer Arbeiten geübt und vervollkommnet hatten, werden sie auch auf das für ihre dörflichen Auftraggeber Hergestellte, wenn schon stark vereinfacht, vergröbert, übertragen haben; der in ihnen erweckte künstlerische Drang wird sie ganz von selbst dazu gereizt haben, so zu verfahren. Jeder Künstler weiß, wie die Lust zu künstlerischer Ausgestaltung alles Vorkommenden mit ihm durchgeht. Daß das dem Bauern gefiel, ist selbstverständlich, ebenso daß er und andere, auch andere Dorfhandwerker der Nachbarschaft, in ihren Arbeiten sich an die von hörigen Handwerkern gegebenen Vorbilder, so gut sie vermochten, anschlossen — wir können von einigen romanischen Einflüssen sprechen.

Damit ist nicht gesagt, daß das vom Herrenhofe Kommende undeutschen Geistes war, der romanische Stil war ja eine Vermählung des Eigenen, also Urbäuerlichen mit antiken Einflüssen, und zwar so, daß jenes das eigentlich Lebengebende dabei war. Es war also nur etwas stark bereichertes, technisch und namentlich schmucklich vervollkommnetes Eigenes, was vorbildlich wirkte, und es war also auch nichts von A bis Z Neues, was aus seiner Einwirkung entstand, die alte gewohnte heimische Kunstart bekam nur, besonders aber durch die Gotik, allerlei Antrieb.

Namentlich Äußerlichkeiten des Zierwerkes werden zur Nachahmung gereizt haben und dem altüberlieferten Formenschatz mit Vergnügen eingereiht worden sein, außerdem aber werden auch neue, vervollkommnete Geräte, die die Lebensverfeinerung der Vornehmen aus der Antike oder aus der Fremde entnahm oder aus sich selbst entwickelte, gern angenommen worden sein.

Abb. 7. Niederdeutsches Marschendorf des 15. bis 16. Jahrhunderts (Horst, Vierlande) nach alter, handgezeichneter Karte. — Zu beachten die Giebelzierden, wohl Pferdeköpfe!

Insbesondere weit ging der Einfluß des Klosterhandwerkers auf die bäuerliche Kunst — in katholischen Gegenden ist er bis ins 18. Jahrhundert künstlerisch spürbar. Mit dem Kirchenbau drang er in alle Gegenden Deutschlands. Die Baumeister der ersten deutschen Kirchen waren naturgemäß Mönche, und wir dürfen uns wohl vorstellen, daß teils Klosterhandwerker vielfach die Bauleiter begleiteten oder doch Arbeiten ihrer Hand, die an Ort und Stelle nicht so hergestellt werden konnten, in die neuen Kirchen überführt wurden. Dürfen wir uns die romanischen Dorfkirchen, die hölzernen wie die steinernen — es sind ja noch einzelne vorhanden — außen wie innen auch nur recht einfach vorstellen, so war doch immer noch genug da, woran der einheimische Dorfhandwerker und der Bauer ein Vorbild fand.

(Stadteinfluß.)

Zu Kloster und Herrenhof gesellte sich mit der Zeit ein dritter Kulturmittelpunkt, der den größten Einfluß auf die Bauernkunst gewann: die Stadt.

Zuerst zwar beruhte die städtische Kunst auf Bauernkunst, Herrenhof- und Klosterkunst. Die städtische Baukunst vereinte ihrer aller Form und Können. Kleinbürgerhaus, Patrizierhaus, Speicher, Rathaus, Waage, Kirche, Tor und Stadtmauer entlehnten überallher das dem jeweiligen Zweck Angemessene. Der Kleinbürger veränderte für seine Zwecke das landesübliche Bauernhaus, ließ fort, was er nicht brauchte, und fügte hinzu, was er brauchte. Der Patrizier, der Kaufherr machte es ebenso, z. B. beruhen unsere Alt-Hamburger, Lübecker u. a. Kaufherrenhäuser im Grunde auf dem niedersächsischen Bauernhause, die süddeutschen mit ihrer Hofanlage auf dem dortigen, oder sie nahmen den Herrenhof, ja die Burg zum Ausgangspunkt. Die städtischen Straßen waren nichts als etwas zusammengeschobene Dorfstraßen, daher, der Lage des Bauernhauses an der Straße entsprechend, im Norden die Giebelhausstraßen, in Mittel- und Süddeutschland die Querhausstraßen, in Oberbaiern wieder Giebelhausstraßen. Die öffentlichen Gebäude und die Stadtbefestigungen fanden in Herrenhof, Burg und Kloster Vorbilder.

Und ebenso war's mit Möbeln, Hausgerät und Tracht. In der Wohnung des kleinen Bürgers fand sich das bescheidene Gerät des Bauern, in der des Patriziers das des Herrenhofes und des Klosters.

Aber nicht lange, so änderte sich das Bild und die Stadt übernahm die Führung.

Der handgeschickte Mann fand in der Stadt ein ganz anderes, lohnenderes Arbeitsgebiet, kein Wunder, daß, zudem der Grundsatz: Stadtluft macht frei, sich allmählich festsetzte, gerade vielfach der Beste in die Stadt gelockt wurde! Und die Menge und Höhe der ihm daselbst sich bietenden Aufträge, sowie die Gelegenheit, von fremden, durch den Handel eingeführten Arbeiten zu lernen, hoben ihn bald zur höchsten Entwicklung seiner besonderen Kunst empor.

Der Handel brachte es mit sich, daß die in der Stadt hergestellten Arbeiten nicht nur gelegentlich aufs Land kamen, sondern er drängte bald zur Eroberung des Landes als Absatzgebiet für die städtischen Erzeugnisse, die infolge ihrer Vervollkommung und des auf den Märkten sich der Landbevölkerung aufdrängenden Angebots auch überall leicht Eingang fanden und den Dorfhandwerker notwendig zu Nachahmung oder Anlehnung zwangen.

Es sieht auf den ersten Blick so aus, als hätte gegenüber diesem mächtigen Gegner die Dorfkunst schnell unterliegen müssen, als hätte insbesondere jede künstlerische Eigenart des Dorfes bald verschwinden müssen, und es ist ganz auffallend, zu sehen, daß das erst im 19. Jahrhundert der Fall war! Bis dahin sehen wir in Deutschland eine hier mehr, dort weniger eigenartige Bauernkunst leben, blühen, Stile, Einzelgebilde entwickeln, für die wir großenteils gar keine städtischen Vorbilder kennen!

(Widerstand gegen den städtischen Einfluß.)

Allerlei Umstände erklären das.

Zunächst bestehen große Unterschiede zwischen Stadt und Stadt. Nicht jede Stadt kam zu glänzender Entwicklung des Handwerks, viele blieben ja bis auf den heutigen Tag das, was sie von Anfang an waren, Ackerbauerstädte von ländlichem Wesen, deren Handwerker sich gar nicht über den Standpunkt des guten Dorfhandwerkers erhoben, höchstens daß ein paar Handwerke da waren, die im Dorfe aus Mangel an genügendem Absatze nicht vorhanden waren, als Zinngießer, Böttcher, Posamentierer u. a. Solche vom Verkehr seitab liegende Landstädte beeinflußten das dörfliche Handwerk sehr wenig, im Gegenteil, die von solchen kleinstädtischen Handwerkern hergestellten Arbeiten stehen der Eigenart der Bauernkunst oft näher als der gemeinhin unter städtisch verstandenen großstädtischen.

Zum zweiten wirkten die großen Städte zumeist doch nur auf ihre nächste Umgebung stark ein, bei der Umständlichkeit der alten Verkehrsweisen verminderte sich die Stärke ihres Einflusses mit der größeren Entfernung sehr. Namentlich Gegenden, die von den größeren Handelsstraßen seitab lagen, schon wenn es bisweilen gar nicht so weit seitab war, blieben außerordentlich unberührt, finden wir doch oft selbst in nächster Nähe der Großstadt altertümliche Formen des Geräts beibehalten, die von allen Verbesserungen so unberührt geblieben sind, als hätte man's mit einer weltabgelegenen Insel zu tun.

Sodann muß man nicht vergessen, daß bei manchen, und zwar gerade den wichtigsten Gegenständen die Stadt den Dorfhandwerker gar nicht verdrängen konnte. Auf das Bauernhaus insbesondere hat der städtische Handwerker bis ins 18. Jahrhundert schier keinen weiteren Einfluß gehabt, als daß einige seiner Techniken vom Dorfhandwerker übernommen und einige Schmuckgedanken vom Stadthause auf das Bauernhaus übertragen wurden. Was sollte auch das Bauernhaus in bezug auf Wetterschutz, Stallung, Unterbringung der landwirtschaftlichen Erzeugnisse u. a. von einem Stadthause lernen? Nicht viel anders war's beim Möbel. Da genügte dem bescheidenen Bedürfnis meistens der Dorfhandwerker und es war seine Sache, was er von der Stadtkunst übernehmen wollte. Daß er in den der Stadt näher gelegenen Dörfern sich gern nach städtischen Vorbildern richtete, daß er insbesondere gern neue Gerätformen, als bequeme Stühle, Schränke u. a., herübernahm, ist klar. In entfernteren Ortschaften aber blieb er infolge der größeren Unbekanntschaft mit der Stadt ein recht sich selbst überlassener Mann.

Gewiß, der städtische Handwerker konnte infolge besseren Handwerksgerätes und massenhafter Herstellungsweise manches billiger liefern als der dörfliche, bei manchen Sachen kehrte das sich aber um. Da kostete der Werkstoff den letzteren manchmal so gut wie nichts, während der städtische es verhältnismäßig teuer bezahlen mußte, zudem fiel das Hinausbringen fort, und teurer war das Leben in der Stadt ja immer. Treffen wir doch noch heute bisweilen trotz noch größerer

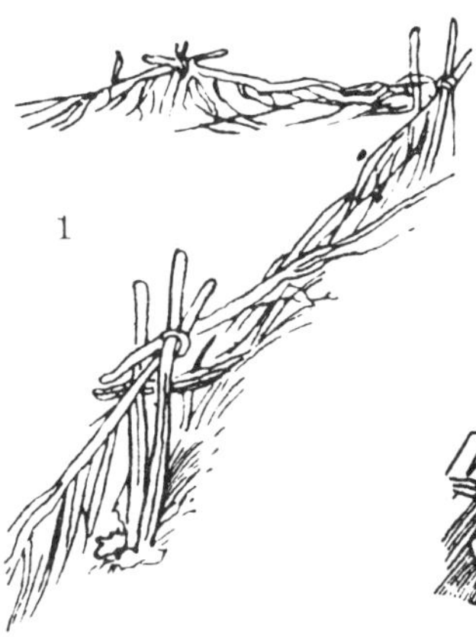

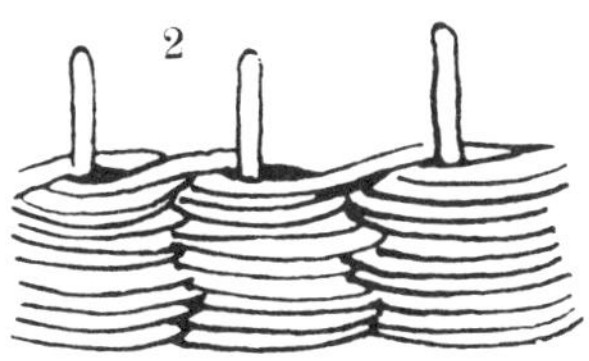

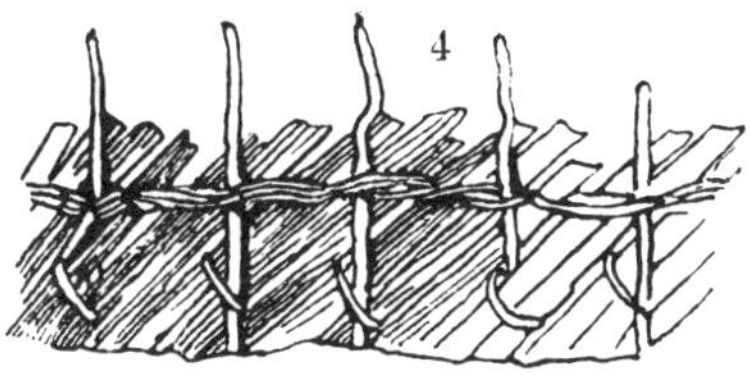

Abb. 8. Zäune nach Holzschnitten des 15. bis 16. Jahrhunderts.
1 Leichter Zaun aus Petrarca: Protestanten-Spiegel. Augsburg 1532. 2 Geflochtener Zaun (Virgilausgabe, Straßburg, 1502). 3 Zaun mit zwei Flechtreihen nach Dürer. 4 Bretterzaun nach Daniel Hopfer.

Ausbildung der Massenherstellung und unvergleichlich erleichterter und verbilligter Lieferverhältnisse dieses Verhältnis an. Der Tischler eines kleinen Dorfes in der Lüneburger Heide fertigte z. B. vor dem Kriege noch nette Stühle aus Buchenholz, die in der Stadt unter 10—12 Mark nicht herzustellen waren, für 5—6 Mark an, lieferte sie auch dafür in die Stadt, indem er sie „gelegentlich" mitbrachte. Wir wissen ja auch, wie grimmig verhaßt den gestrengen Zunftmeistern die Dorfhandwerker mit ihren billigen Erzeugnissen waren; weit entfernt davon, von der Stadt erdrückt zu sein, machten sie den städtischen Handwerkern in ihrer eigenen Stadt das Leben sauer! Gewiß, beeinflußt waren sie von der Stadt, aber sobald sie einigermaßen die städtische Art gelernt, waren sie oft wieder im Vorteil!

Endlich kam noch etwas anderes hinzu. Ursprünglich eines Geblüts, trennten sich Dörfler und Städter allmählich im Grundwesen doch voneinander. Notwendig mußten die einen altertümlicher als die anderen bleiben. Der Bauer gab lange nicht so gern sein einmal erprobtes Hausgerät auf wie der Städter, der die neuen Moden gern mitmachte; das höhnisch gemeinte Sprichwort: „Wat de Bur nich kennt, dat fritt he nich" beweist, wie man den Unterschied empfand.

Die Lebensweise, die Bedürfnisse blieben nur hier und dort gleich, in anderen Richtungen aber trennten sie sich vollkommen. Manche altertümliche Form wurde für den Städter unbrauchbar und daher ersetzt durch eine neue, die für den Bauer völlig unannehmbar war. Und wo sie annehmbar war, behagte sie oftmals dem bäuerlichen Gebrauch und auch Geschmack nicht, der, an sich der städtischen Weise durchaus nicht abgeneigt, das, was er davon herübernahm, seiner Eigenart unterwarf, nicht immer, wie's manchmal scheint, aus Ungeschick, sondern weil's ihm so besser paßte. Wie wäre es sonst erklärlich, daß solch umgebildete städtische Entlehnungen in all ihrem Andersgewordensein, ja ihrer bisweilen drolligen Verdrehtheit stets beibehalten wurden, obschon man diese Verkehrtheit gewiß bemerkt hatte. Das Eigenentstandene gefiel, setzte sich in der Sitte fest (man denke an die vielenorts besonders gestalteten feststehenden Gestaltungen der Hochzeitsstühle, also bei Fällen, wo neue Moden besonders leicht hätten Einfluß üben können) und wurde dann selbständig weitergebildet. Ist doch in einzelnen Bauernländchen aus ausgesprochen städtischen Entlehnungen ein völlig neuer, durchaus eigener, mit dem Vorbild trotz dessen Ersichtlichkeit, trotz hier leichtmöglichst immer neuer wiederholter Einwirkung, unmöglich zu verwechselnder Stil hervorgegangen, wie das z. B. in der Wilstermarsch am rechten Ufer der Niederelbe der Fall ist, wo infolge der besonderen „Hand" der betreffenden Handwerker und der Anpassung an das Gewohnte aus gewiß hamburgischen Anregungen ein ganz eigenartiges Barock entstand.

Freilich ist diese Betonung der Eigenart nicht überall gleich stark. Die größere Nähe einer größeren Stadt mit kräftig entwickeltem Handwerk oder gar mehrerer solcher Städte setzte die bäuerliche Eigenart natürlich stärkeren Proben aus, als wenn sie entfernter gelegen war. Das Verhältnis der Landbevölkerung zu der Stadt spielte gleichfalls eine Rolle: hier war die Stadt politisch wie wirtschaftlich die Herrin, war ihre Bevölkerung gleichen Stammes mit der des Landes, anderswo trennte sie verschiedene politische Zugehörigkeit oder Abstammung der Bevölkerung, verschiedene Religionszugehörigkeit. Die Volksart selbst spielte mit: hier war der Menschenschlag zäh, trotzig, eigensinnig, dort war er lebendiger, fortschrittlicher. Die wirtschaftliche Lage war desgleichen nicht ohne Einfluß; hier vereinte sich Reichtum mit zähem Bauerntrotz und Bauernstolz, dort herrschte Armut und herzlich wenig Neigung und Gelegenheit zu besonderer Kunstübung. Endlich war natürlich auch nicht ohne Belang, ob eine Bevölkerung künstlerisch begabt war oder nicht und wie die Art ihrer Begabung war, ob sie zur Festhaltung des einmal Gewonnenen oder zu Neuerungen neigte, ob sie in dieser oder jener Technik sich auszeichnete. Hier hatte man vielleicht früh eine dem Bedürfnisse, wie dem Schönheitssinn durchaus entsprechende Art gefunden, an der man, da sie in ihrer Vorzüglichkeit für die betreffenden Verhältnisse durch Neues gar nicht zu übertreffen war, festhielt — dort dagegen entbehrte man dieser festen Unterlage und versuchte gerne das Neue. Hier war die Begabung derart, daß man die städtischen Vorbilder fast völlig erreichen konnte — kein Wunder, daß man's tat! Anderswo war die Begabung nicht so groß und man war froh, dies oder das herübernehmen zu können, oder verzichtete von vornherein darauf, weil man sah, daß man's nicht konnte. Hier hatte man eine Technik derart sich zu eigen gemacht, zu solcher Höhe entwickelt, daß das Neue, das diese Technik nicht verwendete, von vornherein unbeliebt war und gar nicht benützt oder doch völlig umgearbeitet, zu etwas Neu-Eigenem umgebildet wurde u. a. m.

Örtliche Umstände, der Aufschwung eines Ländchens oder Ortes zu dieser oder zu jener Zeit — das Emporkommen einer maßgebenden, bedeutenden eigenen Persönlichkeit, sei's ein einflußreicher Bauer oder eine Bäuerin, die einen besonderen Geschmack hatten und ihre Nachbarn beeinflußten (ich hörte z. B. im Bückeburgischen erzählen, daß die auffallend große schwarze Schleife im Kopfputz der dortigen Bäuerinnen statt der früheren viel kleineren auf eine bestimmte angesehene reiche Bäuerin zurückzuführen sei), sei's ein begabter Handwerker, der in seinen Arbeiten eine große, so oder so den städtischen Einflüssen zugeneigte oder umgekehrt feindliche, der altgewohnten Art zugeneigte Eigenart entwickelte, die seinen Nachbarn gefiel und seine Handwerksgenossen in der Umgebung beeinflußte (ich sah's in Hessen-Nassau an schmiedeisernen Grabkreuzen) oder gar die Nähe eines Bauernlandes oder Dorfes mit derart bestimmter, hochstehender künstlerischer Eigenart — all das trug ebenfalls dazu bei, das Verhältnis bäuerlicher Kunst zur städtischen so oder so zu gestalten.

Aus der verschiedenen Mischung der verschiedenen Umstände ergaben sich naturgemäß die verschiedensten Verhältnisse. In dem einen äußersten Falle, in dem Stadtnähe, politische, wirtschaftliche Abhängigkeit, stammliche, religiöse Übereinstimmung, Armut, geringe künstlerische Begabung, Leichtlebigkeit u. s. f. zusammentreffen, werden wir nichts mehr von eigener Bauernkunst verspüren können, in dem anderen dagegen, wo politische Freiheit, Entfernung von einer größeren Stadt, wirtschaftliche Unabhängigkeit, stammliche und religiöse Unterschiede, Reichtum, große künstlerische Begabung, stolzes Selbstbewußtsein u. s. f. vorhanden sind, werden wir erwarten dürfen, eine selbständige, eigenartige, blühende Bauernkunst anzutreffen. Die Annahme trifft auch zu — erfreulicherweise selbst dann, wann auch nur kaum die Hälfte der genannten günstigen Bedingungen zutrifft. Denn mancher Umstand, der auf der einen Seite der Entwicklung einer bäuerlichen Eigenart ungünstig erscheint, ruft einen anderen günstigen Umstand, der jenen völlig aufhebt, hervor oder stärkt ihn. Die Vierlande z. B. bei Hamburg liegen gewiß nahe genug bei einer großen Stadt, mit der sie seit Jahrhunderten politisch, kirchlich und wirtschaftlich eng verbunden sind — aber gerade diese enge Verbindung hat den Wohlstand der Bewohner gestärkt und zugleich die Blumenzucht und damit die Blumenliebe hervorgerufen, so daß dadurch im Vereine mit Eigenart und Kunstsinn der Bevölkerung einer der eigenartigsten und schönsten deutschen Bauernstile entstanden ist!

(Verschiedene Entwicklung der einzelnen Bauerngegenden.)

Natürlich müssen wir uns stets vor Augen halten, daß die Entwicklung des deutschen Bauernstandes in ganz Deutschland eine außerordentlich verschiedene ge-

Abb. 9. Oberdeutsche Bauernhäuser des 15. bis 16. Jahrhunderts (meist nach Bartels: „Der Bauer". Verlag Diederichs, Leipzig).

1 Strohgedecktes Haus, Augsburger Petrarca-Ausgabe 1532. 2 Haus und Scheune (mit vorkrogendem Oberstock), steinbeschwertes Dach, Brunnen u. a. (nach Lautensack). 3 Holzhaus in Blockbau (nach Daniel Hopfer). 4 Schweizer Häuser, Schweizerchronik 1484. 5 Haus mit vorspringendem Oberstock, Holzschnitt d. 16. Jhdt.) 6 Süddeutsches Haus mit Unterstand für Wagen (nach Merian 1625). 7 Haus und Schuppen, ob rund? vielleicht Roßmühle? (Straßburger Virgil-Ausgabe 1502). 8 Fränkisches Haus mit Hoftor, Zaun und Brunnen (Dürer). 9 Fränkisches Haus und Stall (Schäuffelein).

Abb. 10. Holländische und norddeutsche Bauernhäuser des 15. bis 17. Jahrhunderts.

1 Haus mit Nebengebäude (nach Hans Bol). 2 Holländischer Hauseingang. 3 Vlämische Häuser (P. Brueghel). 4 Holländisches Haus. 5 Friesisches Haus. 6 Holländisches Haus mit Hoftor und Heuberg (nach v. d. Neer). 7 Schuppen und Backhaus, vlämisch (Teniers). 8 Niederdeutsches Haus aus dem 15. Jahrhundert (Meister F. V. B.). 2, 4 und 5 nach Gemälden in der Kunsthalle Hamburg.

wesen ist. Nicht nur so, daß sie etwa im Norden anders vor sich ging als im Süden, nein, von Ort zu Ort sehen wir bisweilen Verschiedenheiten, zu denen Stammesangehörigkeit, Wesensverschiedenheit, Bodenverhältnisse, politische, religiöse und andere Verhältnisse das Ihre beitrugen. Noch heute können sich uns bei Wanderungen durch das deutsche Land die Ergebnisse solcher Verschiedenheiten aufdrängen. Da haben wir eben ein Dorf durchschritten, ärmlich, vernachlässigt, schmutzig, die Bewohner gedrückt, mürrisch, zum größten Teil die Männer auswärts auf Arbeit, daher keine Spur von Heimatliebe, Kunstfreude u. dgl. Wir marschieren kaum ein Stündchen weiter — es ist uns beim Eintritt ins Nachbardorf, als seien wir in einen anderen Erdteil versetzt! Nichts von dem niederdrückenden Mißbehagen, das wir dort empfanden, heller Sonnenschein über dem Ganzen, saubere Straßen, sauber gepflegte Häuser, eine fröhliche, frische, wohlhabende Bevölkerung, kein Mensch denkt daran, auswärts Arbeit zu suchen. „Ja, unser Dorf! gelt? da geht halt nix drüber!" hören wir stolz sagen. Und wenn wir uns erkundigen, wieso diese gewaltigen Unterschiede gegen das eben verlassene Nachbardorf zu erklären sind, weil doch die Bodenverhältnisse hier wie dort ziemlich dieselben scheinen, erfahren wir, daß wir eine alte politische Grenze überschritten haben — äbtlich fuldisch ehemals dort, hier hessen-darmstädtisch, so wurde es uns erklärt. Eine durchaus andere Geschichte, aus denen sich eine verschiedene soziale Entwicklung ergab, hat die beiden Orte, die in bezug auf die Stammesangehörigkeit der Bewohner vielleicht gar nicht einmal verschieden sind, völlig voneinander geschieden.

Den günstigsten Fall der Entwicklung, den, daß der Bauer von der Frühzeit her allezeit oder doch lange Zeit als freier Mann, als Angehöriger eines freien Bauernstaates, in sich forterbendem, durch Kriege selten zerstörtem Wohlstand auf unzersplittertem, eigenem, ergiebigem Boden saß, treffen wir ja nur selten — unsere norddeutschen Bauernrepubliken, insbesondere Ditmarschen, sowie die Bauernrepubliken, aus denen die Schweiz hervorging, sind ein paar Beispiele. Etwas dem ähnlich der Fall, wo's sich um bevorrechtetes Kolonistenland handelt, wie in der Wilstermarsch. Meist war es anders! Zu frühzeitigem Verlust der persönlichen Freiheit kamen häufige Kriege, die den Bauer immer wieder niederwarfen, Erbrechte, die die großen Höfe in viele kleine Wirtschaften umwandelten, endlich bildet ein so gesegneter Boden, wie der unserer Nordsee- und Elbmarschen, leider in unserem Vaterlande auch nicht gerade die Regel! Daß in ersterem Falle die Kunst eine ungleich dankbarere Grundlage findet, als das bei einer armen, gedrückten Bevölkerung der Fall sein kann, liegt auf der Hand.

Die Entwicklung der deutschen Bauern war auch in anderer Hinsicht verschieden. Das eine Mal war sie anfangs günstig, stockte nachher aber, um sich hernach wieder zu erheben oder entschiedenem Rückgange zu weichen. Anderswo setzte sie weit später ein, war dafür aber stetig.

Die Verhältnisse des Bodens, seine Ertragfähigkeit in landwirtschaftlicher Hinsicht oder seine mineralischen und anderen Schätze, die geistige Veranlagung der Bewohner, die politischen und religiösen, die Verkehrs- und Absatzverhältnisse infolge der Lage zu bedeutenden Verkehrswegen, zu großen Städten, das Eingreifen bedeutender Persönlichkeiten — all das ließ da mancherlei Abweichungen entstehen. Hier lebte die Bevölkerung eines Ländchens jahrhundertelang gedrückt dahin, froh, das nackte Leben zu haben, bis die Entdeckung eines natürlichen Schatzes, der im Boden steckte, oder die plötzlich sich bietende Gelegenheit, ihn verwerten zu können, mit einem Schlage die ganze Sachlage änderte. Dort verursachte eine aufblühende Stadt vielleicht eine frühe Blüte der Umgebung, bis ihr Verfall auch diese ins Stocken oder Sinken brachte. Hier herrschte ein tüchtiges Fürstengeschlecht, da ein untüchtiges, oder die schlechte Wirtschaft schlechter Nachfolger hob das wieder auf, was gute, tatkräftige, umsichtige Fürsten mit ihren Ratgebern Gutes gestiftet hatten. Hier vernichteten häufige Kriege von einem bestimmten Zeitpunkt an den Wohlstand, die Blüte früherer Zeiten auf Jahrhunderte hinaus, dort blühte im Gegenteil eine Gegend auf, nachdem man, durch Erfahrung gewitzigt, Vorkehrungen getroffen, um die Angriffe feindlicher Naturgewalten, z. B. des Meeres, dauernd unschädlich zu machen. Hier erreichte die Begabung der Einwohner früh eine gewisse Höhe, über die sie aber nie hinaus kam, anderswo entzündete ein bedeutender Geist ungeahnte Kräfte in seinem Volke und veranlaßte einen plötzlichen Aufschwung. U. s. f.

So kommt es, daß man über das Aufkommen dieses oder jenes Gerätes, dieser oder jener Arbeitsart, dieses oder jenes Stiles in der Bauernkunst nie so bestimmte Angaben machen kann, wie das in der städtischen Kunst der Fall ist. Ein Gerät, das in einer Gegend seit undenklichen Zeiten schon benützt ist, kam in anderen vielleicht erst im 18. Jahrhundert auf. Eine Arbeitsart, die irgendwo früh aufblühte, fiel dort mit der Zeit gänzlicher Vergessenheit anheim, während sie anderswo, neu aufgenommen, sich fröhlich entwickelte. Ein Stil, den alle Welt längst vergessen, blühte in dieser oder jener abgelegenen Gegend unbehelligt jahrhundertelang weiter. Finden wir Gegenden, wo genau oder fast dieselbe Stilfolge wie in der städtischen Kunst zu beobachten ist, so finden wir aber auch andere, wo von einem unserer geschichtlichen Stile überhaupt nicht die Rede ist, wo entweder urtümliche Bauweise und Geräte schier noch heute üblich sind, oder wo eine ganz besondere Eigenart, die gar nicht nach unserer Gewohnheit zu betiteln ist, besteht.

(Alte Berichte.)

So erklären sich auch allerlei Widersprüche alter Berichte.

Einmal lesen wir mittelalterliche und spätere Gedichte, die von der Sucht der Bauern erzählen, es den Edelleuten in allem gleich zu tun, sich zu gehaben, sich kostbar zu kleiden gleich ihnen — aus genau gleicher Zeit erzählt ein anderer von Bauern, die kaum besser leben als das liebe Vieh. Einmal lesen wir von dummen, tölpischen, schmutzigen Bauern, auf die der Städter verächtlich mitleidig hinuntersieht — dagegen sehen wir nicht selten ganz ansehnliche Bauernhäuser aus derselben Zeit abgebildet oder finden bäuerliche Prunkstuben aus dieser Zeit erhalten!

Offenbar sind das ganz verschiedene Bauernbevölkerungen verschiedener Gegenden, die außer gleichzeitigem Bestehen nichts gemein haben.

Man braucht ja nur einmal eine alte, in ihrer Buntscheckigkeit einer in Unordnung geratenen tropischen Schmetterlingssammlung ähnelnde Karte des römischen Reiches teutscher Nation anzusehen, um zu verstehen, daß der Kulturstand der Bauernbevölkerung gar nicht überall gleich sein konnte! Freie Bauernstaaten, wohlhabend und stark, kleine, sozusagen vergessene freie Dorfgemeinden, Bauern unter dem wohltätigen Zepter eines starken, tüchtigen Fürstenhauses, unter der Herrschaft des Krummstabs, Untertanen blühender Reichsstädte, geschundene Untertanen kleiner fehdelustiger Herren — weltabgelegene Dorfschaften, an den großen Heer- oder Landstraßen gelegene gesegnete Gegenden, wie die goldene Au, die Wetterau, üppige Seemarschen u. a., ihnen gegenüber Gebirge, wo die Ernte bisweilen mit dem ersten Schnee zusammentraf, Moor-, Sumpf-, Bruchgegenden — Ackerbauer, Viehzüchter, Wäldler, Winzer, Bergleute, Fischer u. s. f., — stille Friesen, verschlossene, ernste Niedersachsen, fröhliche Franken, derbe Bajuvaren u. s. w. und ihre Mischungen untereinander oder mit Romanen und Slawen — all das ist durcheinandergemischt und über dieses Durcheinander ist launisch Sonnenschein und Unwetter, Friede und Krieg, ist hier des Guten überreichlich, da wenig, ach allzuwenig, verteilt! Ist es ein Wunder, daß solche Gegensätze in den Berichten sich finden?

Wenn man von den einzelnen Stufen der Entwicklung unserer Bauernkunst ein Bild zu machen versucht, wird man dementsprechend stets nur den Durchschnitt ungefähr treffen können mit tausenderlei Fehlern, je nach der Gegend, die man bei Sonderuntersuchungen vornimmt, das eine Mal wird man zu viel Fortschritt vermutet haben, das andere Mal denn doch zu wenig.

(Bauernkunst des Mittelalters in Abbildungen.)

Die Erfahrung, die eigene Erfindungsgabe und die äußeren Einflüsse vereinten sich, das Bild, das die Bauernkunst zu Anfang bot, zu verändern, hier langsam, dort schnell.

Die klarsten und zuverlässigsten Berichte über den mittelalterlichen Stand der Bauernkunst erhalten wir durch die gelegentlichen Abbildungen in Holzschnitten, Kupferstichen und Gemälden. Da sehen wir Haus und Hausrat vor uns und haben besonders nicht erst nötig, Vermutungen aufzustellen über das Aussehen dieses oder jenes Gegenstandes, der alten Urkunden zufolge hier oder da vorhanden war. Freilich, allzuweit gehen diese Bilderberichte nicht zurück, andererseits ja ergänzt durch Erhaltenes.

Das spätere Mittelalter ist's erst, über das wir da zuerst ein ziemlich klares Bild bekommen; das ist zwar eine Zeit, die erklecklich viel später liegt als der Zeitpunkt, da wir zuerst von deutschen Bauern reden, indes ist es nicht schwer, sich die Zwischenzeit vorzustellen.

So arg groß ist der Unterschied gegen den Anfangsstandpunkt gerade nicht. Die Lebensweise, die Bedürfnisse der Bauernbevölkerung hatten sich ja auch nicht

3

Abb. 11. Vom Herd zum Kamin.

1 und 2 Herd auf Fußboden (vgl. Abb. 5), nach H. Holbein. 3 Erhöhter Herd in einer oberbairischen Sennhütte. 4 Holländischer Kamin nach Teniers. — Beachte zugleich die Entwicklung des Kesselhakens in Abb. 5 und hier.

1

2

4

viel verändert, so weit wie in der Stadt war die Lebensverfeinerung nicht vorgeschritten, immerhin aber hatte das Haus sich in Brauchbarkeit verbessert und ebenso hatte der Hausrat sich verbessert und vermehrt.

Stellen wir zusammen, was uns die Bilderberichte erzählen. Wir dürfen gewiß manchmal auch etwas hinzusetzen, was sie uns nicht erzählen. Es sind ja keine wissenschaftlichen Aufnahmen zum Zwecke der Feststellung des damaligen Zustandes, sondern gewissermaßen nur zufällige Darstellungen, die von einigen Gegenden, in denen die führenden Kunststädte lagen, einiges, von andern gar nichts berichten, die einige Gegenstände des öfteren und völlig genügend geben und andere wiederum gar nicht. Manchmal decken sie sich mit erhaltenen Gegenständen, die vielleicht zwar nicht aus jener Zeit stammen, aber trotz späterem Entstehen den Standpunkt jener Zeit zeigen; gar nicht selten aber finden wir heute noch hie und da offenbar altformige Gegenstände vorhanden, von deren Vorhandensein überhaupt oder in dieser Form jene Abbildungen nie berichten! Insbesondere fehlen darin reiche Bauernhäuser und reicher bäuerlicher Hausrat, die beide nach Berichten doch stellenweise vorhanden waren; was wir dargestellt sehen, ist alles einfachst. Glücklicherweise ergänzen uns erhaltene Gegenstände das Fehlende einigermaßen, zudem dürfen wir allerlei, was sicher vorhanden war, uns aber bildlich nicht gegeben wird, aus Abbildungen städtischen Lebens entnehmen. Wozu hätte ein Künstler jener Zeit ausgesprochen reiche Bauernhäuser und -stuben darstellen sollen? Wollte er in Darstellungen etwa der biblischen oder Heiligengeschichte etwas ausgesprochen Ländliches darstellen, mußte er, um nicht mißverstanden zu werden, natürlich notwendig gerade ärmlich Bäuerliches als Vorbild nehmen. Und wo wäre sonst Gelegenheit zu solchen Darstellungen gewesen? Sonst kümmerte der Bauer ja niemanden, höchstens zu Satiren war er noch zu benützen, wie das ja auch geschehen ist.

(Haus.)

Wir können uns zu Ende des Mittelalters die heute noch bezeichnenden Hausarten der einzelnen deutschen Landschaften als gefunden, erprobt und feststehend vorstellen — es sind uns zwar nicht von allen genaue Darstellungen erhalten, aber ihre besonderen Eigenschaften sind so klar aus der Notwendigkeit hervorgegangen, daß auch die nicht dargestellten sicherlich dagewesen sind — erprobt brauchbar im Grundriß, in guter Technik, mit bescheidenem oder reicherem Schmuck, in Niedersachsen, Ostfriesland, im Schwarzwald, in Oberbaiern und Tirol Einhaus, in Franken, Hessen, Schwaben usw. die „fränkische" Hofform u. s. f. Hier Blockbau, da Fachwerk, da Steinbau, hier Stroh-, da Schiefer- oder Schindelpanzer oder tief bis zum Erdboden heruntergezogenes Dach an der Wetterseite, hier Bemalung, da Anwurf, Kratzputz u. a. Donnerbesen, Drudenfuß als Schutzzeichen. Die Teilung des Innern in Flur (Ern, Diele), Stube, Kammern, zum Teil auch Küche ist vorgeschritten, obschon nicht vollendet; hier mehr, dort weniger, bisweilen nur durch niedere, oben durch keine Sonderdecke geschlossene Wände, wie es heute noch in Sennhütten sowie in Fischerhäusern der Insel Marken in der Zuidersee der Fall ist (auch daß wir „Boden" als oberen Hausraum und „Fußboden" als Bodenfläche unterscheiden, erzählt deutlich von der späteren Anlage des „Bodens" über den Köpfen der Bewohner). Der Herd ist im Norden noch der alte, meistens in der Mittellinie des Hauses aufgerichtet auf dem Lehmboden der Diele, freiliegend oder schon an die Wand gerückt, mit „Rehm" darüber, hie und da mit hölzernem oder geflochtenem und beworfenem Rauchfang. In Holland, Ostfriesland u. a. ist er zum Kamin weitergebildet (Abb. 11_4). Anderswo hat der Ofen Einzug in die abgetrennte Stube gehalten, freilich in einfachster, ungefüger Form, sozusagen nichts als ein riesiger umgestülpter Topf oder auch backofenförmig, vom Wandherd der Diele aus heizbar, allmählich zum Kachelofen weitergebildet (Abb. 169_2).

Die Wandausstattung wird recht verschieden gewesen sein, je nach Gegend, Bauart und Reichtum der Bewohner. Dürfen wir im Hause des Armen nichts voraussetzen als die Innenseite der die Wände bildenden Bohlen mit moosverstopften oder verschmierten Ritzen, hie und da lehmbeworfen oder gestrichen, oder als das ebenso wie außen lehmbeworfene Flechtwerk, so dürfen wir in anderen Gegenden in der Stube wenigstens Brettertäfelung, hie und da vielleicht gar etwas geschmückt, vermuten. Türen vielleicht öfters, wie ich's im Westerwald noch sah, mit Stroh als Wärmeschutz dicht bekleidet. Fenster klein, wohl mit Blase o. dgl., selten mit Butzenscheiben geschlossen — vielfach vielleicht überhaupt noch ganz offen, durch Holzläden mit Ausschnitt verschließbar.

(Möbel und Gerät.)

Die Möbel werden in einigen Gegenden mehr, in anderen weniger fortentwickelt zu denken sein, je nach den fördernden Einflüssen (s. Abb. 12 und 13). Vervollkommnet sind besonders Truhe — zu einem hochbeinigen Kasten — und Schrank, der aber, eisenbeschlagen, noch in der Wand steckt. Große, auf Zargen oder zwei Paar gekreuzten Bretterbeinen oder vier senkrechten Pfosten stehende, durch Querbretter gefestigte Tische, mit Schublade versehen, dazu vielleicht kleinere und Wandklapptische. Sitzmöbel: Bänke, teils zu Banktruhen, am Ende mit hohen Lehnen versehen, teils zu leichteren einfachen Formen umgebildet, Hocker und Stühle. Hocker verschieden, ein rundes drei- oder viereckiges Brett als Sitz mit drei oder vier eingesetzten Beinen oder Bretterfuß oder geflochtener Sitz, an drei oder vier durch Stäbe verbundenen Beinen befestigt. Die Stühle zumeist aus dem Hocker hervorgegangen, indem ihnen Rücklehne und Armlehnen in allmählicher Entwicklung angefügt wurden (s. Abb. 135—137). Kinderstühle gibt es auch schon.

Was das Bett anbetrifft, so werden sich vom einfachsten Lager des Armen oder des Gesindes bis zum Wandbett (Alkoven, Butze), durch Vorhänge oder Schiebetüren verschließbar, alle Zwischenstufen gefunden haben, auch sogenannte Himmelbetten. Die Wiege hatte wohl schon ihre gewöhnliche Form gefunden (s. Abb. 44_9).

Zum Wegstellen des Geschirrs dienten einfache Borte an der Wand. Besonders prunkvoll mag schon damals im niedersächsischen Hause eines Begüterten die zwei- oder dreifache Reihe übereinander befindlicher Borte an der Wand hinter dem Herd sich ausgenommen haben. Auch offene Geschirrschränke, kleine hängende, wie größere, kannte man hie und da. Kleine Geräte wurden irgendwie am Haken aufgehängt oder in an die Wand genagelte Lederstreifen gesteckt. Löffel

Abb. 12. Bäuerliche Möbel (nach Abbildungen des 16. bis 17. Jahrhunderts).
1, 2 Bänke. 3 Bank vor der Tür. 4 Tische. 5 Bett mit Banktruhen. 6 Wandbett unter Bodentreppe. 7 Kinderstühle. 8 Kinderlaufständer.

hingen vielfach in Einschnitten in den Borten. Das Handtuch lief über eine an zwei Brettchen befestigte Rolle (Abb. 13).

Meistens haben wir uns die Möbel wohl in der Tat so einfach vorzustellen, wie es die Abbildungen schildern, in kleinsten Verhältnissen und ärmsten Gegenden roh, anderswo besser, schreinermäßiger hergestellt. Eine vielfach verwandte Technik war die Verbindung durch Keilung; von den Vorteilen der Rahmung hatte man

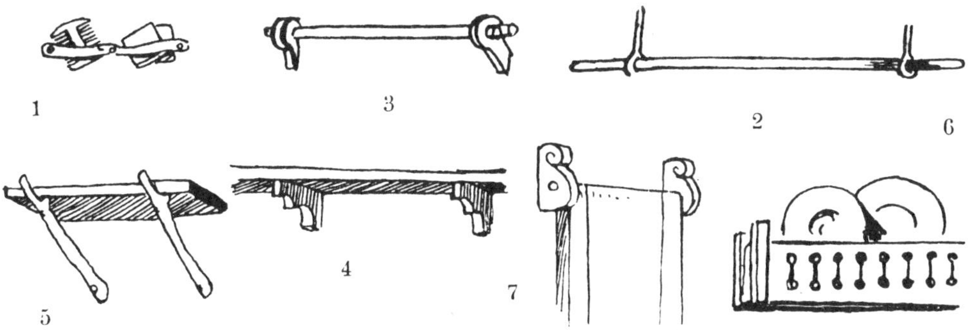

Abb. 13. Aufbewahrungsgeräte des 15. bis 16. Jahrhunderts.

1 Lederstreifen, an die Wand genagelt, zum Einstecken von Kämmen u. a. 2 An der Decke aufgehängte Stange zum Überlegen von Kleidungsstücken. 3 Ebensolche, an der Wand befestigt. 4, 5 Wandborte. 6 Tellerbort. 7 Handtuchhalter. 8 Wandschrank. 9 Schrank. 10 Truhe. 11 Eisenbeschlagenes Käſtchen. 12 Truhenbank.

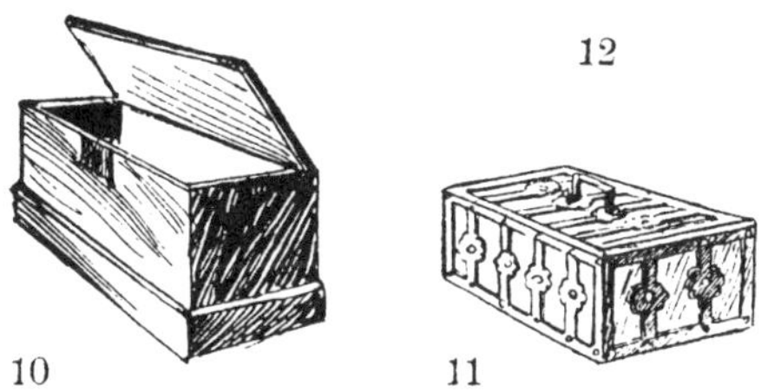

noch wenig Ahnung, fügte vielmehr Truhen und Schränke in reiner Brettertechnik zusammen. Abgesehen von rohester Ausgestaltung sind die meisten Möbel, die Tische, Bänke, Stühle, Truhen auch ohne irgendwelchen Schmuck schon stattlich genug, wir dürfen uns sicherlich aber allerlei Schmuck hinzudenken. So wirksamen Kerbschnitt, sei's in einfachster, sei's in reicherer Ausbildung, mit Punzen eingeschlagene Punktornamente, Flachschnitzereien in Art der Tiroler Gotik, einfache, aber wirkungsvolle Beschläge und endlich farbigen Gesamtanstrich, Bemalung des Kerbschnittes, der Schnitzereien, des Beschlags oder frei aufgemalte Verzierungen. Die Zierate sind die uralten Punkt- und Strichmuster, geometrische Ornamente und das mittelalterliche pflanzliche Ornament, wie man's in Kirche und Stadt sah. Auch die Drachenromantik und die Verschlingungen der romanischen Zeit mögen vorgekommen sein, bäuerlicher Humor mag hie und da rohe scherzhafte Figuren, Tiere und Menschen, angebracht haben, Liebessinnbilder, wie auch einfache religiöse und abergläubische, Glück bringende Sinnbilder werden auch im Zierat eine Rolle gespielt haben, wie das bis in die letzte Zeit der Bauernkunst der Fall war. Einiges Erhaltene bestätigt das alles. Das Beleuchtungsgerät war nicht viel weiter gekommen. Zur Aufnahme des Kienspanes hatte man ganz einfache Ständer

Abb. 14. Bäuerliches Gerät nach Abbildungen des 16. bis 18. Jahrhunderts.

1 Tongefäße, Krüge, Schüssel, Pfanne. 2 Körbe. 3 Holzschnelle. 4 Holzgefäß zum Transport. 5 Irdenes Kohlenbecken. 6 Maßgefäß aus Holzspan. 7 Feldflasche. 8 Tragkörbe. 9 Pfannenknechte. 10 Blasebalg. 11 Wärmkieke. 12 Salzfaß. 13 Lampe. 14 Leuchter. 15 Mehrarmige Hängelampe und -leuchter.

mit eisernen Zwingen. Dazu urtümliche Lämpchen aus Ton oder Eisen, eine Schale zur Aufnahme des Fettes mit Binsendocht, zum Stehen oder Hängen, Unschlittkerzen in einfachem Fuß, einem Stein oder Holzklotz mit einem Loch in der Mitte, seltener in einem Ständer.

Was die Kleidungsstoffe anbetrifft, so wird das, was man selbst herstellte, im großen und ganzen einfach, ein wenig, etwa in Streifen, gemustert gewesen sein, mehr auf Dauerhaftigkeit, als auf Schönheit berechnet. In einigen Gegenden mag man weiter gekommen sein. Es spricht wohl nichts dagegen, daß kunstfertige Hände in reichen Bauernhäusern auch Stickereien hergestellt haben (bestickte Kopfbedeckungen werden erwähnt), Knüpfkissen u. dgl.

An Geschirr finden wir dargestellt: derbes Tongeschirr, durch Querrippung, durch Eindrücke, Ritzung, wie's in der Urzeit schon vorkam (Punzung kam gewiß auch vor), naiv geschmückt, auch wohl mit eingetieften, farbig ausgefüllten geometrischen u. a. Verzierungen — Krüge, Schüsseln, Flaschen, Lechel (Feldflasche in Fäßchenform) u. a. —, Holzgefäße: Wannen, Schnellen, sowie aus Holzspan gebogene Siebe u. a., endlich Korbflechtereien, vom mit Pech gedichteten Gefäß (es gab ja sogar später noch so gedichtete Löscheimer aus Stroh!) und kleinen Handkorb aus Holzspan oder Weiden bis zum großen Geflügel- oder Tragkorb (s. Abb. 14).

Endlich finden wir noch allerlei Werkzeug, als Spinnrocken, Haspel u. dgl., sowie Küchengerät, Handblasebalg, Pfannenknechte, Salzfässer, Handtuchhalter u. a. m. sowie vor dem Hause das auf einen Pfahl aufgespießte alte Wagenrad, das als Geschirrtrockenständer diente: „Puttrad" heißt das daraus hervorgegangene, obwohl ganz anders gestaltete Ding ja heute noch (s. Abb. 36). U. s. f.

Umschlossen sind die Bauernhöfe von Zaun, Planke oder Mauer, in den Marschen vom Graben. Wir finden eine ganze Musterkarte von Zäunen abgebildet, von der flüchtig hergestellten Umzäunung eines Ackerstückes zum Schutze gegen das Vieh bis zum gar künstlich aus biegsamem Geäst oder aus langen Scheiten geflochtenen Zaun, Formen, wie wir sie heutigentags noch finden (Abb. 8 u. 85). Was wir aber selten noch finden, sind Umzäunungen ganzer Dörfer, wie das den unruhigen Zeiten entsprach (das Dorf Langenrehm bei Harburg a. E. soll solche bis über die Mitte des 19. Jahrhunderts gehabt haben). Ein Hoftor mit kleinem Dach und schmucken Aufsätzen auf den beiden Pfosten geschmückt, führt hie und da auf den Hof.

Abb. 15. Sächsischer Bauernhof des 18. Jahrhunderts (nach Kupferstich aus dem Sächsischen „Haus- und Wirtschaftsbuch").

(Fortgang seit dem Mittelalter.)

Wie der Zaun sich im Laufe der nun folgenden Jahrhunderte nicht geändert hat, so auch mancherlei anderes. Es ist fast kein Haus unter den abgebildeten, das wir nicht heute noch hie und da so, wennschon erst im 17. oder gar 18. Jahrhundert errichtet, vorfinden, und im Innern ist's gerade so. Nur die völlige Abtrennung der Stuben wurde wohl überall durchgeführt, obwohl es in abgelegenen armen Gebirgsgegenden auch heute noch sogenannte Rauchhäuser gibt, in denen Wohnung und Küche eins ist, wie in Sennhüten, Holzhauerhütten, Köhlerhütten ja auch. Älteste Herdform finden wir heut ja auch noch hie und da.

Was sich im Laufe der folgenden Jahrhunderte änderte, war außer der Stubenabtrennung nichts tief Einschneidendes, die Hausart durchaus Umwälzendes. Es betraf lediglich Lebensverfeinerungen, fügte einige neue Geräte den alten, unverändert beibehaltenen (z. B. den westfälischen Dreieckstühlen, die bis in unsere Tage dauern) hinzu und bereicherte oder änderte den Schmuck an Haus und Gerät.

Von der Zeit der Reformation an erzählt uns das Erhaltene mehr als das Abgebildete.

Zu der eigenen natürlichen Fortentwicklung kam der sich mehrende Stadteinfluß, etwas auch kirchlicher Einfluß, ja, in Küstengegenden infolge des Seemannsberufes der Männer gar überseeischer Einfluß von Holland her.

Das Bild unserer Bauernkunst in erhaltenen Beispielen würde wohl ein ganz anderes sein, wenn der Dreißigjährige Krieg nicht wie ein giftiger Wind über sie dahingefahren wäre. Einmal waren natürlich gerade reicher ausgestattete, wohlhabende Bauernhäuser die größten Anziehungspunkte für die raublustigen Truppen und zum andern war natürlich den Ausgeplünderten, Verarmten außerdem auf lange Möglichkeit, Mut und Lust an schöner Ausstattung ihrer Habe genommen, sie mußten froh sein, erst einmal wieder das tägliche Brot zu haben. Lange genug mag es stellenweise gedauert haben, bis das Leben wieder lebenswert sich gestaltete.

Zunächst sehen wir den Stil der Renaissance in die Bauernkunst Einzug halten. Einzelheiten der „antikischen" Baukunst und Zierweise, aus dritter Hand bezogen, und das eigene pflanzliche und andere Zierwerk der deutschen Renaissance erscheinen an Haus und Hausrat und gehen Verbindungen mit dem Althergebrachten ein in tausendfältiger Verschiedenheit, hier so, dort so dem Geschmacke oder der Technik mundgerecht gemacht. Hier entstehen infolgedessen reine Renaissancearbeiten, die einem städtischen Kunsthandwerker Ehre machen würden, dort dagegen ist die Renaissance nichts als ein bißchen äußerlicher Schmuck, der dem Alten, Eigenen lose aufgeklebt ist — einmal sind die Renaissanceformen stilecht ein andermal sind sie gänzlich mißverstanden und umgebildet.

Die Renaissance in unserer Bauernkunst trägt den Stempel des Fröhlichen infolge der reichlichen Verwendung von Farbe fast noch mehr als die bürgerliche, auch das naiv kühne Umspringen mit den Formen, unbekümmert um irgendwelche Rücksichten auf Stilreinheit, trägt zu diesem Eindruck nicht wenig bei.

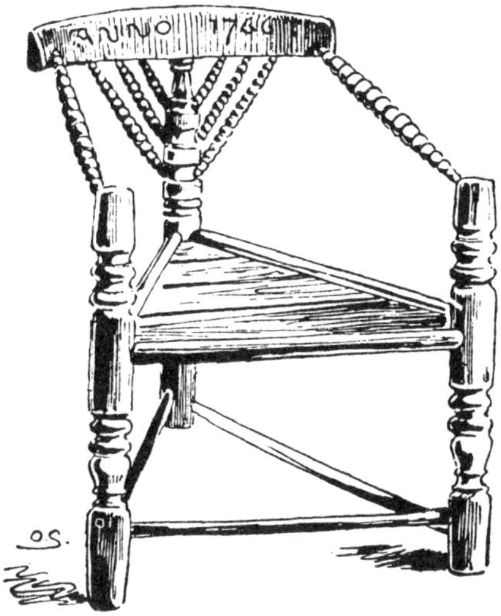

5

4

1

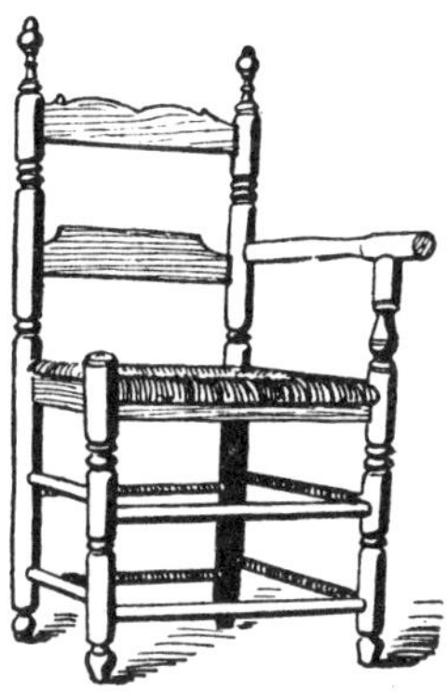

2

3

Abb. 16 Ähnlichkeit zwischen Darstellungen des 16. bis 17. Jahrhunderts und noch üblichen Formen.

1 Spinnstuhl des 16. Jahrhunderts, vgl. 2 Spinnstuhl aus Westfalen. 3 Stuhl des 16. Jahrhunderts, vgl. 4 Tiroler Stuhl. 5 Westfälischer Stuhl genau entsprechend holländischen Darstellungen des 15. und 16. Jahrhunderts. 6 Flämisches Hoftor (nach Teniers), vgl. 7 Altländer Hoftor in Steinkirchen.

6

7

1

2

Abb. 17. Bäuerliches Rokoko.

1 Geschnitzter Wandschrank aus dem Westerwald (Montabaur). 2 Wilstermarschstuhl (Museum für Kunst und Gewerbe, Hamburg). 3 Vierländer Einlegarbeit.

3

Hochwillkommen waren daher den Bauern die lustigen Seiten der auf die Renaissance folgenden Stile, des Barock und Rokoko, z. B. die verschobenen, sich ausbauchenden Spiralen, die prunkvolle Farbenbehandlung, die „Ohrwaschl"formen des Barock, wie die flotten, wirksamen, lustig zu handhabenden Rokokoschnörkel, sowie insbesondere noch die bunten Blumen, die man ja im Garten selbst hatte. Aber auch Zopf- und Biedermeierstil fanden Gefallen (s. Abb. 17—19).

Das unbekümmerte Mischen des Uralten, des Eigenhinzugefügten und der verschiedenen Stileinflüsse auf Grundlage der Verschiedenartigkeit der örtlichen Lage, der Abstammung — in Kolonistengegenden auch des Mischungsverhältnisses —, der wirtschaftlichen Lage, der Geschichte usw. usw., hat das abwechslungsreiche Bild hervorgerufen, das unsere Bauernkunst der letzten Zeit bietet. Urzeitliches und Mittelalterliches, Altheidnisches und Christliches sehen wir in aller Seelenruhe sich mischen mit von der Stadt schon verdeutschten, in der Bauernkunst noch mehr in eigene Mundart übersetzten Formen, die antiken Tempeln oder italienischen Palästen und Villen oder den Schlössern Ludwig XIV. und seiner Nachfolger entstammen. All das ist vergnüglich nach eigenstem Gutdünken — wie das in jeder jungfrischen gesunden Kunst der Fall ist, wie es die deutsche Kunst der frühromanischen Zeit und die Frührenaissance auch getan haben — umgemodelt und gemischt unter sich und mit Eigenem zu einem ganz einheitlich anmutenden Ganzen.

Wohnlicher und heller sehen wir vom Beginn der Renaissance an das Bauernhaus werden. Auf äußeren Schmuck wird mehr und mehr Wert gelegt. Die Balken werden geschnitzt; Halbsonnen, pflanzlicher, „antikischer" Zierat, Sprüche werden darauf angebracht. Die Ziegelsteine, die Schieferplatten fügen sich zu Mustern. Die Kratzmuster gehen vom einfachen Punkt- und Strichmuster zu reicheren Formen über, Malereien auf der weißen Wand gesellen sich zum bloßen Anstrich. Zu den ehemaligen kräftigen, reinen Farben kommen in der Rokoko- und Zopfzeit helle und gebrochene Farbentöne.

Abb. 18. Zierformen des Zopfstils.
1, 2, 3 Haus in Hademarschen, Holstein, aus gelben Backsteinen (2 Nachbildung eines Pilasters rechts u. links der Tür. 3 Oberlicht über der Tür). 4 Dachende eines Vierländerhauses. 5 Türumrahmung, Hilmes, Hessen-Nassau. 6 Tür in Bullenhausen, Hannover.

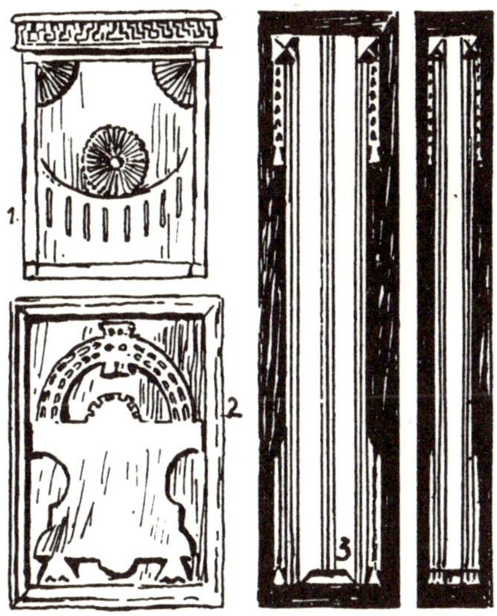

Abb. 19. Zierformen des Zopfstils an Haustüren.
1 Hessen-Nassau. 2 Laurenburg, Hessen-Nassau. 3 Wustrow, Hannoverisches Wendland.

Tür und Fensterrahmen und -läden erhalten Schmuck. Vor allem wichtig das jetzt überall eintretende Einfügen gläserner Fenster aus Butzen, quadratischen oder rhombischen Scheiben, sogar in allerlei hübschen Mustern gefaßt.

Die Abtrennung der einzelnen Räume im Innern vollendet sich. Zu den Stuben des gewöhnlichen Gebrauches kommt hie und da eine besondere Prunkstube, wie z. B. der Pesel in Ditmarschen und die Sommerstube in den Elbmarschen. Die Küche trennt sich vom Flur ab. Selbst der zähe Niedersachse beginnt endlich am Anfang des 19. Jahrhunderts schüchtern dazu überzugehen, in seinem Einhaus eine wennschon leichte, durch große Türen mit großen Scheiben darin ihm annehmbare Scheidung zwischen Flett und Diele einzuführen.

Die Stuben werden wohnlicher, gemütlicher, wozu insbesondere der Ofen beiträgt, der überall eingeführt wird (Ostfriesland bleibt beim Kamin). Die Wände werden getäfelt, beschnitzt oder eingelegt, bemalt, gekachelt. Die Möbel werden schmucker, bequemer, leichter, reichlicher, neue kommen zu den alten: bequeme Lehnstühle, prächtige Tische, freistehende Schränke, Eckschränke, Anrichten, kleinere Truhen, Hängeschränke, Porzellanschränke, Standuhr, Spiegel, Pfeifenbrett, Himmelbett. Dazu allerlei Arbeitsgerät, das vervollkommnete Spinnrad, Nähkasten u. a. m. All das nett, ja reich ausgestattet mit Schnitzwerk und Malerei. Selbst vor den schwierig herzustellenden geschweiften Möbeln des Rokoko ist das Dorfhandwerk nicht zurückgeschreckt, es hat sich vielmehr trefflich zu helfen gewußt.

Allerlei Beschlag zu den Möbeln, für Tür und Fenster, Kirchengerät und Wetterfahnen lieferte der Dorfschmied, schöne Prunkwagen und Schlitten der Rademacher, Töpferarbeiten der Töpfer der Kannebäckerländchen und -orte, Textilarbeiten fertigten die Frauen des Hauses, Weber und Schneider. Auch die Kirche wird reicher, namentlich was ihr Inneres anbetrifft, sind die Dorfhandwerker dabei tätig. An der Bemalung der Stuben u. a. sind hier und da wandernde Malergesellen beteiligt, ihren Leistungen nach zu schließen, aus kleinen halbbäuerlichen Städten der Nachbarschaft kommend und sich ganz wohl in den bäuerlichen Geschmack fügend.

(Im 19. Jahrhundert.)

Vom anfänglichen, urtümlichen Hause bis zum behäbigen, wohnlichen Bauernhause am Anfang des 19. Jahrhunderts, vom urtümlichen Gerät bis zu vollkommenen, köstlich geschmückten Arbeiten ein stetes, langsames, aber unaufhörliches Fortschreiten — da, um die Mitte des 19. Jahrhunderts beginnt, rascher und rascher sich vollziehend, das Versiegen!

Früher hatte sich niemand um die Bauernkunst gekümmert, man hatte sie einfach verachtet, dann begannen im Anfang des 19. Jahrhunderts Versuche, von oben her „veredelnd“ auf die Bauernkunst zu wirken, erst durch Zugrundelegung der Antike, der antike Tempel sollte das deutsche Bauernhaus veredeln helfen, die antike Vasenform die Bauerntöpferei — dann wurde das Schweizerhaus als Vorbild entdeckt, dann die italienische Villa u. s.-f. Dazu kam die riesige Umwälzung des Verkehrswesens, das Dorf verwandelte sich aus einem Einzelwesen in einen Nebenort einer Stadt, der sozusagen plötzlich geblendete Dörfler wollte soviel wie möglich Städter sein, und da kam ihm natürlich die Billig-und-schlecht-Zeit außerordentlich entgegen und füllte sein Haus — so daß unsere Museen heut die einzigen Orte sind, wo wir die volle Schönheit alter Bauernstuben noch sehen können.

Wie selbst die Dorfhandwerker geblendet wurden bis zur Mißachtung des Eigenen, vorher ihnen und ihren Dorfgenossen nett Erscheinenden, das zeigte mir

Tafel 3.

Farbige Behandlung von Bauernhäusern. (Jetztzeit.)

Texte siehe Rückseite

Tafel 3.

Farbige Behandlung von Bauernhäusern. (Jetztzeit.)

Oben von links nach rechts:

Haus in der Kremper-Marsch. Kräftig rotes Mauerwerk, gegen das ausschließlich grünes Holzwerk (Tür dunkelgrün) gesetzt ist.

Wagenschuppen in Hadeln (Holz mit Ziegeldach), knallrote Bretter und Balken, lebhaft grüne Türen u. a.

Tür und Giebel eines Hauses in Kampen (Sylt), gemauert aus roten und gelben Ziegelsteinen; Türumrahmung und Fensterkrönungen nur aus roten. Holzwerk grün. Maueranker schwarz.

Mitte:

Häuser aus Hessen-Nassau. Das rechte setzt rotes Balkenwerk und grüne Türen und Läden weißen Flächen gegenüber; das mittlere hat schwarze Balken, weiße Flächen und Fensterholzwerk und einen blauen Begleitstrich um alle Balkenlinien. Das linke ist ganz beworfen; der gelbe rauhe Bewurf ist höher als die geglätteten und besonders gemalten, weißen Flächen.

Unten von links nach rechts:

Niedersächsisches Haus in Groß-Hansdorf bei Hamburg, dunkelrotes Holzwerk gegen kräftig rote Ziegel.

Schieferbekleidetes Haus (Wirtschaft) in Benneckenstein (Harz) mit grünem Holzwerk.

Schauseite eines Altländer Hauses (Mojenhörn). Den in verschiedenen Mustern gemauerten Flächen stehen weiße Balken, grüne Türen, Fenster, Knaggen (unter dem Obergeschoß) und Giebelbretter gegenüber. Ziergiebel weiß.

Schuppen in der Nähe von Tann (Hessen-Nassau, bis 1866 bairisch). Holzwerk teils blau, teils schwarz, Mauerflächen weiß.

vor etwa 30 Jahren ein Gespräch mit einem braven Tischler eines dörflichen Ortes nahe Osnabrück, wo ich ältere, offensichtlich aus neugotischen Anregungen aus der Stadt her netteigen gestaltete hölzerne Grabtafeln des Friedhofes skizzierte. Auf meine Frage, wer die damals gemacht habe, erklärte er, daß er's sei, aber er lächelte mitleidig über meinen Geschmack, als ich sie lobte und ihn fragte, ob er sie denn nicht noch jetzt mache. Er lächelte aufrichtig mitleidig: Da ist doch nichts dran! — nein, er handle jetzt mit modernen, aus der Stadt bezogenen Grabsteinen! — Und das waren natürlich die geschmacklosen Steine der damaligen Zeit! Seine und ihnen ähnliche Werke in Abb. 20_1 sind ja nichts Großartiges! und ebenso steht's mit den Sinnbildern in Abb. 20_2, die in vielerlei Änderungen auf dem Friedhof sich wiederholen, also nicht Schablone sind, aber man freut sich doch über sie, da sie von eigenem, persönlichem Formenwollen zeugen.

Und nun, wo auch wir heute einsehen, auf welchem Irrweg wir selbst in unserer Stadtkunst uns befanden, nun, wo wir die alte Bauernkunst in ihren Tugenden würdigen gelernt haben, wo wir sie achten, statt sie zu verachten, sehen wir, was geschehen ist, sehen wir, was in ihr untergegangen ist! — einer der schätzenswertesten Zweige unserer deutschen volkstümlichen Kunst!, von dem wir allerlei Gesundes, Eigenfrisches lernen können!

Gottlob tun wir's ja auch!

2

Abb. 20. Späte Ausläufer dorfeigenen Grabschmuckes.

1 Spitzen hoher, hölzerner Grabtafeln in Ostercappel und Bad Essen, bei Osnabrück. 2 Sinnbilder von Grabsteinen in Scheessel, Lüneburger Heide.

2

2

Abb. 21. Bauernhaus in Gollhofen (aus M. Gerlach: „Unterfranken", Verlag Gerlach & Wiedling, Wien).

Unsere Bauernkunst in ihren Eigenschaften.

(Große Verschiedenartigkeit.)

Das erste, was einem unbefangenen Beobachter in unserer Bauernkunst auffällt — nehmen wir etwa an, er durchwandere eine große Sammlung von Bauernkunstgegenständen verschiedener Herkunft, aus Nord und Süd und Ost und West — ist eine außerordentlich große Verschiedenartigkeit vieler solcher Gegenstände, des Hauses, der Möbel, wie der Geräte. Es ist, als hätten unsere Bauern sich oft eigens verabredet, im Wetteifer alle nur erdenklichen Lösungen einzelner künstlerischen Aufgaben, die das Leben ihnen stellte, ausfindig zu machen, alle Formen, alle Zierweisen, alle Farbenstimmungen durchzuproben und auf die Spitze zu treiben. Es ist ein Kunterbunt, zu dem einzig und allein das Völkerkundemuseum mit seinen bunten, abwechslungsvollen Kunstleistungen der verschiedensten exotischen Völker und Völkchen ein Gegenstück stellt.

Das bunte Bild, das unsere städtische Kunst beim Durchwandern unserer Kunstmuseen oder unserer alten Städte bietet, ist bei weitem nicht damit zu vergleichen, insbesondere beruht seine Buntheit auf ganz anderen Ursachen, als diejenige unserer Bauernkunst. Was in dieser die Hauptrolle spielt, hat in der Stadtkunst früherer Zeiten sehr wohl ebenfalls eine Rolle gespielt, ist aber schon vor der Renaissance meist in den Hintergrund getreten, dagegen spielt das, was in der Stadtkunst die verschieden gestaltende Ursache ist, in der Bauernkunst eine nur kleine Nebenrolle.

In der Stadtkunst ist es die verschiedene Entstehungszeit — ob Romanisch, ob Gotik, Renaissance usw. — die die auffälligsten Verschiedenheiten in Gebäuden, Möbeln usw. erzeugt; nur in stets sich verringerndem Maße sehen wir Einflüsse der verschiedenen Rassenangehörigkeit der Bewohner und der Heimatsart mitsprechen. In der Bauernkunst spielen die Rassenangehörigkeit und die Heimat mit ihren Bedingungen von Anfang bis zu Ende eine Hauptrolle — die Entstehungszeit weniger. In der städtischen Kunst können wir ohne weiteres beim ersten Blick sagen: dieser oder jener Gegenstand ist etwa in dem oder dem Jahre hergestellt, in der Bauernkunst ist das schwieriger — da sieht etwas vielleicht täuschend romanisch aus oder zeigt gotische Ornamente und ist hergestellt im 18. oder 19. Jahrhundert (vgl. Abb. 44, Tafel 8.). Dagegen können wir hier oft, da fast immer ohne weiteres sagen: das stammt aus Tirol, das aus Westfalen, im besonderen dies aus der Wetterau, das aus der Wilstermarsch, das aus Jamund in Pommern. In der Stadtkunst ist solche genaue Ortsbestimmung nur bei bestimmten Gegenständen und einigen Kunststädten möglich, meistens muß man sich mit der ungefähren Bezeichnung als süddeutsch, norddeutsch, holländisch u. dgl. begnügen.

Es ist das weder ein schlechtes Zeugnis für die alte städtische, noch für die Bauernkunst, es sind eben zwei ganz verschiedene Bevölkerungsarten, deren Wesensausdruck die betreffende Eigentümlichkeit ihrer Kunst ist.

Einerseits mehr und mehr eine Mischbevölkerung verschiedensten Geblütes, wenn schon wohl mit Vorwiegen eines Stammes — auf der anderen Seite reinblütigere Nachkommen unserer alten deutschen Stämme. Auf der einen Seite geringfügige Einwirkung der natürlichen Eigenart der Heimat, auf der anderen Seite völlige Abhängigkeit von ihr. Auf der einen Seite als Haupteinfluß der Verkehr und das durch ihn hervorgerufene Vermischen und Ausgleichen, auf der anderen Seßhaftigkeit, die dem Vermischen nnd Ausgleichen Schwierigkeiten bereitet. Auf der einen Seite, von Stadt zu Stadt, ziemlich große Gleichartigkeit der Lebensbedingungen, auf der anderen, von Dorf zu Dorf, allerlei Verschiedenheiten. Einmal also alle Vorbedingungen zur Verwischung aller Gegensätze, anderseits im Gegenteil alle Vorbedingungen zu ihrer Beibehaltung.

Wie vor einem Rätsel steht der Neuling dem bunten Durcheinander unserer Bauernkunst gegenüber. Woher diese Verschiedenheiten, und was sollen sie bedeuten?

Hier winzige Häuschen, niedrig, dem Erdboden sich anschmiegend — da wahre Riesen, mit hohem, an ägyptische Pyramiden erinnerndem Strohdach (s. Abb. 97), hier Häuser, die wie ein Stück Urzeit anmuten (Abb. 1 und 3, Tafel 2), aus Balken roh gefügt, Steine auf dem Dach, als wäre ein Felssturz darüber hinweggegangen, ein andermal mit lehmbeworfenen Wänden und Schilfdach — da Häuser, die wie Vorbilder zu modernsten Landhäusern aussehen. Hier Häuser, von oben bis unten gespickt mit Zierat, geschnitzten Balken, bunten, abwechslungsvollen Ziegelmustern usw., oder bemalt in lustigen, vergnügtesten Farben — da schlichteste Einfachheit in Form und Schmuck.

Hier ein Hausrat, der wie ein wieder lebendig gewordenes Stück Mittelalter (Abb. 44) dreinschaut, da einer, der die Fürstenkunst der Barockzeit zum Vorbild zu haben scheint (Abb. 34). Hier glaubt man sich bei einem alten Germanen zu Gast (Abb. 5), da in einer Schiffskajüte des 18. Jahrhunderts (Abb. 133).

Hier ein Möbel oder Gerät, das fast formengleich ist mit Darstellungen aus frühester Zeit, da eines, das fast täuschend wie eine Vorerfindung allermodernster Gebilde aussieht. Hier ein geometrisches Muster, dessen Verwandtschaft wir im Völkerkundemuseum in Mattenflechtereien dieser oder jener Südseeinsel finden, da eines, das wieder an allermodernste Ornamentik erinnert. Hier ein Zierat, der mit dem germanischen Götterglauben zusammenhängt, da einer, in lustiger Frische aus dem Leben genommen.

Und solche Verschiedenheiten finden sich nicht etwa in weit voneinander entlegenen Orten und Gegenden, nein, beim Übergang von einem Ort zum Nachbarort kann es sich ereignen, daß wir uns in eine andere Welt versetzt glauben. Umgekehrt treffen wir vielleicht in einer ganz anderen, weit entfernten Gegend wieder auf Häuser und Hausrat, die wir ganz wo anders kennen gelernt hatten!

Wir treffen auch nicht gerade in der reichsten Gegend die größte Lust zur Verzierung, bisweilen sehen wir zwar große, aber nur wenig verzierte Häuser usw., umgekehrt vielleicht in armer Gebirgsgegend eine auffallende Liebe zum Schmuck.

Mitten in einer Gegend von bestimmter Kunsteigenart in Hausform und Hausratgestaltung stoßen wir bisweilen auf eine Art Insel, die eine bestimmt andere Kunst aufweist, sei es, daß das Haus anders ist, sei es, daß bestimmte, aber wichtige Sachen durchaus anders sind, Giebelschmuck, Hausverzierung, Stuhl oder sonst etwas.

Oder wir kommen beim Wandern aus einer bestimmten Kunstart über deutlich erkennbare Mittelstufen in eine bestimmt andere Kunstart hinein, wir sehen deutlich, wie die beiden vorschiedenen Arten im Zwischenraum um die Oberherrschaft gerungen haben (Abb. 22), wie die eine gesiegt hat und weiter vordringt.

Wir sehen einmal eine bestimmte alte städtische Kunstart weithin einflußreich, ein andermal hört ihr Einfluß an ihrem Tor auf — oder sie offenbart sich uns, wenn wir in ihre ländliche Umgegend gehen, umgekehrt gar als ersichtlicher Abkömmling der älteren bäuerlichen Kunst!

Wir sehen einen bestimmten geschichtlichen Stil in einer Gegend getreu festgehalten bis auf die letzte Zeit — ein paar Schritte weiter, da ist er völlig vergessen und durch einen anderen späteren ersetzt. Oder wir sehen ein Gemisch, wie in der Stadtkunst nirgendwo, gotische Möbel mit Rokokoschnörkeln u. s. f. Hier herrscht durchaus eine bestimmte Technik vor — da ohne sichtbaren Grund eine durchaus andere. Hier herrscht eine Farbe deutlich in allem — da plötzlich eine andere. U. s. f.

Suchen wir uns diese Verschiedenheit zu erklären, so geraten wir zunächst auf die Beschaffenheit der Heimat als Ursache mancher eigenartigen Bildung, vor allem beeinflußt sie natürlich das Haus, das ja im Grunde nur ein Kampfmittel gegen allerlei unangenehme Seiten der Heimatnatur ist.

1

3

2

4

Abb. 22. Von der Niedersachsengrenze im nördlichen Kurhessen.

1 Niedersachsenhaus in Deisel, Giebel zur Straße kehrend. 2 Als Gegenbeispiel: hessisches (Wetterauer) Haus in Langgöns, die Langseite, im besonderen die Wohnstube bestmöglichst der Straße zukehrend. 3 Niedersachsenhaus in Wolfhagen, zwar noch Giebel zur Straße kehrend, aber schon zwei Stockwerke mit Wohnstuben dorthin setzend. 4 Niedersachsenhaus in Hümme, in hessischer Art die Längsseite zur Straße kehrend.

3

4

2

5

7

6

1

Abb. 23. Einfluß des Klimas u. dgl. auf das Haus.

1 Westerwaldhaus, Hof. 2 Schutzbäume auf dem Deich vor dem Haus, Vierlande. 3 Schieferpanzer, Harz. 4 Geteerte Wetterseite, Pommern. 5 Ziegelpanzer, rot=weiß geschacht, Hessen=Nassau. 6 Regenschutz oberbairischer Häuser. 7 Windfang, Sylt.

(Einfluß der Heimatsart.)

Da übt zunächst die Bodenbeschaffenheit bedeutenden Einfluß aus — ob ein Haus in der Ebene oder im Gebirge, ob es in engem Tal oder weiter Talmulde, auf einer Steilküste oder niederem, der Überflutung ausgesetztem Ufer liegt. In der Ebene ist Platz die Menge, Haus und Hof können sich breit ausdehnen, im engen Tal heißt es dagegen kleinerem Bauplatz sich anpassen, zumal wenn es

Abb. 24. Schönheit im schützenden Deich.

1 Durchlaß im Emsdeich, Driever, Ostfriesland. 2 Durchgang im Ostedeich, Oberndorf, Hannover. 3 Deichschwingung mit Durchfahrt, sog. „Slöpen lock", Hetlingen, Niederelbe.

sich um eine Gegend handelt, in der schier selbst die Hühner Steigeisen nötig hätten, um nicht abzustürzen.

Auch die Nähe von Bächen, die zur Zeit der Schneeschmelze u. a. gefährlich werden können, ist zu meiden, möglichst viel Sonne dagegen zu suchen — daher hier und da staffelförmige Stellung der Häuser an der Straße.

Aber auch in der Ebene ist die Sache nicht immer so einfach, insbesondere an der Nordseeküste. Da heißt es erst Wurten aufwerfen, um einen sicheren — einigermaßen sicheren Bauplatz zu gewinnen, oder es heißt erst schützende Deiche aufführen, hinter denen sich das Haus verkriechen kann (vgl. Abb. 23_2 und 24). Tief müssen die tragenden Stützen des Hauses in den Boden eingeankert werden, um dem Flutandrang Stand halten zu können, oder die Wohnräume müssen im Hause hoch gelegt werden, damit wenigstens Überschwemmungen sie nicht so leicht erreichen können. U. a. m.

Dazu kommt Rücksicht auf allerlei Wetter, das mit der eigentümlichen Natur der Heimat zusammenhängt, und mit dem man sich erst einmal abfinden muß, um des Lebens überhaupt froh werden zu können. Sonne, möglichst viel Sonne liebt man, wie schon gesagt, und stellt das Haus demgemäß. Aber auch der Windschutz redet dabei ein gewichtiges Wort mit — z. B. in der eigenartigen Winkelstellung nordfriesischer Häuser! Anderswo muß man das Haus ganz niedrig bauen, um dem Wind keine Angriffsfläche zu bieten, oder es sind Schutzbäume oder Schutzhaine nötig, oder man zieht das natürlich überall möglichst feste Dach auf der Wetterseite tief herab bis auf den Erdboden, oder man panzert das Haus auf dieser Seite durch Bretterverschalung, Stroh, Schindeln, Schiefer oder Dachziegel oder teert es (vgl. Abb. 23—27). Hier wieder heißt es außer gegen Wind und Regen auch wohl gegen Lawinen und Steinschlag sich zu schützen — weit vorspringende starke Bohlen- oder Bretterdächer, steinbeschwert, mit riesigen Regenrinnen, besorgen das, bisweilen noch besonders geschützt dadurch, daß die dem Berg zugewandte Seite des Hauses als Lawinenmauer hoch über das Dach hinaus erhöht wird. Noch ein andermal schützt man sich gegen hohen Schnee durch Aufsetzen des Hauses auf hohe Stein- oder Holzpfeiler, im Hotzenhaus in Baden gegen Kälte durch eine Schildanlage, eine Art inneren Umgangs, die Wirtschaftsteile umschließend — im hohen Schwarzwald soll Ähnliches vorkommen (auch in Vierlanden fand ich einmal an der Giebelwand hinter den Stuben einen Gang, wie der Bauer mir sagte, zu diesem Zweck).

Hier gestattet das milde Klima allerlei Bequemlichkeiten, die anderswo versagt sind — dort heißt es besonders dicke Wände aufführen, man kann keine großen Fenster anlegen, sondern muß sich mit kleinen begnügen, die man gern, wie auch die Tür, durch kleine Dächer noch eigens schützt. U. a. m.

Zu der Oberflächenbeschaffenheit des Bodens gesellt sich seine Art, in Hinsicht auf das, was er spendet, und auf das Wie des Spendens, ob reichlich oder nicht. Hier ist Ackerbau das Gegebene, dort Wein- und Obstbau — hier Viehzucht, dort Waldwirtschaft —, hier ist Bergbau die Hauptsache, dort eine Industrie, dort die Fischerei u. s. f. Es ist klar, daß all diese verschiedenen Berufe mit ihren ganz anders beschaffenen Erfordernissen verschiedene Hausarten naturnotwendig erzeugen. Der eine hat große Räume für den Erntesegen nötig, der andere für Stallungen — bei dem anderen sind gerade diese Räume Nebensache, dafür sind Werkstatt, Trockenräume für Netze, Kelter u. a. erforderlich. Ja, da die Technik des gleichen Berufes in verschiedenen Gegenden ganz verschieden ist, ergeben sich selbst innerhalb der einzelnen Berufe große Verschiedenheiten, es braucht nur an die Verschiedenheit der Viehzucht unserer schleswig-holsteinischen Marschen und der der Alpen erinnert zu werden. Ob kleinere Dörfchen oder große Dörfer, macht auch allerlei aus.

Und wieder andere Verschiedenheiten ruft die Dankbarkeit des Bodens hervor. Hier lohnt er geringe Mühe aufs reichlichste, dort lohnt er selbst die härteste, emsigste Arbeit mit kärglichem Ertrage — einmal erzeugt er daher einen behäbigen, wohlhabenden, ja im Überfluß schwelgenden Bauernstand, ein andermal ist Schmalhans Küchenmeister. Daß das Haus in Größe, Teilung und Anordnung, sowie namentlich in seinem Schmuck diese verschiedenen Vermögensverhältnisse widerspiegelt, liegt auf der Hand. Das niedersächsische Einhaus z. B. hat sich in manchen Gegenden so und so viele Nebenbauten als Hof angegliedert, auf der Insel Fehmarn u. a. sind Wohn- und Wirtschaftshaus bei den großen Bauern ganz getrennt.

Auch die Lage an einer großen Verkehrsader, etwa einem großen Strome oder in der Nähe einer großen Stadt, ruft Verschiedenheiten hervor, indem sie allerlei Sonderberufe begünstigt, die sich anderswo nicht lohnen würden, insbesondere Blumen- und Gemüsezucht, die wiederum das Haus anders gestalten.

Von erheblichem Einfluß ist sodann der Werkstoff, den die Heimat bietet. Einmal bieten große Waldungen Holz die Hülle und Fülle — ein andermal gedeiht

Abb. 25. Schutzdächer.

1 Ziegel nur über der Tür im Gegensatz zum Strohdach. 2 Groß gerundetes Ziegelvordach über dem ganzen Giebel, beides Lauenhagen bei Bückeburg. 3 Schieferdächer über den einzelnen Stockwerken, Battenfeld Hessen-Nassau.

weitum kein größerer Baum, und Bauholz ist darum rar, dafür bietet Flechtwerk, mit Lehm beworfen, Ersatz, oder Ziegel sind zu haben, oder man behilft sich etwa bei Nebenbauten mit Torf oder Erde als Baustoff. Wieder anderswo liegt vortrefflicher Bruchstein vor. Einmal liegt es nahe, Holz auch zum Dachdecken zu nehmen, ein andermal ist's Schiefer oder Heidekraut, Stroh, Schilf u. s. f.

In den andern Zweigen der alten bäuerlichen Kunst ist der Einfluß der natürlichen Bedingungen ebenfalls zu beobachten, obschon nicht stets so drastisch wie im Hausbau.

Das Klima spielt eine Rolle in der Fürsorge für Heizungsanlagen und Wandverstärkung mittels Täfelung und Kachelbelag, Benageln der Innenseite der Tür mit Strohzöpfen u. a. m. (Abb. 81,). Die Ergiebigkeit des Bodens und der daraus sich ergebende Vermögensstand drücken sich selbstverständlich meist in reicherer oder ärmlicher Wohnungs- und Geräteausstattung aus. Auch die von den Bodenverhältnissen und den natürlichen Schätzen der Heimat gegebene Berufsart wirkt ein. Einmal sehen wir

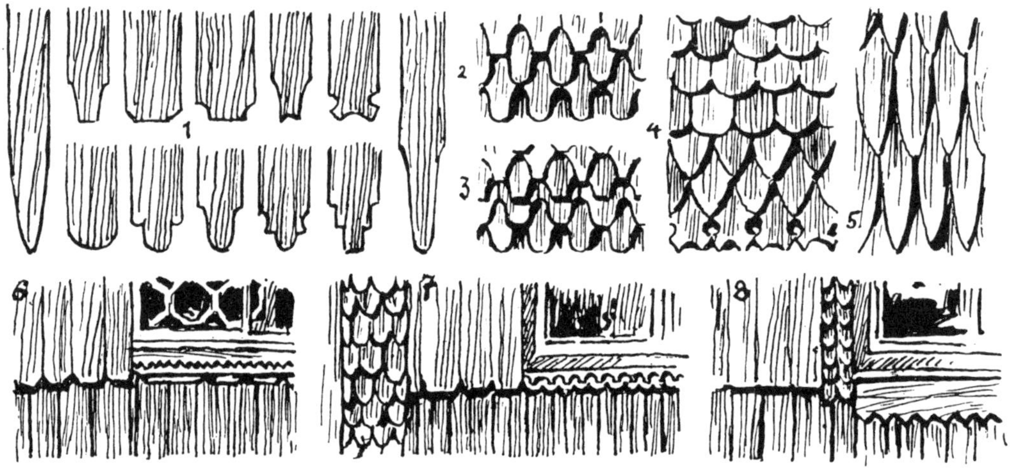

Abb. 26. Schindelformen, Hessen-Nassau.
1 Einzelne Schindel. 2–5 Musterungen. 6–8 Fenstereinfassungen.

z. B. bei „Gartenbauvölkchen“, wie den Vierländern, die Blume im Ornament eine sehr große Rolle spielen, ein andermal sehen wir bei einem Völkchen, dessen Männer zur See fahren, schifftechnische Gedanken auf das Haus übertragen, sehen Möve, Walfisch als Ornament (Abb. 71_8) oder finden gar fremdländische Zierweisen angewandt. Als Nebenergebnis ausgedehnter Schafzucht sehen wir hier eine bedeutsame Wollindustrie entstehen, dort sind im Anschluß an natürliche Bodenschätze oder infolge der Einführung einer Industrie zum Ersatz für die Ungunst des Bodens die Bewohner Schnitzer, Töpfer, Glasmacher, Weber, Uhrmacher u. a. geworden, und das gibt sich in allerlei Weise in ihrem Hausrat und Hausschmuck kund.

Abb. 27. Schiefermusterung, Hessen-Nassau.
1 Oberseelbach, einfarbiger Schiefer. 2 Ober-Elsungen, Streifen in zweierlei Schiefer. 3 Nieder-Joßbach, zweierlei Schiefer.
4 Klingelbach, Muster aus glatt und zackig zugehauenem Schiefer sowie Schieferbuchstaben.

Die natürlichen Heimatsbedingungen erklären wohl eine ganze Anzahl auch grundlegender Verschiedenheiten, aber sie erklären bei weitem nicht alles. Trotz genau denselben Bedingungen finden wir bisweilen größte Verschiedenheit im Hausbau, wie in der inneren Ausstattung und Kleinkunst — hier Einhaus, da Hofsystem, hier Derbheit, da Zierlichkeit, hier Farbenlust, da Einfachheit. Das eine entspricht den natürlichen Bedingungen genau so gut, wie das andere, aber einmal ist die Aufgabe so, ein andermal so gelöst.

Die Hauptperson selbst, der Bauer, war eben hier ein anderer als dort! — seine Betriebsart, seine besondere Denkweise, wie sie sich auch im Erbrecht ausspricht, das hier zersplittert, dort großen Besitz zusammenhält, seine Gemütsanlage, seine Geschichte und seine Stammesart erzeugen Abweichungen.

(Einfluß der Stammesart.)

Damit kommen wir auf die zweite große Hauptursache der Verschiedenheiten in unserer Bauernkunst, die Ursache ihres höchsten Schmuckes, ihrer wertvollsten Eigenschaft, nämlich ihrer köstlichen, ausdrucksvollen Volkstümlichkeit, die sie zu einem der schönsten Denkmale echt deutschen Volkstumes stempelt: die verschiedene Stammesangehörigkeit unserer Bauern.

In ihnen ragen alte Stammesunterschiede der Vorzeit bis in unsere Tage hinein — und Gott gebe, daß es noch lange so bleiben möge! Ganz abgesehen von den Unterschieden zwischen Germanen und Slawen (und vielleicht Keltoromanen in Süddeutschland und Rhätoromanen in den Alpen), sind auch die Unterschiede zwischen den einzelnen germanischen Stämmen in ihnen im großen und ganzen bis auf den heutigen Tag bewahrt geblieben. Baier, Franke, Schwabe, Allemanne, Thüringer, Chatte, Westfale, Friese — jedes dieser Worte gibt uns noch heute ein ganz genau umrissenes, unverwechselbares Wesensbild. Ja, innerhalb der großen Stämme unterscheiden wir noch kleine Sonderstämme von Sonderart — ein paar Dörfer sind es oft nur, und doch heben sie sich deutlich von ihrer Umgebung ab (z. B. das in ganz niedersächsischer Umwelt noch friesische Sprachreste bewahrende Saterland). Und aus den verschiedenen Mischungen zwischen Germanen untereinander oder zwischen Germanen und Nichtgermanen, sei es an den Grenzen der einzelnen Stämme, sei es in Kolonisationsgebieten, sind Mischstämme mit allerlei Eigenart hervorgegangen — wir sprechen ja vom Pommern, vom Mecklenburger u. a. und erkennen jedem von ihnen besondere unterscheidende Wesensart in Sprache und anderm zu.

Immer ist es natürlich die Landbevölkerung, in der die verschiedenen Stammesarten am deutlichsten erkennbar sind — neben der geringeren Blutmischung gegenüber der Stadt spielt auch der Umstand dabei eine Rolle, daß ihre Beschäftigung und Lebensweise von denen der frühesten Zeiten am wenigsten abweichen.

Unter den Äußerungen der verschiedenen Stammesangehörigkeit nimmt die Bauernkunst nun geradezu einen der ersten Plätze ein.

Es ist ganz auffällig und ein schönes Zeugnis für die Gesundheit der Bauernkunst, für ihre Echtheit, ihren Wert, wie scharf und deutlich sie die Eigenart der einzelnen Stämme ausprägt und verhältnismäßig ausgeprägt erhalten hat. Dem stolz zufriedenen, gleichmütigen, stillen, zuverlässigen, gastfreundlichen Wesen des Niedersachsen entspricht die breite, weiträumige Siedlungsart des Dorfes und sein behäbiges, geschlossenes, gedehntes, mit seiner Grotdör an der Straße wie zur Einkehr einladendes Einhaus (Abb. 22, 93, 94, 113) so vortrefflich, wie dem offenen, fröhlichen, lebendigen des Mitteldeutschen das stadtähnliche dichte Nebeneinandersiedeln und der schmucke, vielgliedrige, offene Hof (vgl. Abb. 101). Dem zurückhaltenden Nordfriesen ist sein ernstes, so schmuckloses Haus (Abb. 99) genau so aus der Seele gesprochen, wie dem derben, lebenslustigen Oberbaiern sein breitgelagertes, mit Malerei und Schnitzerei geschmücktes (s. Abb. 98_2). Und treten wir ein in das Haus, setzt sich diese Übereinstimmung vielfach spürbar fort. Dem Niedersachsen entspricht die Übereinstimmung, die wir bei ihm zwischen dem Hausäußeren und dem gastlichen, großoffenen Flett und den behäbigen Stuben finden, auch beim Baiern prägt sich die Lebenslust innen wie außen aus. Beim Nordfriesen überrascht uns die schmucke, wohnliche, ja reiche Ausstattung seines Hausinnern, wie uns seine Herzlichkeit überrascht, wenn er selbst im Gespräche mit uns warm geworden und aufgetaut ist. Beim Franken und anderen Süddeutschen offenbart uns die einfache Ausstattung des Innern seine an südländische Völker erinnernde Neigung, sein Leben im Freien und im Verkehr mit den Nachbarn zuzubringen. Selbst in der Fremde behält oder behielt der deutsche Auswanderer seine ihm „aus der Seele gesprochene" Hausart bei, so gut es geht (Abb. 28 und 29). Auch die Fayencen der ausgewanderten Deutschen und ihrer Nachkommen in Pennsylvanien behielten die alte Kunstart getreu bei, Blumen, Sprüche usw., wenn auch natürlich General Washington und Soldatenabbildungen des amerikanischen Freiheitskrieges als besondere Motive dazukamen.

Abb. 28. Schwäbisches Bauernhaus in Kirchentellinsfurt, Württemberg, Wohnung im Oberstock, unten Wirtschaftsräume.

Alle für den einzelnen Stamm kennzeichnend gewordenen Züge finden wir wieder. Wir empfinden: Hier fühlt sich der Bauer als Herr, der in nichts zurücksteht gegen Bürger oder Adeligen, seine stolze, prunkvolle, in schöner Schnitzerei, Malerei oder Einlegearbeit prangende Staatsstube, sein reiches Haus und reichgeschmücktes Hausgerät, darauf der Name oder gar sein Wappen prangt, dort dagegen ist er verschüchtert, gedrückt — schmucklos drum seine Wohnung, nur ärmlich sein Hausrat, obschon er vielleicht gar nicht unbemittelt ist. Einmal ist er stolz, ein Bauer zu sein, die übrige Welt ist ihm, wie jener Marschbauer zu seinem wanderlustigen Sohne sagte:

„all man Geest“, d. i. lauter minderwertiges Land, er betont seine bäuerliche Sonderart im Hausrat, bildet sich ab über seiner Haustür oder im Huthalter im Kirchengestühl (s. Abb. 66_4), wie er mit dem Pfluge auf das Feld zieht — anderswo möchte er dagegen gern die Ansicht hervorrufen, als sei er eigentlich ein Städter, er bildet sich nicht ab als pflügenden Bauersmann, er sucht im Gegenteil in all seiner Kunst die Stadt nachzuahmen. Hier haben wir es mit wie aus einem Holzklotz gehauener, eckiger Bauernart zu tun, massiv, grobdrähtig, wuchtig ist auch die Sonderart seiner Kunst — dort dagegen begegnen wir einer leicht beweglichen, umgänglichen Natur und treffen daher auf Anmut, Bequemlichkeit, ja Zierlichkeit. Hier freundlicher Ernst, harmlose, stille Freudefähigkeit, stille, anmutige Formen und Farben entsprechen dem — dort überschäumende Lebenslust und schwulstige Formenfülle, reichliche, bunte Farben. Hier ein zähes, bedachtsames, am Alten hängendes Völkchen, z. B. die Schwälmer, alte Formen, alte stets beibehaltene Techniken entsprechen ihm — dort ein neuerungsfrohes Völkchen und ihm entsprechend eine stets fortentwickelte, außerordentlich abwechslungslustige Kunst. Hier Wesenstiefe, dazu passend eine Kunst von ausgeprägtester Eigenart, dort eine Kunst, die von jedem Hauche, der sie berührte, bewegt worden ist, entsprechend dem weicheren Wesen des Volkes. U. s. f.

Abb. 29. Haus eines süddeutschen Ansiedlers in Brasilien (nach Photographie).

Alle Schattierungen unserer deutschen Volksarten finden in unserer Bauernkunst ihr Abbild. Schroffen Wesensunterschieden zweier aneinanderstoßender Bevölkerungen entsprechen schroffe Kunstunterschiede, leisen Übergängen in der Bevölkerung entsprechen Übergänge, Mischformen in der Kunst.

Wesensunterschieden, wie sie verschiedene Heimatsbedingungen, Betriebsweise, Lebensweise, Geschichte innerhalb eines und desselben Volkes hervorgerufen haben, entsprechen dabei Unterschiede in der Ausgestaltung ein und derselben Kunstäußerung. Der Niedersachse als Ackerbauer, als Viehzüchter, als Gärtner, als Fischer bleibt Niedersachse in seiner Kunst, ändert sie aber das eine Mal so, das andere Mal so — ein anderer als Ackerbauer, als Winzer, als Töpfer, als Bergmann ebenso. Von der Flußmündung aufwärts ins Landinnere hinein, wie vom breiten Tal talaufwärts bis zum letzten Einödhof leises, stetes Ändern und Abweichen, entsprechend dem besonderen, so oder so, aus diesem oder jenem Grunde sich ändernden Wesen der jeweiligen Bewohner.

Anderseits ist es auffällig: kaum betreten wir in anderen Fällen das Gebiet eines anderen reinen Stammes — flugs sehen wir das oft in der Kunst ausgesprochen, obschon die natürlichen Heimatsbedingungen auf beiden Seiten vielleicht gleich sind, ja selbst bei Stämmen, die sich an der Grenze entlang allmählich vermischt haben, und an deren Grenze wir demgemäß eine Kunstmischung finden, zeigt ein einziges kleines Merkmal bisweilen noch scharf die eigentliche Grenze. Das ist z. B. der Fall, wenn man vom Westerwald nach Westfalen wandert. Wohl gehen da, scheint's, die Hausarten leis ineinander über, aber plötzlich erblickt man an einem solchen Hause am Giebel das alte sächsische Stammeszeichen, die zwei Pferdeköpfe, entstellt, stark vereinfacht zwar, aber sie sprechen doch deutlich genug aus: Hier beginnen die Niedersachsen! (S. Abb. 30.) In Kolonistenländern, wie Mecklenburg, Pommern, Ostholstein u. a. des Ostens ist natürlich allerlei heute verwischt, aber Dorfgrundriß, Hausart, Hausschmuck außen oder innen, Tracht, ja sogar Zaun u. a. erzählen doch dem aufmerksamen Wanderer noch allerlei, sowohl von den älteren Einwohnern, als auch von der Herkunft der verschiedenstämmigen Kolonisten, von Niedersachsen, Hessen, Schlesiern — ja auch Russen (die Philipponen in Westpreußen).

Abb. 30. Hessisches Haus an der Niedersachsengrenze, Breidenbach, Hessen-Nassau; hessische Hausanlage, aber am Giebel Pferdeköpfe wie am Niedersachsenhaus.

Am schärfsten sind solche Kunstgegensätze natürlich da, wo zwei rein erhaltene Stämme hart aneinanderstoßen, auseinandergehalten allein eben durch den Gegensatz (hannoversches Wendland) oder durch natürliche scharfe Grenzen, als hohe Gebirge (Tirol, wo auf diese Weise reine Reste verschiedener Germanenstämme auf uns gekommen sein sollen), unwegsame Sümpfe (Spreewald) u. dgl., durch alte Abneigung oder Feindschaft (das republikanische Ditmarschen im Gegensatz gegen das gräfliche Holstein), durch religiöse Verschiedenheit oder verschiedene Lebens- und Betriebsart. Einzelnen Fällen, z. B. bei friesischen und niederländischen Kolonien der Unterelbe, hat ein stark ausgebildetes Selbstbewußtsein genügt, um Reinheit und Abgeschlossenheit des Volkes und seiner eigenartigen Kunst zu wahren, ja selbst innerhalb eines Stammes scheint sich bisweilen, z. B. in der Schwalm in Hessen, ein kleiner Stamm in Tracht und Kunst gesondert gehalten zu haben; in Pommern gewähren der Weizacker und Jamund ähnlichen Eindruck!

Mit bewunderungswürdiger Zähigkeit sehen wir alte Stammessonderart beibehalten; sie mag von einer Stadt oder von der Nachbarschaft, die anderen Stammes ist, beeinflußt sein, merkbar ist sie aber meistens noch. Immer noch scheiden sich die einzelnen deutschen Stämme ziemlich deutlich untereinander, wie von den fremden Stämmen in unseren Grenzen. Immer noch dürfen wir — natürlich mit Ausnahmen bei besonderen Verhältnissen — wohl sagen: hier sitzen Westfalen, da Friesen, da Holländer, da Chatten oder Franken, da Alemannen, da Schwaben, da Baiern u. s. f., dies Völkchen muß eine Mischung von Holländern und Niedersachsen sein, dies eine

Abb. 31. Beispiele für Aneinanderstoßen zweier Stämme und daher auch Bauarten.
1 Im Grenzdorf Bühren, Ostfriesland, links ostfriesisches, rechts niedersächsisches Haus. 2 Mühlenstraße, Süder Ditmarschen, rechts das Haus niedersächsisch, links die Scheune ostfriesisch, Einfluß ostfriesischer Kolonisten.

solche zwischen Chatten und Niedersachsen, dies sind ersichtlich mehr oder weniger germanisierte Slawen u. s. f. Hier zeigt sich das sogleich auf den ersten Blick in der Hausart, wie beim Wallerner Haus der in den Böhmerwald eingewanderten Tiroler, beim Ostfriesenhaus im sonst niedersächsischen Ditmarschen u. a., da in einer bestimmten Einzelheit im Hausbau, beim Altländer Hause in der Form des von der ganzen Umgebung abweichenden Giebelschmuckes in Gestalt zweier „Schwäne" und des ebenfalls sonst rings ungewohnten Hoftors. Hier ist's Vorliebe für eine bestimmte Farbe, da für eine bestimmte Technik — ein andermal scheint nicht am Hause, sondern in Wohnungsausstattung, Möbeln oder Gerät, Stammesverwandtschaft leise zutage zu treten — höchst auffällig z. B. die Ähnlichkeit zwischen Stuhlformen aus der Schwalm in Kurhessen und solchen in Jamund in Pommern.

(Die Niederelbe als Beispiel der Wirkung von Heimats- und Stammeseinfluß.)

Ein lehrreiches Beispiel für die nachhaltige Einwirkung der verschiedenen Stammesangehörigkeit und der Mischungsverhältnisse im Verein mit natürlichen Bedingungen bieten Geest und Marsch unserer Niederelbe (s. Abb. 32).

Zwei Volksarten sind es in der Hauptsache wohl nur, mit denen wir zu tun haben, Niedersachsen und Kolonisten aus Ost- oder Westfriesland und Brabant. Die ersteren sind die ältere Bevölkerung und nehmen den meisten Raum ein. In der Grafschaft Pinneberg, in der Haseldorfer Marsch, in Stormarn, auf den Elbinseln, in der Winsermarsch und den anderen linksoberelbischen Marschen und in

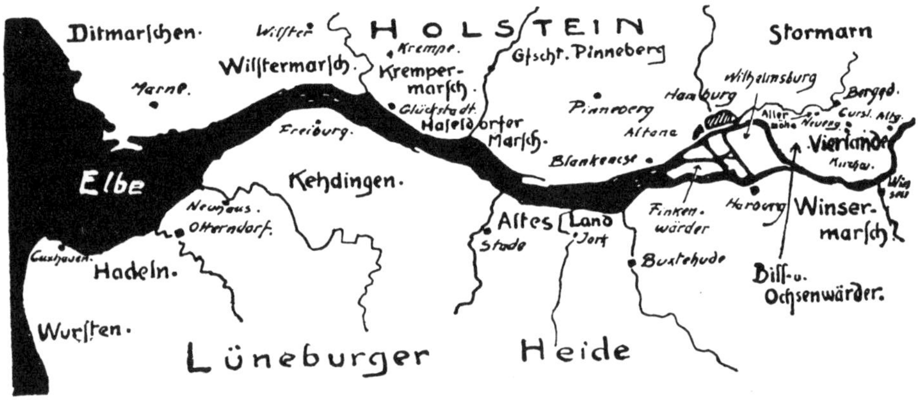

Abb. 32. Landschaften an der Niederelbe.

der Lüneburger Heide finden wir sie unvermischt. An der Elbemündung rechts die Ditmarscher (im Kronprinzenkoog eingewandert Ostfriesen), links die Hadeler und Kehdinger, den Niedersachsen sehr nahestehende, obzwar doch, scheint's, gesonderte Völkchen. Auch die Vierländer scheinen nach neueren Feststellungen Niedersachsen zu sein, obschon ihre von ihren Nachbarn so auffallend sich abhebende reiche Kunstfreude an die in den Kolonistenländchen, im Altenlande und in der Wilstermarsch herrschende erinnert. Im Altenlande sollen's Brabanter gewesen sein, der Menschenschlag ist auch heut noch anders, als der in der wohl friesisch besiedelten Wilstermarsch. Die Kremper Marsch, die Insel Finkenwärder und Blankenese mögen Mischbevölkerung haben.

Diese Stammesunterschiede sehen wir verstärkt und bereichert durch verschiedene Einwirkungen der Betriebsart der Bevölkerungen, ihrer Geschichte, Nachbarn u. a., besonders auch Hamburgs. Die Geestlandschaften, insbesondere die Lüneburger Heide, sind ärmer, unfruchtbarer als die Marschen, die zu den gesegnetsten, reichsten Gegenden Deutschlands zählen. Auf der Geest wiegt der Ackerbau vor, in den Marschen ist es verschieden. In einigen herrscht der Ackerbau, in der Umgebung Hamburgs der Gemüsebau, in den Vierlanden daneben die Blumenzucht und der Obstbau, im

Tafel 4.

Brustlätze der Vierländerinnen für verschiedene Gelegenheiten.

Texte siehe Rückseite

Tafel 4.

Brustlätze der Vierländerinnen für verschiedene Gelegenheiten.

1 Abendmahlstracht der Braut (dieselbe Blau-schwarz-Stimmung versinnbildlicht die Halbtrauer).

2 Festtracht; bei Teilnahme an einer Hochzeit durch eine Metalltresse, wie bei 3, noch besonders verziert.

3 Brauttracht während des kirchlichen Teiles der Hochzeit (in reicheren Kreisen statt des Silbers Goldstickerei); auch am Sonntage des ersten Aufgebotes getragen.

4 Sonntagstracht „bei schönem Wetter".

Altenlande insbesondere der Kirschenbau, in Kehdingen Äpfel und Pflaumen. In der Wilstermarsch spielt die Viehzucht die Hauptrolle, in Hadeln steht die Pferdezucht besonders in Blüte. Die Einwohner einiger Elbinseln, besonders die Finkenwärder, sowie die Blankeneser endlich sind Fluß- oder Seefischer. Klima und zur Verfügung stehende Werkstoffe sind natürlich überall ziemlich gleich.

Sodann hat die verschiedene Geschichte der einzelnen Ländchen Wesen und Leben der Bewohner in allerlei Richtung verschieden beeinflußt. In den älteren Geestlandschaften zu beiden Seiten des Stromes war die Bevölkerung früh unfrei geworden, dem Schauenburgischen Grafen von Holstein oder dem Erzbischof von

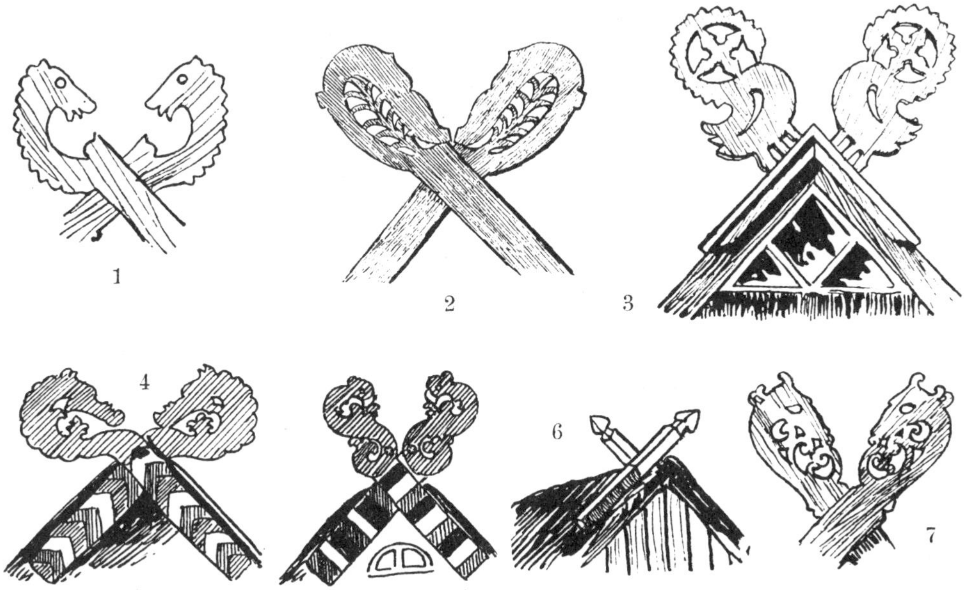

Abb. 33. Stammeszeichen im Giebelschmuck niederelbischer Bauernhäuser.

1 Pferdeköpfe (Lüneburger Heide). 2 Pferdeköpfe (Wilhelmsburg). 3 Schwäne (Altes Land). 4 Pferdeköpfe (Finkenwärder). 5 Schwäne (Finkenwärder). 6 Dachreiter (Kremper Marsch und Ditmarschen). 7 Pferdeköpfe (Vierlande).

Bremen untertan. Ditmarschen, Kehdingen und Hadeln dagegen erhielten sich lange als freie, selbständige Bauernrepubliken. Am frühesten unterlag Kehdingen dem Bremer Erzbischof. Ditmarschen ebenfalls nach langen heldenmütigen Kämpfen, die einen Ehrenplatz in unserer Geschichte einnehmen, den Holsteinern und Dänen. Hadeln allein rettete sich seine Freiheit, nicht durch Kampf, sondern durch kluge Politik, indem es freiwillig den Herzog von Sachsen-Lauenburg als Oberherrn anerkannte — er war angesehen genug, um die näheren Nachbarfürsten von einem Handstreich abzuhalten, und infolge der großen Entfernung seines Sitzes verhindert, sich unliebsam viel in die Angelegenheiten des Landes zu mischen. Hadeln erhielt sich auf diese Weise bis weit in unsere Zeit ein außerordentlich großes Maß von Selbständigkeit. Die niederländischen Kolonien an der Niederelbe hatten sich in ihren Verträgen mit den Landesherren ein erträgliches Maß von Freiheit gesichert und lebten nach ihrem eigenen „hollischen" Recht, das die Fürsten natürlich auch ihren niedersächsischen Marschenkolonisten gewähren mußten, wenn sie sie zur Niederlassung reizen wollten. Die ehemals lauenburgischen Vierlande gingen 1420 in den gemeinsamen Besitz Lübecks und Hamburgs über (letzteres seit 1868 Alleinbesitzer).

Es liegt auf der Hand, daß diese verschiedene Geschichte — die kampf- und siegerfüllte ditmarsische, die kampflose, in gesicherter Bahn verlaufende Geschichte Hadelns und der Kolonisten, die Geschichtslosigkeit der fürstlichen Untertanen usw. verschieden wirken mußte — hier Stolz, da behagliches Lebensgenießen, dort Sichbescheiden mit dem Unabänderlichen, nie anders Gewesenen erzeugend.

Sehen wir uns nun die Kunst der verschiedenen Ländchen an. Drei Hauptstilgruppen heben sich deutlich hervor, genau der Stammesverschiedenheit entsprechend: der niedersächsische Stil, der Stil der Elbmündung (Ditmarschen, Kehdingen, Hadeln) und die Stile der Kolonien. Eine vierte Hauptgruppe könnte man aus ausgesprochenen Mischstilen bilden. Getreu der Stammeseigenart entsprechend, sehen wir in diesen Stilen zwischen Einfachheit, Kunstlosigkeit und Kunstüberschwang alle Stufen vertreten.

In der von Niedersachsen bewohnten Geest haben wir überall einfache, niedersächsische Art: Das Einhaus (Abb. 93_1) oft mit den kennzeichnenden Pferdeköpfen (Abb. 33_1) am Giebel, bescheiden in der Ausstattung, außen wie innen, hie und da weiß oder rot gestrichenes, bisweilen geschnitztes Balkenwerk. Den altertümlichsten Eindruck macht die Kunst der Lüneburger Heide: alte Herde auf dem Fußboden, alte urtümliche Schuppen und Scheunen, altersgraue, eigenartig aus Kiefernscheiten hergestellte Zäune (Abb. 85_1), die wir in Holstein vergebens suchen, Altertümliches in der Wandbemalung, in Sandornamenten auf dem Metallgerät u. a.

In den reicheren Marschen ist die Kunst reicher, formen- und farbenfreudiger.

In Ditmarschen Niedersachsenhaus, auf der Geest rein, im Norden nordfriesisch beeinflußt, im Süden auch ostfriesisches, in Hadeln Niedersachsenhaus mit Eigenart im Fachwerk, in Kehdingen niedersächsisches Doppelhaus (s. Abb. 100). In Ditmarschen, Kehdingen und Hadeln suchen wir die niedersächsischen Pferdeköpfe am Giebel vergebens: in Ditmarschen (ebenso Kremper Marsch) sehen wir statt ihrer Dachreiter aus weiß-grün oder grün bemalten Stäben oder Brettchen in Pfeilform u. a. (Abb. 33_6 u. 121_2), ganz im Südosten merkwürdigerweise aus Brettern, die als Pferde- oder Vogelköpfe ausgesägt sind (Abb. 121_5). In Hadeln und Kehdingen, auch in der Haseldorfer Marsch, finden wir (wie bei den Wurstfriesen an der Weser) keinen Giebelschmuck. Allen dreien ist die Vorliebe für teilweise Bretterverschalung des Giebels, bisweilen tief bis auf das Erdgeschoß hinab, eigen, meist lebhaft grün oder kräftig rot gestrichen; in der Haseldorfer Marsch scheint die rot-weiß oder grün-weiß gestreifte Bemalung bewußt kennzeichnend zu sein. Auch das Balkenwerk, die Fenster- und Türumrahmungen sind stark farbig (in ältester Zeit rot, später weiß, auch grün) gehalten, oft in zwei Farben (Fenster und Türrahmen weiß, Türen grün oder rot). Bisweilen finden wir das Balkenwerk des Vorderhauses (Wohnteil) sogar andersfarben gemalt als das des Hinterhauses, in dem sich die Ställe usw. befinden, oder der gesondert stehenden Scheune — es scheint sich darin deutlich jener Gegensatz zwischen dem wohl uralten Rot und dem als vornehmer empfundenen Weiß oder Grün auszusprechen. Das Innere ist reich ausgestattet, am eigenartigsten wohl im stolzen Ditmarschen, dessen Prunkstube, „Pesel“ genannt, zu den schönsten deutschen Bauernstuben gehört, geschnitzt, bemalt oder beides, mit schönen, reichen Möbeln, Kissen, Beiderwandvorhängen vor dem Wandbett, schönem alten Geschirr u. a. m. geschmückt. Im freien Hadeln (ebenso im benachbarten friesischen Wursten) spielen Bauernwappen eine Rolle — die Kirchen zu Altenbruch und Lüdingworth z. B. sind gespickt damit, sie schmücken da die Bänke oder die Decke, regelrecht mit Helm und Helmzier versehen (s. Abb. 188).

Die niederländischen Kolonien sind verschieden, im Hausbau, wie in der Innenkunst. Gemeinsam ist ihnen große Schmuckfreude, die aber verschieden gestimmt ist.

Am Altländer Haus sind bei im großen und ganzen niedersächsischer Hausform die hervorstechendsten Sondermerkmale ein fast überreicher Schmuck, große Vorliebe für Farben und eine großartige Sauberkeit, die sich insbesondere in einem alljährlichen Neuanstrich zeigt. — Ein altländisches Dorf sieht stets wie frisch gestrichen aus (s. Abb. 104 u. Tafel 3 unten). Das besonderste Prunkstück des Hauses ist die der Straße zugewandte Giebelseite, von oben bis unten mit den reichsten, fröhlichsten, saubersten, abwechslungsvollsten Ziegelmustern überhäuft; weiße Balken, eine von außen nicht zu öffnende reich verzierte „Brauttür“ (Abb. 116_2), grüne Fensterrahmen, Knaggen, lustige Wetterfahnen, gelegentlich Schornsteine in Schiefermosaik, sowie ein stattliches Hoftor (s. Abb. 16_7), an mitteldeutsche, hessische (in den Niederländern sind Chattenstämme vorhanden) erinnernd, gesellen sich dazu. Am Giebel prangt jenes für das Alte Land kennzeichnende Stammeszeichen, zwei sich in die Brust beißende Schwäne (s. Abb. 33_3) — der Schwan ist der Wappenvogel von Brabant. Auch im Innern zeigt sich die Vorliebe für Schmuck und Farbe. Die Diele ist ebenfalls gern in Ziegelmustern ausgestattet. Möbel und Vertäfelungen sind geschnitzt und bunt bemalt (s. Tafel 8_3). Dazu kommt eigenartige, bis in unsere Tage sich haltende Frauentracht.

Anders ist die Kunst der Wilstermarsch. Das Haus ist äußerlich einfach, aber groß in der Wirkung, gewöhnlich in T-Form errichtet (s. Abb. 88_3), mit den kleinen Dachreitern auf dem Giebel. Holzwerk ist wenig daran, das Vorhandene fein grün gestrichen. Im Innern ist das Auffallendste die auch zu den schönsten deutschen Bauernstuben gehörende Prunkstube, in der kein Fleckchen ungeschmückt ist. Vertäfelung und Möbel sind in einem unverwechselbaren, eigenartigen, fast überladen reichen und doch in der Wirkung vornehmen Mischstil zwischen Barock und Rokoko, mit reicher Verwendung schönster Kröpfarbeit geschnitzt, wohl von Hamburg beeinflußt. Die Möbel indes sind sowie die Decke bemalt (s. Abb. 34).

Wieder anders ist die Kunst der Vierlande. Sie hat niedersächsische Art so köstlich zu verschönern und veredeln gewußt, daß man sie als eine der höchsten Stufen des niedersächsischen Stiles bezeichnen muß. Es ist, als vereine sie mit niederländi-

Abb. 34. (Text hiezu Seite 57.)

scher Schmuckliebe die niedersächsische Art zu edelster Wirkung in Form und Farbe. Der Überschwang des Alten Landes und der Wilstermarsch findet sich nie. Das Vierländer Haus ist ganz das niedersächsische, hat auch Pferdeköpfe, aber bunt ausgesägt. Alles, was das niedersächsische Haus als Schmuck verwendet, verwendet es

Niederelbische Bauernstuben.

Abb. 35. Vierländer Stube in Neuengamme. (Aus „Die Vierlande bei Hamburg" von C. Griese.)
Kennzeichnend die feine Einlegarbeit in Täfelung und Stühlen.

Zu Abb. 34, Seite 56. Stube aus der Wilstermarsch (Museum in Altona).
Reich getäfelte, üppig geschnitzte, unbemalte Wand mit Wandschränken. Links Kammertür, rechts Tür zur Diele, in die das Kiekfenster jederzeit einen Blick gestattet. Fensterwand links gekachelt, ebenso die Wand hinter dem „Bilegger"ofen rechts. Decke mit biblischen und landschaftlichen Darstellungen bunt bemalt. Tisch mit Steinplatte, grüne Stühle, reich geschnitzte, unbemalte Truhe und Eckschrank, Trockengestell (Ofenreck) auf dem Ofen, holländische, bunte Wanduhr. Über der rechten Tür Porzellanschrank mit durchbrochener Schnitzerei.

(Niederelbische Dielen, Tafel 6, Abb. 124 u. 125.)

auch: geschnitzte Balken, Ziegelmuster, Bemalung der Balken, aber alles scheint hier feiner als anderswo. Dazu kommt ein ganz und gar eigentümlicher Kratzputz, weiß auf rot (Abb. 45_{1-4}, 67_3). Für die Vierländer Innenkunst ist das Kennzeichnende einmal die Neigung, alles, auch das einfache Gerät schön — nicht aber reich — zu gestalten (im Gegensatz zu anderen Bauernstilen, wo man nur die Prunkstube mit ihrem Zubehör zu schmücken strebte), sodann die ausgezeichnete Verwendung der Einlegearbeit in Getäfel und Möbeln, und endlich die große Rolle, die die Blume des Gartens in edler, einfach naturalistischer Zeichnung in der Einlegearbeit, der Textilkunst, Schmiedekunst u. s. f. spielt (s. Abb. 35, 75, 141_1 u. 192).

Bemerkenswert ist nun die Einwirkung der stärksten dieser verschiedenen Stile auf die Nachbarschaft.

Die Vierlande bilden die östliche Hälfte zweier ehemaligen, den Landschaften Stormarn und Lauenburg vorgelagerten Elbinseln; die Westhälfte bilden die Landschaften Bill- und Ochsenwärder, die durch keine natürliche Grenze von Vierlanden getrennt sind. Das letzte Haus Vierlandens stößt an das erste dieser Landschaften. Wir finden aber weder in Stormarn, noch im Lauenburgischen, noch in Bill- und Ochsenwärder irgendeinen nennenswerten Einfluß der Vierlande — gehen wir dagegen von den Vierlanden auf das andere Elbufer, in die Winser Marsch, so fällt auf, daß man hier die Vierländer Einlegearbeit angenommen hat. In, wie's scheint, allerdings nur wenigen Fällen ist auch der Vierländer Kratzputz z. B. auf der Insel Wilhelmsburg vorgekommen.

Das Alte Land hat die Kunst in den benachbarten Gegenden der Lüneburger Heide in Möbeln und Schmuck etwas, aber nicht viel beeinflußt — schon infolge ihres geringeren Wohlstandes, abgesehen von ihrer anderen Stammesart, konnten die Bewohner der Lüneburger Heide von der Schmucklust des Altländers nicht viel herübernehmen. Mehr hat das Alte Land die Insel Finkenwärder und auch wohl das gegenüberliegende Blankenese beeinflußt, deren Schifferbevölkerung mit ihm in regerem Verkehr stand. Auf Finkenwärder begegnen wir besonders viel diesem Einfluß. Sonderbar ist an seiner Südküste ein kleines Haus, das nach Westen zu Schwäne, nach Osten Pferdeköpfe am Giebel hat, jene nach dem Altenlande, diese nach Niedersachsen weisend — ob sie etwas über die Besiedlung von diesen zwei Punkten andeuten? Aus dem Schifferberuf der Finkenwärder (alle Schiffer bemalen ja gern ihr Gerät) kommt dazu die Eigentümlichkeit, die unteren Hälften der Giebelbretter, deren oberes Ende sie zieren, in zwei oder drei Farben (rot, weiß, grün, auch schwarz) gestreift zu bemalen. (S. Abb. $33_{4,5}$ u. 121_4.)

Ist es nicht in der Tat erstaunlich, was für außerordentliche Verschiedenheiten auf diesem doch nur kleinen Gebiet die verschiedene Stammesart hervorgerufen hat?

Selbst in sozusagen lächerlich unbedeutendem Hausgerät zeigt sie sich, z. B. im Geschirrtrockenständer, der, doch wohl gleichen Ursprungs, nämlich von dem auf einem Pfahl gepflanzten Rad, dem Puttrad, wie wir's auf alten niederländischen Gemälden und in der Lüneburger Heide noch jetzt gelegentlich finden, abstammend, doch in den genannten Landschaften mehrere völlig verschiedene Formen bildet. In einer Gegend hat man das Durchbrochensein des Rades, in der andern seine Rundform als Ausgangspunkt genommen, in der dritten ist man ganz davon abgewichen und hat's bankartig gestaltet (s. Abb. 36).

Daß diese erstaunliche Verschiedenheit nicht etwa eine Eigentümlichkeit dieser Gegend ist, zeigt u. a. ein Blick auf Schleswig-Holstein, wo ebenfalls die verschiedenen Stämme der Niedersachsen, Ditmarschen, Nord- und Ostfriesen, Angeln, Jüten, dazu vielleicht noch im Osten, in Wagrien, Spuren von wendischen Erinnerungen, in Art und Kunst stark von einander sich abheben.

(Gemeinsame Züge.)

In aller Verschiedenheit weist die deutsche Bauernkunst in ihren verschiedenen Stilen indes doch eine Reihe gemeinsamer Züge auf — schon daß sie so verschieden-

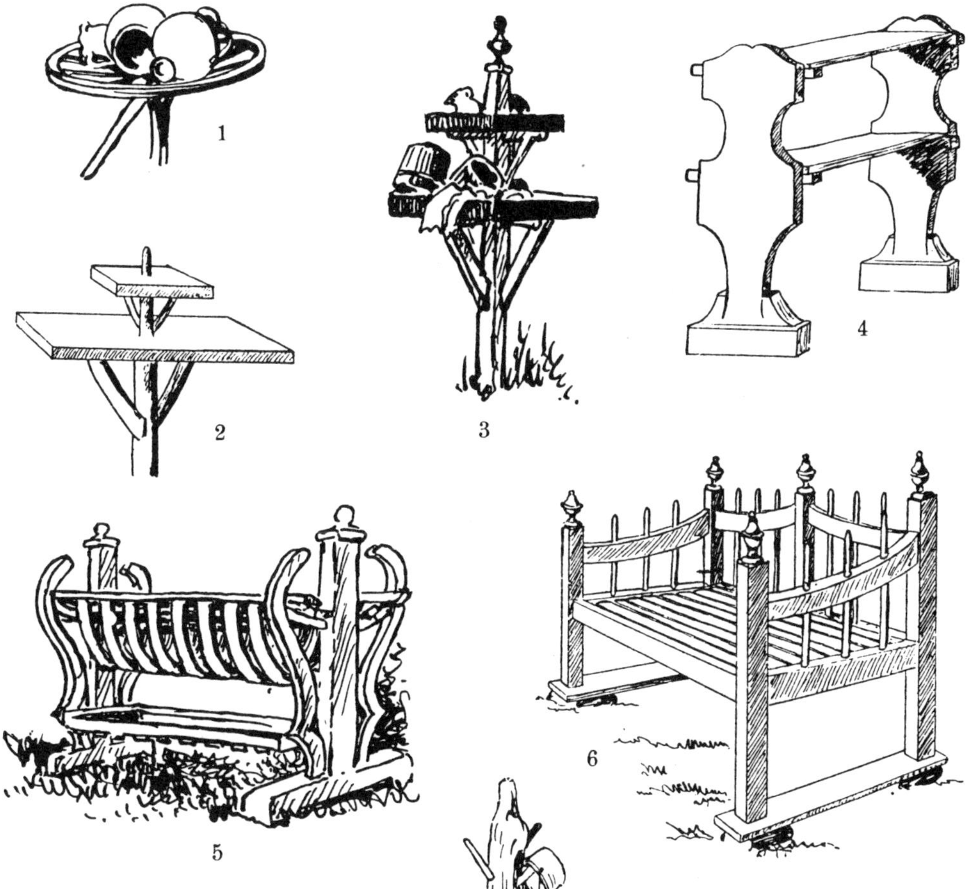

Abb. 36.

Ein Stammvater und seine Abkömmlinge. Geschirrtrockenständer an der Niederelbe.

1 „Puttrad" (n. Gemälde von Rubens). 2 Im Alten Lande. 3 Hadeln. 4 Krempermarsch. 5 Wilstermarsch. 6 Vierlande.

Zum Vergleich:

7 Lüneburger Heide. 8 Hessen-Nassau.

gestaltig ist, daß sie überall das Köstlichste, was eine Kunst aufweisen kann: ausgeprägteste Eigenart, zeigt, ist ja ein Gemeinsames!

(Zwecksinn.)

Der Bauer ist durch sein Leben inmitten, mit und trotz der Natur zu zweckmäßigem Denken und Tun erzogen, und überall in seiner Kunst sehen wir daher das Zweckerfüllen in den Vordergrund gestellt. Ein Kunstwerk ohne nützlichen Zweck gibt es in der Bauernkunst nicht. Eine Heiligenstatue über der Tür, das Christus-

1

2

Abb. 37. Praktische bäuerliche Formgedanken.

1 Eingangsbrücke in den Oberstock (Lagerraum) eines Vierländer Hauses vom Deich aus (Haupteingänge in das Untergeschoß liegen tief), Altengamme (aufgenommen von Frau v. Wodtke). Derselbe Gedanke wie bei 2 Eingangsbrücke in den Oberstock (Scheune) eines Schwarzwälder Hauses (Zeichnung v. H. Kauffmann †, Kunsthalle in Hamburg).

3

4

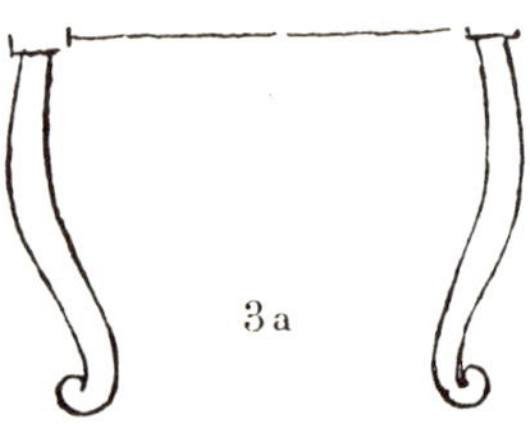

3 a

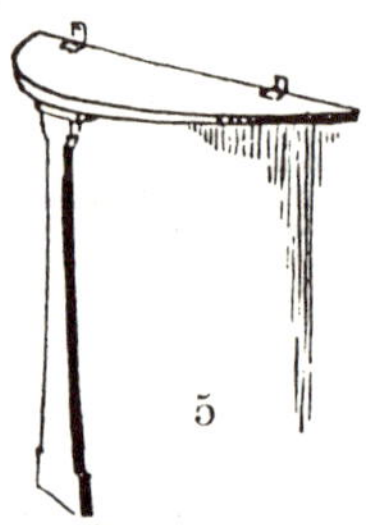

5

3 Armlehnstuhl von der Insel Röm (Nordschleswig) mit vorn enger werdenden Armlehnen (Museum Flensburg), genau der natürlichen ungezwungenen Lage der Arme beim Niedersetzen entsprechend. 3 a Aufsicht der Lehnen.

4 Abgerundete untere Stufe einer Bodentreppe in Westerland (Sylt); links daneben enge Tür, deren Zugang so nicht beengt wird. 5 Wandklapptisch, Westerwald.

bild im Herrgottswinkel oder am Wege sind nicht ihrer Schönheit wegen da, sondern um den frommen Sinn der Bewohner zu befriedigen, oder der heilige Florian ist zugleich ein nützlicher Feuerpatron. Das Kachelgemälde, ein Schiff darstellend, ist in der Stube des Halligbewohners ebenfalls nicht da, weil es ein Kunstwerk ist, sondern — abgesehen von seiner Eigenschaft als Stück einer Wandbekleidung — es soll die Erinnerung an und den Stolz auf das Schiff, das der Bewohner oder ein Vorfahr besessen hat, wach erhalten. Die Freskogemälde, die die Vorderseite des oberbairischen Hauses schmücken, erfüllen neben dem Schmuckbedürfnis noch ein anderes, sie zeigen die Frömmigkeit des Besitzers — und seinen Reichtum.

Denn das dürfen wir bei der Bauernkunst nicht vergessen, auch das Prunken ist hier eine Notwendigkeit; so gut der große, reiche Hofbauer einen größeren Stall haben muß, weil er einen zahlreicheren Viehstand hat, ebenso notwendig muß er eine prächtige Stube haben — und seine Tochter eine so und so große Anzahl Röcke tragen, wie mir eine junge Schwälmerin einst unwiderleglich klar machte. Manches, was uns dem reinen Gebrauchszweck nicht recht zu entsprechen scheint, ist just so, weil sein eigentlicher Gebrauchszweck eben das Prunken ist!

Auch in anderer Richtung müssen wir unsere Städteransichten und modern gesundheitlichen Forderungen verlassen und uns auf den aus der Natur der Sache, aus der alten Gewohnheit u. a. sich ergebenden Standpunkt des Bauern stellen, um gerecht zu urteilen. Allerlei, was wir für außerordentlich nötig halten, ist ihm vollständig entbehrlich, allerlei, was wir als außerordentlich unbequem empfinden, ist oder war ihm bequem. Enge Schlafgelegenheiten, Mangel an frischer Luft, an hellem Tageslicht, Durchräuchern und Schwarzräuchern des Hauses, Ausdünstungen des Viehs im Hause, das feuergefährliche Strohdach, die uns entsetzen, sind oder waren für den Bauer dieser oder jener Gegend eben keine Fehler, wenigstens werden sie seines Erachtens durch allerlei Vorzüge der Einrichtungen, welche eben diese widrigen Umstände nach sich gezogen haben, reichlich aufgewogen. Die kleinen Stuben mit wenigen Lichtöffnungen sind leicht wärmer zu halten, der Rauch im Hause ist für die erstrebten Winterfleischvorräte unersetzlich, das Verräuchern des Holzwerkes ist ihm sehr gesund, das Strohdach hält im Winter warm und im Sommer kühl u. a. m. — so erwidert er uns wohl, wenn wir darüber mit ihm plaudern. Mit Möbeln u. a. steht es ebenso. Gewisse steife Stühle und Bänke, auf denen wir uns wie auf einer Marterbank sitzend vorkommen, sind ihm ganz behaglich, besonders eine steife Rückenlehne stört ihn nicht — er sitzt eben anders als wir, vornüber, nicht rückwärts gelehnt. Für die Truhe, die wir in der Stadt nicht gut brauchen können, hat er treffliche Verwendung. Allerlei Geschirr, das uns ungefüge, unverwendbar, grob scheint, paßt ihm ausgezeichnet, allerlei Bequemlichkeiten des Eßgerätes erscheinen ihm gar lächerlich. Allerlei Trachten, die wir mit Grauen sehen, schwere Kleiderlasten, erhitzende Kleiderdicke, Bedrückungen des Körpers durch Einsperrung in Papphülsen u. a. in der alten Tracht erregten der Bäuerin (wie der Städterin das Korsett) nicht die Spur von Mißbehagen. U. s. f.

Diese anderen Anschauungen in Betracht gezogen, werden wir überall durch verständige Lösungen aller Aufgaben erfreut.

Zweckdienlich in erster Linie ist das Haus in der Ausnützung der gegebenen Bodenverhältnisse, in der Lage zur Sonne, zum Berge, zum Orte, in der Fürsorge gegenüber dem Klima, in der Ausnützung des leichtest erreichbaren und dabei allen Anforderungen nutzbar zu machenden Baustoffs. Zweckdienlich ist es im Grundriß, in der Einteilung. Für jeden Zweig seines Betriebes hat der Bauer gesorgt, für sein eigenes Wohnen, wie für die Unterbringung seiner Besitztümer, seiner Habe, seines Viehs, seiner Ernte, seiner Vorräte u. s. f. Allein aus dem Grundriß des Hauses können wir die ganze Betriebsweise seines Bewohners erkennen. Das Wie der Lösung ist verschieden — auch innerhalb der Bauernbevölkerung sind die Ansichten über das Zweckmäßige verschieden (s. Abb. 92).

Einmal, im niedersächsischen Hause, hat man sich nicht gescheut, mit dem Vieh unter einem Dache in patriarchalischem Zusammenleben ungetrennt zu wohnen, anderswo hat man zwar ein Dach über sich und dem Vieh, aber es ist eine feste Trennung da; das Vieh ist im Untergeschoß, die Wohnung oben, oder eine feste Scheidung trennt die beiden Teile. Wieder anderswo ist das Vieh in besonderen Gebäuden untergebracht.

Hier ist die Scheune, der Heuberg, die Hauptsache des ganzen Hauses, sie bildet den Mittelpunkt, um den sich alle anderen Räume gruppieren — sie gibt daher auch den Namen für diese Bauart, den sogenannten „Hauberg" (Landschaft Eiderstedt in Schleswig, s. Abb. 97_1). Ähnlich in Ostfriesland (Abb. 95), wo die seitliche Durchfahrt eine sehr kluge Lösung zeigt. Anderswo bildet der Dachboden des Hauses die Scheune, einmal von unten her zugänglich (Niedersachsen), ein andermal, im Schwarzwalde, unter Ausnützung der Gebirgsverhältnisse auf der Neigung des Berges, bequem mit dem Wagen von oben her gar befahrbar (dem ähnlich haben auch einzelne Häuser der Elbmarschen einen bequemen Eingang in den Oberstock vom Deich aus (s. Abb. 37 u. 98_1). Im sogenannten fränkischen Hofhaus endlich sind die Scheune u. dgl. besondere Gebäude (s. Abb. 101_1).

Vortrefflich ist stets die Ausnützung der durch die Einteilung geschaffenen Räume. Immer wieder wird man überrascht durch Kleinigkeiten, die von Überlegung zeugen, durch technische Kniffe, die einfach und schlagend den Nagel auf den Kopf treffen, durch Formgedanken, die zwei Fliegen mit einer Klappe schlagen. Der Niedersachse überblickt vom Herdplatz im Flett aus die Diele, die Ställe, zum Teil sodann den Boden, den Hof oder die Straße vor der Einfahrtstür; zur Rechten wie zur Linken blickt er durch die halbgeöffnete Seitentür auch in den Garten (s. Tafel 6). Ähnlichen Überblick hat er sich in der Wohn- und Schlafstube durch das auf die Diele gehende „Kiekfenster" (Abb. 34) gesichert. Der Franke, der Hesse hat von den Fenstern seiner Stube oder von seiner Tür aus denselben bequemen Überblick über den Hof auf Stall und Scheuer und dazu auf die Straße. In seinem niederen, engen Hause hat der Nordfriese, indem er, wie man schier sagen möchte, sein Schiff mit seinen beschränkten Raumverhältnissen zum Muster nahm, in vortrefflicher Ausnützung jeder sich bietenden Gelegenheit, hie und da zu sparen, ineinander zu schieben, abzurunden, weit mehr Raum gewonnen, als sein Haus von außen vermuten läßt, z. B. sind die Treppen nach oben sehr steil, der

1

3

2

4

Abb. 38. Bäuerliche Doppelgeräte.

1 Vierländer Herdtür, sog. Diggendör, von außen, den deutschen Herd schließend (Curslak). 2 Innenansicht einer solchen Herdtür, Verwendung als Geschirrbord (Curslak). 3 Küchentisch und Stuhl vereint (Niederkleen, Wetterau). 4 Hessische Setze, Kinderstuhl und Wiege vereinigend (Fulder Land).

Platz darunter ist Schrank oder Bett. Hübsch ist die auf Abb. 37_4 gezeigte Zurechtstutzung der untersten Stufe einer solchen Treppe zwecks Raumersparnis. Klüglich weiß der Gebirgler am oder hinter dem Ofen warme Plätze zu gewinnen. Für Feuersnot dient dem Altländer in der Straßenseite seines Hauses zugleich jene „Brauttür“, die, von außen nicht zu öffnen und sonst selten gebraucht, einen schnellen

Ausweg gerade durch die Kammer gewährt, in der er seine beste Habe in Truhen und Schränken verwahrt. Im Altenburgischen hat man feuersichere Speicher durch haltbaren Lehmüberzug herzustellen gewußt. U. a. m.

Auch im Einzelnen, Kleinen bewährt sich dieser praktische Sinn, sei es im einzelnen Außenteil des Hauses, in der Einteilung der Tür in Oben und Unten, in der Art der Fenster und ihres Verschlusses, sei es im Möbel und Gerät in Wohnung und Küche. So im Ostfriesenhaus in dem gemeinsamen Zugang zu Upkamer und Keller (der aufklappbare Deckel der Kellertreppe ist Treppe für die Upkamer), in ostfriesischen drollig einfachen Riegeln der Fensterläden (Abb. 164_3), in mit Strohzöpfen benagelter Tür der Westenwaldstube u. a. (s. Abb. 81).

Nicht nur, daß dem Geschmack des Bauern entsprechend bequeme und nützliche Möbel da sind, daß sie handfest, für die Ewigkeit dauerhaft festgefügt, gesichert durch Keile u. a. sind — wir finden auch Möbelformen, die selbst für uns Städter außerordentlich bequem sind. Auf Sylt, in Pommern u. a. finden wir z. B. alte, volkstümliche Stühle, die modernen leichten Stuhlmodellen so ähnlich sind wie ein Ei dem anderen — leichte Gesamtform, Zusammensetzung aus dünnen, glatten oder gedrechselten Stäben, leichtes Zurückbiegen der Rückenlehne, ja sogar die etwas ausgehöhlte Sitzfläche, alles ist da (Abb. 136_6)! In Nordschleswig gebräuchlich ist eine besondere Sitzform, die das Flensburger Museum aufbewahrt; es ist ein Armlehnstuhl (Abb. 37_3), dessen Armlehnen nach vorn zu sich verengen, während sie sonst in der ganzen Welt stets auseinandergehen. Das sieht auf den ersten Blick sonderbar aus, setzt man sich aber hinein, so bemerkt man sofort, daß der alte Direktor Sauermann recht hatte, als er mich darauf aufmerksam machte, wie diese Form der natürlichen Haltung der Unterarme in ganz ausgezeichneter Weise entspricht! Auch Wilstermarschstühle, Vierländer (Abb. 17_2 u. 35) u. a. gehören zu den feinsten, bequemsten Stuhlmodellen, die es gibt. Besondere Erwähnung verdient noch der praktische Binsenflechtsitz, leicht, elastisch, aus leicht ersetzbarem Material.

Die Stuhlform ist meist das kennzeichnendste Stück der einzelnen bäuerlichen Gerätestile, aber auch in anderen Gegenständen begegnen wir allerlei so oder so trefflichen Gedanken, so im aufklappbaren Wandtisch, in Wandschränken unter Treppen, in klug erdachten Ausziehtischen, in den Trockengestellen über den Öfen, den Borten unter der Zimmerdecke, Tellerborten, den großen Handtuchrollen, den ehemaligen, unter der Decke befestigten, nach allen Richtungen und allen Punkten hin ausziehbaren Hängen für die kleine Öllampe, sowie allerlei anderen Beleuchtungs- und Erwärmungsgeräten und sonstigem Kleingerät. Besonders auch noch in Doppelgeräten (Abb. 38), die zugleich zwei Zwecken dienen können, wie die Vierländer Herdtüren, die zugleich Geschirrschränke ersetzen, die vielfach vorkommenden Banktruhen, Verbindungen von Haublock und Stuhl (Rhön), von Tisch und Stuhl (Wetterau), von Backtrog und Tisch — ja Bank, Truhe und Kückenstall — u. s. f. Drollige zweckmäßige Lösungen finden sich auch in Hof- und Kirchhofeingängen mit von selbst schließender Tür, in Übergängen und Durchgängen auf Feldwegen oder auf dem von Zäunen gekreuzten Deich, in Brücken, Grabensperren u. dgl. (s. Abb. 83 u. 84).

(Hängen am Hergebrachten.)

Infolge seiner zwecksinnigen Veranlagung hängt der Bauer natürlich am Alterprobten, Ererbten, Vorhandenen — für die Kunstgeschichte ist es besonders noch ein Glück, daß er so veranlagt gewesen ist.

Urtümliche, ungefüge Bauweise und Bauformen, Dachformen, Zaunformen, Herdanlagen, Geräte, Gefäße, Einzeltechniken, deren in grauer Vorzeit unsere Ahnen

Abb. 39. Ähnlichkeiten zwischen Urzeitlichem und Bauernkunst.

Pferd: 1 Axt aus der Bronzezeit. 2 Griff eines holsteinschen Mangelbrettes. 3 Spielzeug, Litauen.

Frauenfigur: 4 Von vorgeschichtlicher Urne. 5 Stickerei von schleswigschem Handtuch. 6 Siebenbürger Kreuzstich. — 7 Kamm aus der Bronzezeit. 8 Sylter Webekamm.

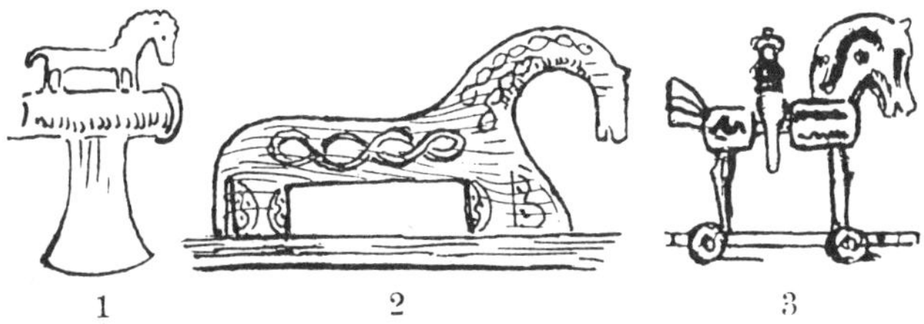

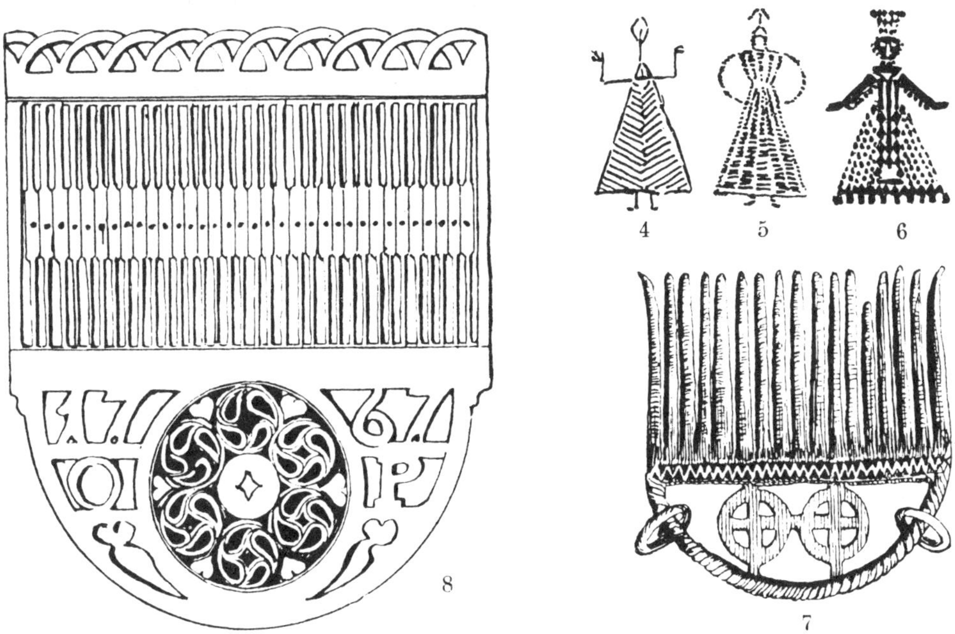

sich bedienten, sind so lebendig in der Bauernkunst auf uns gekommen. Das Mittelalter, die Renaissance u. s. f. sehen wir Einzug halten. Bald hier, bald dort finden wir einen Fingerzeig, wie die Entwicklung dieses oder jenes Gerätes, dieser oder jener Technik vor sich gegangen ist, wie dieser oder jener Gedanke zu erklären ist; gerade in die Zeiten, aus denen wir infolge des Fehlens gleichzeitiger bildlicher Darstellungen sonst wenig in dieser oder jener Hinsicht wissen, in Verhältnisse, über die es niemand für nötig hielt, die Nachwelt zu belehren, leuchtet das in der Bauernkunst Erhaltene noch hinein.

Am auffälligsten ist wohl das Erhaltene aus der Urzeit in allerlei einfachsten Gebäuden. Köhlerhütten, Sennhütten u. dgl. sind Bauten der Urzeit gewiß noch

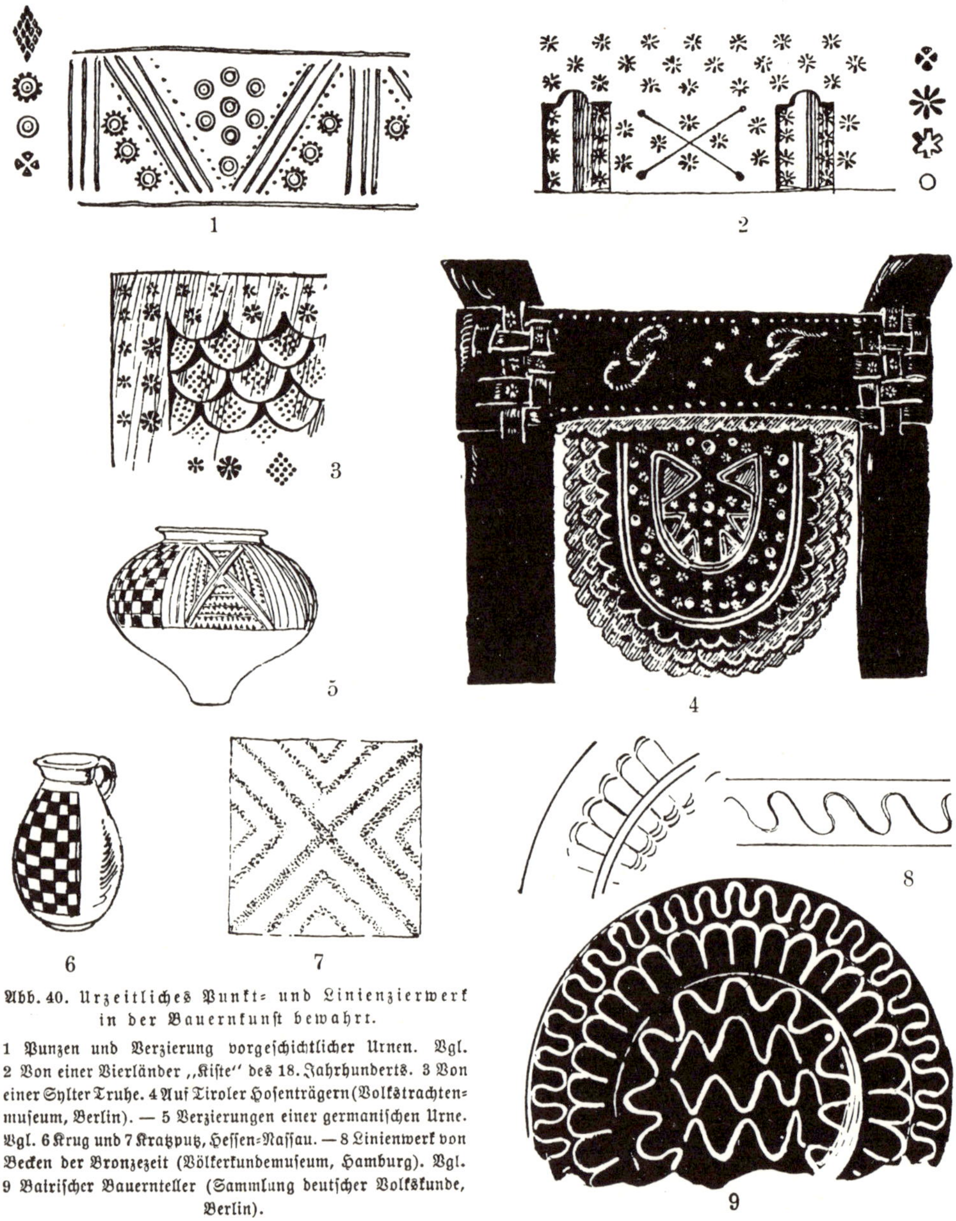

Abb. 40. Urzeitliches Punkt- und Linienzierwerk in der Bauernkunst bewahrt.

1 Punzen und Verzierung vorgeschichtlicher Urnen. Vgl. 2 Von einer Vierländer „Kiste" des 18. Jahrhunderts. 3 Von einer Sylter Truhe. 4 Auf Tiroler Hosenträgern (Volkstrachtenmuseum, Berlin). — 5 Verzierungen einer germanischen Urne. Vgl. 6 Krug und 7 Kratzputz, Hessen-Nassau. — 8 Linienwerk von Becken der Bronzezeit (Völkerkundemuseum, Hamburg). Vgl. 9 Bairischer Bauernteller (Sammlung deutscher Volkskunde, Berlin).

außerordentlich ähnlich (Abb. 1—4, Taf. 2). Auch allerlei Ähnlichkeit mit in anderen germanischen Ländern, z. B. Skandinavien, Erhaltenem findet sich — die Formen reich ausgesägter Pferdeköpfe an niedersächsischen, auch an wendländischen Häusern

(Breese bei Dannenberg) erinnern gelegentlich schier täuschend an Drachenköpfe von Wikingerschiffen.

Aber auch völlige Ähnlichkeit finden wir. Die alte Punkt-, Linien- und Spiralenornamentik (Abb. 3_6, 40, 43 u. 53), das Schlingwerk (elsässische Stühle u. a., Abb. 44_2) sehen wir in der Bauernkunst weiter blühen. Uralten Motiven, wie dem Hakenkreuz, begegnen wir (Abb. 61). Die Punztechnik vorgeschichtlicher Töpfe sehen wir mit beinahe den gleichen Punzen in Möbeln (Sylt, Wetterau, Vierlande), an Lederzeug (Tirol) beibehalten (s. Abb. 40_{1-4}), den Kerbschnitt in Holz (Abb. $58_{6,7}$) wie in Ton, die Steinsetzung (in Mauern und Pflaster, Sylt [Abb. 89_1, 115]). Das sog. „Stippen", d. h. das farbige Mustern der Zimmer- oder Flurwände mit kleinen Rosetten durch Benutzen des sternförmig zugeschnittenen Querschnittes einer Rübe und dgl. als Stempel ist gewiß uralt — ich sah's weiß auf schwarz und rot auf weiß (Abb. 57_1). Und gar Fingereindrücke als Zier! (Abb, $57_{10,11}$.)

Abb. 41. Beibehalten eines urtümlich-natürlichen Zweckgedankens.

Vgl. 1 und 2 Huthalter in der Kirche zu Arnshagen, Pommern, mit 3 Haken aus einem Pfahlbau der Steinzeit in Roberhausen (Schweiz, nach Forrer, Urgeschichte). Jeder aus einem Stück Holz mit stehengelassenem Ast! (1 und 2 rot mit weißen Kerben.)

Die Ähnlichkeit ist bisweilen überraschend groß, man möchte glauben, dieselbe Hand hätte zwei Gegenstände gearbeitet, die durch zwei Jahrtausende — oder durch weite Meere getrennt sind! (Abb. 41, 42.)

Solcher Ähnlichkeiten würden sich noch mehr zeigen, wenn uns leicht zerstörbare, hölzerne u. dgl. Gegenstände der Urzeit, mehr erhalten geblieben wären. Wir können statt dessen auch da auf Ähnlichkeiten mit solchen anderer Völker, die heute noch auf einer unserer Urzeit entsprechenden Stufe stehen, hinweisen.

Zu den germanischen Erinnerungen gesellen sich mittelalterliche, d. h. ganz abgesehen von in der Tat aus dem Mittelalter stammenden Stücken leben in unserer Bauernkunst seine Formen weiter. Mit den uns bekannten mittelalterlichen Bauernhäusern (vgl. Abb. 9, 10 mit den gegenwärtigen) stimmen die unseren, verbessert durch Licht- und Heizungsänderungen, völlig überein, ebenso Brunnen u. dgl. Das ganze Gerät des Bauern im Mittelalter, aber auch Formen, die wir aus der mittelalterlichen Stadt oder der Burg und dem Fürstenhofe kennnen, finden wir heute noch vor. Sitzformen (selbst der fürstliche Hochsitz), Truhen-, Schrankformen, Tischformen, Bettstatt, Wiege u. s. f., Handtuchrolle, Öfen, Pfannen, Schüsseln, Krüge, Lechel, Pfannenknechte, Kesselhaken, Schüsseluntersätze, allerlei Kleingerät, wie der Lederriemen an der Wand zum Hineinstecken der Löffel — alles ist geblieben.

Romanische und gotische Zierformen treffen wir desgleichen an, gedrechselte Möbel, Zickzack-, Rundbogen-, Nagel-, Kreis-, Pflanzenzierwerk, Tierköpfe als Ausläufer

Abb. 42. Merkwürdige Ähnlichkeiten als natürliche Folge ähnlicher Verhältnisse in Zweck, Werkstoff u. dgl.

1a Erdhütten als Kartoffelkeller o. dgl. in der Lüneburger Heide. 1b Erdhütte als Winterwohnung der Lappen. 2a Schuppen, geflochten, mit Stroh gedeckt und bekleidet (Lüneburger Heide). 2b Haus auf der Karolineninsel Pingelap (Ozeanien). 3a Brunnen in Holstein. 3b Brunnen in Rumänien. 3c Schöpfbrunnen in einer Oase in Nordafrika.

(Abb. 73_1, 72), groteske, humoristische Figuren (Abb. 78_2), erinnernd an die an Schlußsteinen und anderes Mittelalterliches. (S. auch Abb. 12—14 u. 44.)

Tafel 5.

Malereien aus Jamund in Pommern.

Texte siehe Rückseite

Tafel 5.

Malereien aus Jamund in Pommern.

Links unten: Grabschmuck in Kastenform um den buntblumigen Grabhügel.
Oben: Einzelheiten der Ecken.
Rechts: Bemalung der Lehne eines Brautstuhls.

Abb. 43. Beibehalten uralter Ziergedanken.

1 Feinwirkende Flächenverzierung von Ravensburger Schränken im Museum in Bielefeld, ganz ähnlich den Ziermustern in 2, 3, 4 von steinzeitlichen Urnen.

Und dazu kommen nun natürlich Renaissance (besonders ihr „Schnörkel", der an die uralte, gern „nordisch" genannte germanische Zierweise anklingt, war hochwillkommen!) und noch spätere Formen, lustig gepackt, oft köstlich „stilrein", oft ebenso köstlich „verdreht", keck vereinfacht oder erweitert, anders gewendet, spaßhaft umgedeutet und munter sich mit Altgermanischem und Mittelalterlichem verbindend, es umbildend oder sich umbildend. Da können Verbindungen vorkommen, wie in Vierländer Truhen, deren Form offenbar gotisch ist, auf den Seiten sind sie in altgermanischer Punztechnik verziert, vorn aber in schönster Vierländer Renaissance oder Rokoko, zu denen sich naturalistische Blumen, bisweilen sogar die griechisch tuenden Formen des Zopfstils gesellen! (Abb. 17—19, 75, $148_{1,2}$).

Das Hängen am Alten läßt uns sogar im bäuerlichen Gerät ganze Entwicklungsreihen dieses oder jenes Gerätes auffinden — von der ersten Stufe an bis zur

Abb. 44. Mittelalterliches in bäuerlichem Gerät.

1 Ornament von karolingischem Initial, vgl. 2 Stuhllehne, Elsaß. 3 Tisch nach Holzschnitt von Dürer, vgl. 4 Tisch aus Tirol. 5 Mittelalterliches Tonlämpchen, vgl. 6 Tonleuchter aus Ditmarschen. 7 Von der Wange einer alten gotischen Kirchbank, Vierlanden, vgl. 8 Vierländer Truhenbank des 18. Jahrhunderts. 9 Wiege nach A. Dürer, vgl. 10 Oberbairische Wiege. 11 Gotischer Hochsitz, vgl. 12 Stuhl von der Insel Röm. 13 Feldflasche aus Ton (sog. Lechel, aus Hadeln), ganz mittelalterliche Form, ebenso 14 Türklopfer aus Sylt. 15 zeigt die sehr urtümliche Angel einer Schranktür, Sylt.

höchsten Ausbildung. Das ist z. B. beim Stuhl der Fall, bei der Bank (s. Abb. 136 u. s. w.), beim ganzen Hause, bei der vierländischen Kratzputztechnik u. a. m. Es ist bisweilen nicht einmal nötig, daß wir alte Stiche u. dgl. zur Lückenfüllung heranziehen — wir können's an Ort und Stelle feststellen! (Abb. 45.)

(Unbefangenheit.)

Naiv, unbefangen ist alles gemischt und bewunderungswürdig gut sieht das Gemisch aus, nie wird's lächerlich. Die ganze Bauernzierkunst hat viel mehr das Wesen des Spieles als die der Stadt — man stelle sich so einen Hirten vor, der

1

2

3

4

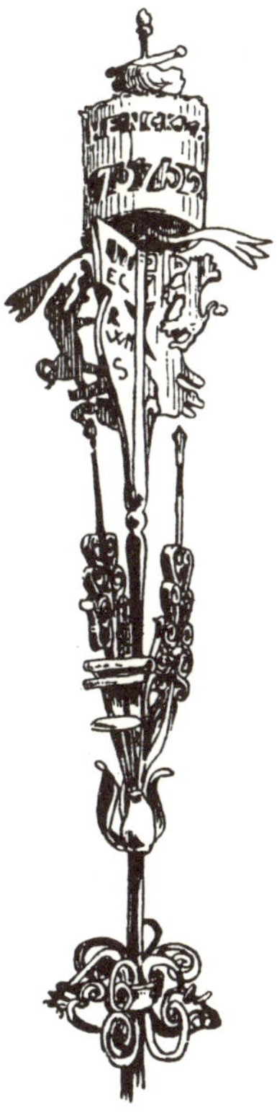

5

6

7

Abb. 45. Beispiele für Studien über Entstehungsgeschichte von Formen und Techniken (Vierlanden). 1—4 Entstehung des Vierländer Krotzputzes aus dem Wunsche nach runden Formen statt des nur geradlinigen Ziegelmusters. 5 Schmiedeiserner Huthalter, Kirche zu Altengamme, größte Ähnlichkeit mit 6 Wandleuchter von 1764 in der Marienkirche zu Ahlen (Westfalen). 7 Gesticktes Kissen in der Kirche zu Kirchwärder, vielleicht Anregung zur Entstehung einer besonderen Art Vierländer Stickerei wie Abb. 171.

in Mußezeit einen Peitschenstiel, einen Schüsselkranz, eine Pfeife o. dgl. flicht oder schnitzt, oder einen Bräutigam, der seiner Braut ein Mangelbrett schnitzt, den Grönlandfahrer, der bei Windstille saß und an der Schnitzerei für seine Stube schnitzte (Sylt), ja man denke an den Dorfhandwerker, der dies oder das „absunderlich" schön machen soll, einen Brautstuhl, einen Huthalter für die Kirche u. dgl.

Das war doch eine Lust, so ein Tun! Mehr eine Lust als eine ernste Arbeit! Gerade die naive Unbefangenheit, die sich zeigt, dieses unbekümmerte, fröhliche Befolgen nur des eigenen Geschmacks, des höchsteigenen Beliebens bedingt einen der Hauptreize unserer Bauernkunst. Wir sind gewohnt, Stilreinheit hochzuschätzen, und manch stilpuritanischer Gast wendet sich mit Grausen, sieht er in einer Bauernstube ein solches Stildurcheinander stattlich stolz prangen! — Er hat aber völlig unrecht: das ist sehr wohl ein ganz stilreines Gebilde, nur nicht der Renaissance und des Rokoko, wohl aber — und das ist etwas viel Wertvolleres — des betreffenden Völkchens! Gewissermaßen war doch z. B. ein stilrein maurisches Zimmer in der Wohnung eines Deutschen des 19. Jahrhunderts etwas weit Stilloseres! Gerade dieser Unbekümmertheit verdanken wir die köstliche Eigenart und Verschiedenheit von Ort zu Ort, von Volk zu Volk.

Unbefangen ist der Aufbau, unbefangen ehrlich wird die Technik gezeigt — die Keile am Tisch oder Stuhl, die Dübelung, die Zahnung am Schrank, die Nagelung an der Tür. Ja, sie wird sogar betont, z. B. aus der Außenwand vorguckende Balkenenden (Abb. 51), nicht nur durch Dächelchen oder Schieferung, sondern auch durch besonderen farbigen Anstrich. Unbefangen wird aber, auch eine anders nicht zu erreichende, städtisch sein sollende Wirkung zu erreichen versucht: so findet man in den Dorfkirchen oft gutes deutsches Tannen- oder Eichenholz als Marmor angestrichen, und von da ging das wohl in die Stuben über (so auf Sylt). Es ist das aber etwas anderes als die im städtischen Kunstgewerbe geübte Surrogatverwendung. Die will täuschen, will betrügen, das Talmi soll Gold, der Gips soll Marmor oder Alabaster, das gepreßte Papiermaché soll Holzschnitzerei, das Lederpapier soll Leder vorschwindeln, aus Geldrücksichten nicht Erreichbares soll täuschend erzielt werden! Daran denkt die bäuerliche Nachahmung nicht im geringsten — jeder Mensch weiß, daß es die alten Chorschranken oder Bankwangen sind, die da neu bemalt sind, statt früher einfach rot oder blau, jetzt zur Abwechslung und um das Gotteshaus in ehrlichster Absicht schöner zu machen, einmal marmoriert — das Holz sieht so marmoriert hübsch aus, das ist das Urteil, das erstrebt wird und erreicht wird, niemand will Marmor vorschwindeln.

Und ebenso ist es aufzufassen, wenn schwierige Techniken umgangen, wenn Rahmung durch Aufleimen nachgemacht wird, wenn eine in Schmiedeeisen sonst schwierig herzustellende Weintraube dadurch hergestellt wird, daß auf zwei aneinander gebundenen Blechen Eisenkügelchen befestigt werden (Abb. 46_6) u. a. m. Es ist dieselbe fruchtbringende Harmlosigkeit, die auch die Germanen gegenüber den römischen Vorbildern bewiesen. Man weiß manchmal wirklich nicht, soll man lächeln über das naive Hilfsmittel oder soll man sich über den zweckdienlichen Kniff freuen.

(Treffsicherer Schmucksinn.)

Denn treffsicher ist diese Unbefangenheit in einem Grade, der oft Bewunderung erheischt. Schwierige Aufgaben der Technik, der Linienführung, der Sinnbildlichkeit sind oft in einer spielend einfachen Weise, die auch nur einem harmlosen Gemüt einfallen kann, gelöst. So sind auf Sylt spitzbogig schwingende Profilleisten, die man nicht herzustellen wußte, dadurch hergestellt, daß man kleine gerade Stücke zurechtschnitt und so aufnagelte, daß ungefähr die gewünschte Linienführung herauskam; die Nägel

Abb. 46. Unbefangenheit und Treffsicherheit.

1 Schleswigsches Mangelbrett mit Darstellung einer Viehweide (Museum Flensburg), geschnitzt und bemalt. 2 Vierländer Einlegearbeit. 3 Josua und Kaleb (Kreuzstich von einem Mustertuch). 4 Kirchhofeingang, Grabow. 5 Naive Herstellung eines Spitzbogens in einer Täfelung, Sylt. 6 Weintraube von einem Huthalter (Abb. 74_2), in der Kirche in Altengamme.

blieben sichtbar, und es wurde auch gar nicht versucht, durch weitere künstliche Nachhilfe die Tatsache zu verschleiern, daß es in Wirklichkeit keine gebogene, sondern eine aus lauter kleinen Geraden zusammengesetzte Linie ist — und das Spiel der Fugen sieht sogar reizvoll aus (Abb. 46_5). Ebenso hat man an Rügenschen Großvaterstühlen die schwierige, gewünschte gebogene Armlehne durch zwei aneinandergesetzte gerade Stücke ersetzt. So hat man ferner auf Sylt grüne Ziegel, die man für die Umrahmung seiner Tür wünschte, einfach durch grünen Anstrich erzielt. So hat man im Altenlande die Ziegelmuster durch Einmalen weißer Fugen und Flächen schön bereichert, anderswo bei einer Standuhr aus der Notwendigkeit, die Stelle am langen Uhrkasten, wo das Pendel zu breit ausschlug, zu verbreitern, eine Verzierung gemacht.

Die Unbefangenheit hat manchmal gar zur Erfindung ganz neuer Techniken geführt, so in den Vierlanden, wo man aus dem Gedanken, dem naturgemäß nur geradlinige Muster ermöglichenden Ziegelmosaik gerundete Formen hinzuzufügen, zu jener eigenartigen Kratzputztechnik kam (Einkratzen von Zirkelschlägen u. a. in rotbemalten weißen Kalkbewurf), die ihren eigenen Verlauf nahm (Abb. 45).

Auf Schritt und Tritt begegnen wir unbefangener Treffsicherheit im bäuerlichen Zierwerk. Dem Schmuckzweck, der guten Gesamtwirkung und Verteilung ist alles untergeordnet oder es fügt sich einer besonderen sinnbildlichen oder anderen Hauptsache untergeordnet an. Sehr oft werden wir an das ebenso unbefangen treffsichere orientalische Kunsthandwerk gemahnt. Alle Formen, geometrische, stilisierte, natürlich-pflanzliche, Tiere, Figuren, Schrift u. a. m. — alles ist keck benützt, neben- und durcheinander. Alles drastisch wirksam, sozusagen heraldisch gezeichnet. Zusammengefügt, so wie es just gut aussieht, in verschiedenem Maßstab (s. Abb. 46_2), in gewagtester, drolliger, bisweilen kindlicher Zusammenstellung und so gut wie immer echt ornamental wirksam.

Ganz eigenartige Gebilde kommen so zustande: Nebeneinandergelegte geometrische Formen, täuschend an orientalische Teppiche erinnernd, Linienzusammensetzungen von einer Unabhängigkeit von den Schönheitsgesetzen in unserer gewohnten städtischen Zierkunst, die wir höchstens außer bei Naturvölkern bei unseren Allermodernsten wiederfinden. Husch — mit einem einzigen kühnen Linienschwung ist ein ganzer Teller geschmückt! Außerordentlich naiv-geschickt werden Einzelornamente auf sonst ungeschmückte Flächen gesetzt, z. B. ein einzelner Stern auf Truhen, ein kleines Ornamentstück auf ein Kleidungsstück. Ebenso köstlich sind die Ausbildungen freier Endigungen, Krönungen, Griffe, Aufsätze u. dgl. und auch die Anordnung von Schrift, z. B.:

GOTTES
GÜTTE UND
TREU IST
ALLE MOR
GEN NEU

(Hausspruch.)

(Teller.)

JOHA
NNES
PETER
CHRI
STTI
ANS
ANNO
1788

(Grabtafel.)

Mitten in eine Schriftreihe werden Zierstücke eingesetzt, um sie zu verlängern. Sprüche, Wörter werden abgekürzt, Verse dem Raum gemäß geordnet, z. B. damit es in einen ovalen oder sonstigen Raum paßt — ganz so wie's unsere modernsten Schriftkünstler auch wieder machen. (Siehe Seite 74.)

In größter Unbefangenheit wagt man sich an schwierige Aufgaben. Auf einem schleswigschen Mangelbrett soll eine Herde samt Hirt auf der Weide dargestellt werden (Abb. 46_1) — zu einer perspektivischen Darstellung genügt das Können des Schnitzers nicht, er kommt daher auf denselben Ausweg wie die alten Ägypter, indem er die Figuren in der für sie dankbarsten Stellung, von der Seite gesehen, nebeneinander und, weil es sich dabei um einen Kreis handelt, hübsch um die Mitte legt.

Abb. 47. Unbefangenheit in der Anwendung bestimmter städtischer Stilformen.

1 „Korinthisch sein sollende" Kapitäle von Vierländer Wandbetten. 2 Naive Pilasterform von einer hessischen Truhe. 3 Säule auf Schnörkel stehend, von einer Vierländer „Kiste". 4 Naive Herstellung vereinfachter Rokokobeine an einem Sylter Tisch.

Biblische Geschichten, Christi Auferstehung, das Ringen Jakobs mit dem Engel, aber auch Darstellungen aus dem Leben, z. B. ein Pastor, betend vor dem Altar stehend, werden, ohne daß man sich der Schwierigkeit bewußt ist, harmlos in Kreuzstich, in einer der für Figurendarstellungen undankbarsten Techniken, zu sticken versucht — und es glückt natürlich! Es wird zwar keine gestickte Naturnachahmung, es wird eine Art Sinnbild oder Ornament, jedenfalls etwas wohl Erkennbares, durchaus nicht Verkehrtes daraus (Abb. 170_1).

Der gute Wille ist dem Bauernkünstler die Hauptsache, er macht alles so gut er eben kann und, weiß der Himmel, was so entsteht, berührt uns gar nicht lächerlich, es vereint sich mit den anderen Teilen des betreffenden Kunstwerkes stets zu einer guten Gesamtwirkung. Da sind korinthische Kapitäle in einer Weise entstellt, die Kallimachos, den Erfinder derselben, zum Sichumwenden im Grabe veranlassen kann (s. Abb. 47₁), da ist ein heiliger Longinus, der mit seiner Lanze Christi Seite öffnet, in eine Uniform gesteckt, die die irrtümliche Ansicht des Schnitzers zutage treten läßt, daß unter den Germanen in römischen Diensten in Palästina damals großherzoglich badische Dragoner sich befunden haben und daß sie mit Lanzen bewaffnet gewesen seien. Vergessen wir nur nicht, daß unser romanischer Stil, auf den wir so stolz sind, es mit dem korinthischen und byzantinischen Kapitäl gerade so machte (es wurde damals eben das romanische daraus!), daß unsere mittelalterlichen und Renaissancemaler mit dem antiken Kostüm auch geradeso umsprangen — auch hier hat die Bauernkunst etwas Geschichtliches, den naiven Gedankengang der früheren Zeit bewahrt.

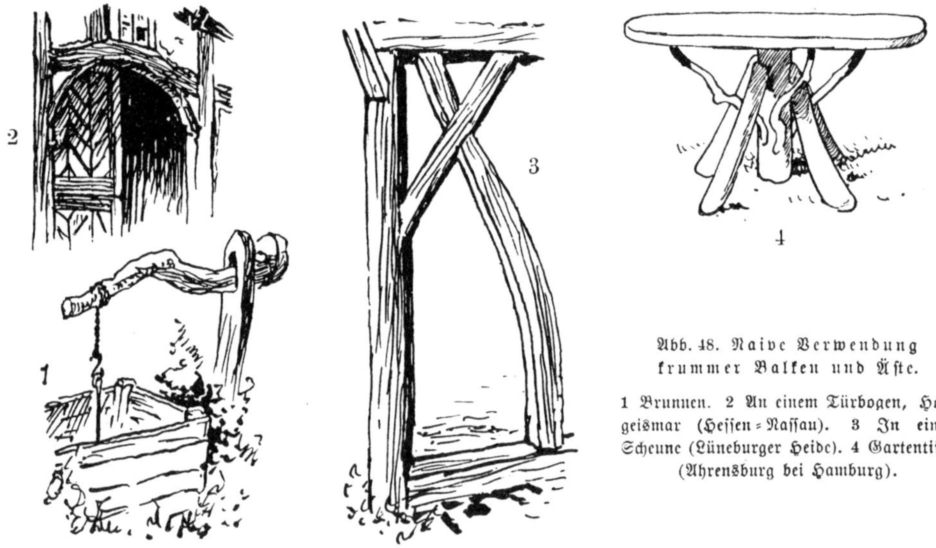

Abb. 48. Naive Verwendung krummer Balken und Äste.

1 Brunnen. 2 An einem Türbogen, Hofgeismar (Hessen-Nassau). 3 In einer Scheune (Lüneburger Heide). 4 Gartentisch (Ahrensburg bei Hamburg).

(Schmuckfreude.)

Mit der Unbefangenheit hängt die fröhliche Formen- und Farbenfreude zusammen — alles, besonders sofort allerlei technisch notwendig Entstehendes, wird als Schmuck aufgefaßt und darum betont, Nägel, Balkenenden u. a. Und anderes gesellt sich dazu — eine Furcht vor dem zu Vielen, zu Bunten gibt es nicht so leicht, wenn es dem Bauernkünstler eben um etwas recht Schönes, recht Prächtiges zu tun ist, wenn es sich um Glanzstücke, um eine Prunkfassade, einen Pesel eines Marschkrösus, um das Hochzeitskostüm, um Braut- und Bräutigamsstuhl, um die Prunkwäsche eines wohlhabenden jungen Paares und anderes handelt, dessen Hauptzweck eben das Prunken ist.

Sie ist bisweilen geradezu rührend, die Freude des Schmückens, indem sie sich an Stellen findet, wo's fraglich ist, ob jemand die Zierde beachtet oder überhaupt sieht! — In Vierlanden fand ich einmal die Unterseite eines in dort beliebter Form gestalteten Türsturzes mit nettem Punzmuster geziert — die Unterseite! wer guckt wohl, während er hindurchschreitet, nach oben! Aber der Besitzer wollt's nun mal recht hübsch haben oder der Zimmermann wollte aus eigenem Antrieb etwas besonders Schönes herstellen, selbst auf die Gefahr hin, daß es fast niemand beachten würde (Abb. 49)!

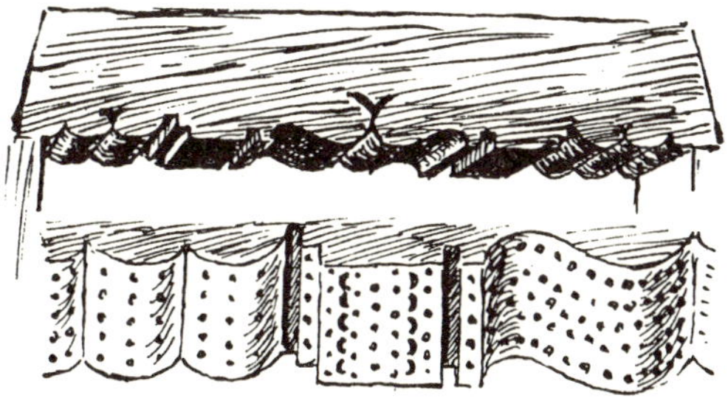

Abb. 49. Beispiel für Schmuckfreude.
Türsturz eines Vierländer Bauernhauses in Neuengamme. Er ist nicht nur hübsch ausgesägt, sondern auf der Unterseite auch noch gepunzt, obschon man's nur sieht, wenn man zufällig beim Durchschreiten nach oben guckt.

Daß es für städtischen Geschmack manchmal ein wenig zu viel des Guten sein kann, ist selbstverständlich, wie manche Werke des Mittelalters und der Barockzeit in Stadt- und Fürstenkunst uns eben deshalb auch nicht gefallen. Dieselbe Bauernkunst verfügt aber, um das gleich richtigzustellen, auch anderseits über alle nur wünschenswerten feineren Wirkungen, über holde Anmut, schlichte Würde, einfache Größe, zierliche Feinheit, herbe Einfachheit usw. (s. Abb. 50). Sie weiß sehr wohl zu unterscheiden, wann das eine, wann das andere paßt.

Im übrigen ist es erstaunlich, wie außerordentlich selten das Zuviel wirklich abstoßend wirkt. Fast immer strahlt und lacht aus solchen Prunkstücken soviel Gutes, in seinem Jubel Herzerquickendes, Mitfortreißendes uns entgegen, bietet das Ganze ein so eigenes, treffliches, wirkungsvolles Gesamtbild, daß wir bei aller Kritik nichts gestrichen haben möchten (s. Abb. 54).

Man vergleiche nur einmal das völlig erhaltene Innere einer alten Bauernkirche, die wie die Vierländer oder Hadeler noch im vollen Schmucke alles dessen

1

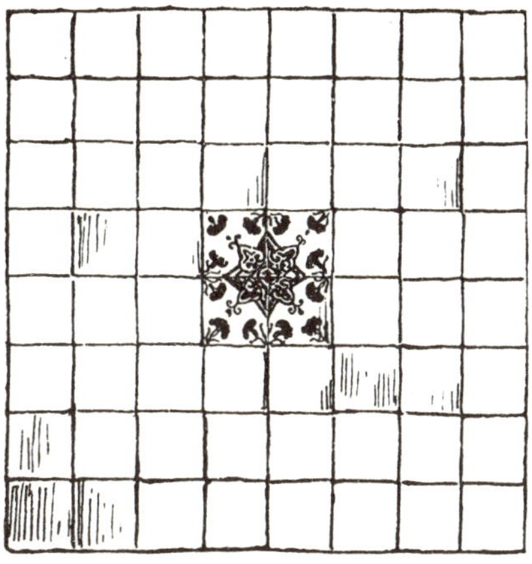

2

Abb. 50. Beispiele für Einfachheit.
1 Eingang eines Dorfwirtshauses, Ochsenwärder. 2 Kachelung einer Wand auf Sylt, schlicht weiß, nur in der Mitte Muster.

prangt, was neben der Frömmigkeit die harmlose Schmuckliebe der einfacheren Leute und das Prunkbedürfnis der bäuerlichen Aristokratie in ihr geschnitzt, gemalt, geschmiedet haben, dies bunte, farbenlustige Durcheinander aller möglichen Techniken, Motive und Stimmungen, dies Museum der ganzen künstlerischen Vergangenheit des Ländchens, mit dem Innern einer der kahlen Dorfkirchen, ihren weißen Wänden, weißen oder grauen oder steinfarbenen Sitzen u. a., wie sie die Verachtung unserer Bauernkunst in Deutschland so häufig gemacht hat, oder mit einer in unserer Zeit durch städtische Architekten, Tischler und Maler „stilvoll renovierten" — und man

Abb. 51. Technische Notwendigkeiten als Schmuck betont.

Vorstehende Balkenköpfe hessischer Fachwerkhäuser, 1 ungeschützt, 2 geschützt und geschmückt durch grünen Anstrich, 3 durch Dächelchen, 4 durch besondere, zugleich wirkungsvolle Schindelverkleidung, 5 desgleichen durch Schiefer. 6 Gemauerte Zwickel an der Dachkante westholsteinischer Häuser, in 7 (Kehdingen) und 8 (Nindorf) auch rein als Schmuck. 9 Holznägel an Wetterauer Hoftoren.

wird das in jenem Zuviel liegende Gute empfinden und schätzen lernen! — Es ist Herz drin! (Vgl. Abb. 188—192.)

Aber nicht nur im Prunkenden äußert sich die naive Formenfreude des Bauern, auch in allem Einfacheren schon tritt sie hervor. Sie zeigt sich in der Lust und Art, alles, wo nicht schön und reich, so doch anmutig zu gestalten, über das rein Gebrauchsnotwendige hinauszugehen, in der merkwürdigen Geschicklichkeit, alles in einen Schmuck zu verwandeln (vgl. Abb. 51), sie zeigt sich in der Abwechslungslust, die nicht gern zwei Gegenstände gleich ausstattet.

Die Rückenlehne auch des einfachsten Stuhles wird hübsch ausgesägt, durchbrochen o. dgl. Auch der einfachste Teller bekommt ein kleines Blümchen, der einfachste Beschlag ist ein wenig, aber nett ausgeschnitten, das Salzfaß bekommt etwas Kerbschnitt, die Fliegen fangende Unruhe wird hübsch aus Stroh geflochten u. s. f., selbst allerlei Betriebsgerät bekommt etwas ab (s. Abb. 159).

Abb. 52. Füllungen von Hoftoren der Wetterau (über der Personentür, Abb. 101_2). Beispiele für Abwechslungslust. In jedem Dorf von Haus zu Haus in großer Verschiedenheit.

Die einzelnen Teile des Hausäußeren werden zum Schmuck — die Tür mit dem Dächelchen darüber, die Fenster, Luken, Lauben, Umgänge, Treppen, Schornsteine, Maueranker, die Holznägel der Tür, sogar auch wohl einmal die Verbretterung der Scheunentür und andere einfache Erfordernisse. Ebenso sinnbildliche Zeichen, die Pferdeköpfe, die Hahnenköpfe am Hausgiebel, der Donnerbesen im Mauerwerk, das Hakenkreuz, der Drudenfuß — alle sind Schmuck geworden. Technische Notwendigkeiten im Möbel, im Metallgerät, in der textilen Kunst werden ornamental umgedeutet und zum Schmuck erhoben. Der Name des Eigentümers am Hause oder auf diesem oder jenem Gegenstand, sein Monogramm, der Hausspruch, die Erbauungszahl — auch sie sind wohlbedacht so gestaltet und gestellt, daß sie, ganz abgesehen von ihrem Zwecke, dem Auge wohlgefallen (s. Abb. $77_{4,7}$).

(Abwechslungslust.)

Die Abwechslungslust ist manchmal auffallend — in größtem Gegensatz zur Fabrikware! In Haus und Gerät stoßen wir auf Abweichungen, die einmal hier vereinfachen, dort bereichern, hier etwas Neues versuchen, dort etwas Altes scherzhaft umdeuten u. s. f., und das nicht nur in verschiedenen Orten, sondern an ein und demselben Orte, ja manchmal in ein und demselben Hause. Besonders deutlich tritt das im Braut- und Bräutigamsstuhl, in den Brautladen u. dgl. hervor — hier ist es sogar derselbe Dorfhandwerker, der sich von Stück zu Stück schier zu verbessern sucht, der zwar die Form festhält, aber nie nur kopiert. Sieht man eine größere Sammlung von irgend einem künstlerisch ausgestatteten Gegenstand einer Gegend mit starker alter Volkskunst durch, so stößt man fast nie auf reine Wiederholungen — seien es Möbel, Teller, Schmuckstücke, Trachtenstücke oder was immer. In den Vierländer Kirchen z. B. wiederholen sich die besonderen Prunkstücke dieser Kirchen, die schmiedeeisernen Huthalter, nur in ein Paar vereinzelten Fällen, sonst sind sie alle völlig verschieden (s. Abb. 45_5, 66_4, 76_2, 191, 192).

(Farbenlust.) (Vgl. die farbigen Tafeln.)

Auch in der bäuerlichen Farbenfreudigkeit steckt, wie gesagt, die naive Unbefangenheit des Naturmenschen. Es wird ein recht großer Gebrauch von der Farbe gemacht — und ein besserer dazu als bislang in der Stadt, es wird ehrlich gemalt und fröhlich gemalt. Rot und blau ist Bauerntracht! — das sollte früher ein höhnisches, von der größeren Kulturhöhe des Städters herab verachtungsvoll gesprochenes Sprichwort sein, im Grunde ist es ein Ehrentitel — wir fangen in der Stadt ja gerade wieder an, uns auch ein bißchen mehr rot und blau, statt schwarz und weiß einzurichten und zu kleiden und unsere Häuser zu bemalen.

Kräftig, rein, echt müssen meistens die Farben sein — wieder der ältere Standpunkt in der Kunst, der ja auch nur reine Farben kannte — leuchten, strahlen, jauchzen müssen sie. Und kräftig müssen sie sich voneinander abheben, wie im Blumengarten vor dem Fenster die Feuerlilien, der Goldlack, die Tulpen, die Klatschrosen, der Mohn sich hervorheben.

Nichts ist vor Farbe sicher, bald hier, bald dort finden wir Gegenstände, die sonst nichtfarbig sind, auch bemalt — in holländischen Dörfern an der Zuidersee

Abb. 53. Hessische Kratzputzmuster, verschiedene persönliche Eigenart der betreffenden „Weißbinder" zeigend. 1, 2, 3 einfach bekratzt, bei 4 und 6 quadratische Punzen benutzt, bei 4, 5 außerdem noch weißer, bei 6 verschiedenfarbiger Anstrich einzelner Teile auf gelblichem Grund.

sind ja, heißt's, sogar Baumstämme und Klinker des Gartenweges blau bemalt! Das ist freilich wohl das Äußerste, so farbig ist man auf deutschem Boden nicht, wennschon es manche besonders farbenfreudige Gegenden gibt — so in Oberbaiern, im Alten Lande, auf Sylt, in Pommern u. a.

Nicht immer genügte die Naturfarbe des Baustoffes, um das Haus schmuck genug erscheinen zu lassen — also lustig darauf los gemalt und dem Übel ab-

1 2 3

Abb. 54. Bauerngehöft in Krotzebach (Hessen-Nassau), reich mit Kratzputz und Malerei geziert. 1, 2 im Hof, 3 eine Einfahrt von außen.

geholfen. Rot und blau und weiß und grün werden die Häuser angestrichen, ob aus Holz, mit Schindeln bekleidet, ob aus Lehm, aus Backsteinen, ist einerlei. Oder noch besser, man nimmt gleich mehrere Farben, da wird es noch lustiger, da kann man die verschiedenen Teile des Hauses schön voneinander abheben. Zu dem weißen Anstrich oder dem gelben Bewurf der Füllungen stehen gut blaue oder rote oder braune oder grüne oder schwarze Balken, Türen, Fensterluken und -rahmen und sonstiges Holzwerk, oder man malt das eine so, das andere anders, so daß eine dreifarbige Wirkung entsteht.

Abb 55. Bemalte Bauernmöbel.
Fränkischer Schrank, rot gestrichen, Blumen grün und rot auf weißem Grund (Sammlung für deutsche Vokskunde, Berlin).

Und nun kann man auf die einzelnen Flächen noch etwas daraufmalen, kann z. B. (Abb. 23.5) schon die Ziegel, mit denen im Hessischen die Wetterseite bisweilen gepanzert ist, als rot und weißes Schachmuster behandeln. Vom lediglich das Balkenwerk begleitenden Strich oder Doppelstrich, von der bescheidenen einzelnen Blume auf einem Fensterladen bis zum großen, die ganze Wandfläche bedeckenden Freskogemälde Oberbaierns finden wir alle Zwischenstufen. Bald ist es das Balkenwerk, bald das Mauerwerk, was man besonders dabei hernimmt. Sind die Backsteine vielleicht auch schon an sich in hübschen Mustern gelegt, so kann man das doch bereichern — einmal, indem man rote und gelbe Steine nimmt, und dann, indem man nicht nur die Fugen, sondern auch einzelne Steine im Muster hübsch abwechselnd weiß malt (Altes Land, Ostholstein).

Drinnen im Hause bietet sich auch Gelegenheit in Fülle. Da ist die Wand der Diele, des Flurs und der Stuben. Weiß, blau, rot sind wohl die beliebtesten Töne oder man nimmt verschiedene Töne, malt zu der Hauptfarbe einen anderen Sockel, einen anderen Fries, malt Blumen, Landschaften, Figuren auf die Mauer oder Holzwand, „bestippt“ sie mit Rosettchen, marmoriert sie u. a. m.

Das Möbel hat die Bauernkunst stets gern bemalt — rot, blau, grün, und keck stechen einzelne anders bemalte Teile oder Ornamente, vom Linienwerk bis zum

Blumenstrauß, zu Figur oder Landschaft davon ab. Und bei anderem Geschirr, in Stickerei, Weberei u. a., ist's ebenso.

Auch die alte Dorfkirche war gern farbig — in Curslak (Vierlande) ist das Gestühl fein blau, anderswo grün, rot — ganz bunt, Sitz für Sitz anders! ist das Gestühl in Altenbruch (Hadeln). Ja sogar vor dem Friedhof hat die Farbe nicht haltgemacht! In Hessen-Nassau und Pommern sah ich rote, blaue und grüne Holzkreuze! — ja sogar bunt bemalte Grabsteine (Abb. 197)! Das Allerbunteste aber sind die Grabeinfassungen des Dorfes Jamund in Pommern: blitzblau mit bunten Blumen um den mit Nelken, Geranien, Fuchsien usw. geschmückten Grabhügel! (S. Tafel 12.)

Abb. 56. Bemalte Bauernmöbel.
Stuhl aus Jamund in Pommern, mit durchbrochener und bunt bemalter Lehne (Sammlung für deutsche Volkskunde, Berlin).

Die Verteilung der Farbe ist oft höchst eigenartig und geschickt. Fein wird die Wirkung abgewogen, keck wird durch einen Fleck hier oder da oder durch frisch gewagten Wechsel das Ganze gehoben. In ein und derselben Schriftzeile wird der eine Buchstabe so, der andere so gemalt oder gestickt, und die Wirkung so angenehm und lustig verstärkt. (Tafel 10, Mitte.)

Von schreiender Wirkung ist die bäuerliche Buntfarbigkeit meist trotzdem entfernt, lustig, fast überlustig sieht sie wohl einmal aus, aber unausstehlich selten.

Gemeinhin ist die Gesamtwirkung trotz aller Buntheit stets eine einheitliche, erinnernd an die Ruhe, in der auch orientalische stark buntfarbene Sachen auf uns wirken. Ja, wir finden sogar Wirkungen, die wir nicht anders denn als feinfarbig bezeichnen können. So in Stühlen der Lüneburger Heide, rot gestrichen mit feingelbem Binsensitz und ein paar fein gegensätzlich schwarz gestrichenen Docken; dieselbe Farbenstimmung findet sich im Hessischen. So in Tölzer Möbeln mit flotten Blumen auf lichtblauem Grund, so in einer Sylter Stube in gebrochenen Tönen, die Holztüren und Wandteile in feinem Blau, bemalt mit dunkelindigo und weiß

Tafel 6.

Flett eines Vierländer Hauses in Altengamme.

Texte siehe Rückseite

Tafel 6.

Flett eines Vierländer Hauses in Altengamme, von der großen Diele her gesehen.

Hinterwand in Mustern gemauert. Herd links geschlossen, rechts (der des Altenteils) offen, ersterer hat unten gelbe und grüne, letzterer blaubemalte Kacheln. Treppe mit ausgesägten Geländerstützen. Der aus der Hinterwand links vorspringende, in anderem Ziegelmuster ummauerte Raum ist ein Alkoven, der von der Stube links her benützt wird. Die Endteile des Fletts links und rechts vor den Fenstern dienen als gewöhnliche Wohn- und Speisestätte, wie die Siddels der früheren Zeiten. Die Dachschrägung hat hier dieselbe Folge wie auf Tafel 7 in der Morsumer Stube. Links im Vordergrunde Männertruhe und Rollhandtuch. Durch die Lücke der Decke sieht man die Lichtöffnung des Vordergiebels und Innenseite des Daches.

gehaltenem Rokokozierat (Kachelwände mit violettem Sternmuster und Messingbeschlag stehen dagegen). So in einer tiefschwarzblauen fränkischen Truhe der Berliner Volkskundesammlung mit weißem und hellgrünem Zierwerk. So ferner in Stickereien und Webereien überall, so z. B. auf einer ditmarsischen Haube: keck, aber feinstimmend auf zinnoberrotem Stoff hellrote, hellblaue und dunkelviolette Stickerei.

Besonders tritt die Farbenfeinsinnigkeit da hervor, wo es sich um Farbengebung zu bestimmten Zwecken handelt, unter anderem in der Tracht. Wie da die verschiedenen Stimmungen zum Ausdruck gebracht sind, wie reichhaltig die Stufenleiter ist und wie treffend, ist erstaunlich. Werktag, Sonntag, bürgerlicher und kirchlicher Festtag, ernste, feierliche Stimmung, Besuch beim Nachbar (wenn man nur „nahbern ging") oder weiterab, Trauerstimmung heben sich, alle untereinander wieder verschieden abgestuft, scharf voneinander ab. Wohl am besten zeigt sich das, wenn man eine recht vollständige Trachtsammlung einer wohlhabenden Bäuerin, die für alle Gelegenheiten gut ausgestattet war, durchsieht, z. B. Brustlätze einer Vierländerin. Vom Ernst: schwarz, schwarz-weiß, schwarz-blau oder schwarz-violett bis zum goldstrahlenden oder farbenlustigsten Brautbrustlatz ein erstaunlicher Reichtum verschiedenfältiger Farbenstimmungen, die in feinfühligster Weise auch die Schwierigkeiten einer Doppelstimmung lösen, wie solche z. B. bei der Teilnahme an einer Hochzeit zu einer Zeit, da man noch im letzten oder vorletzten Grade der Halbtrauer um diesen oder jenen Verwandten sich befindet, entstehen kann.

(Gemüt in der Bauernkunst. — Sprüche.)

Starkes Mitspielen des Gemütes tritt überhaupt in der Bauernkunst stark hervor.

So zunächst in der an Haus und Gerät zutage tretenden Frömmigkeit. Gern steht über der Haustür ein Bibelspruch oder ein paar hintereinander oder sonst ein frommer Vers, der dem Vertrauen oder der Dankbarkeit gegen Gott Ausdruck gibt, um seinen Segen bittet oder eine Lebensweisheit ausdrückt, irgendwie eingemeißelt, geschnitzt, gemalt oder in die Ziegelsteine vor dem Brand eingeschnitten oder sonstwie. Bisweilen sogar ehemals ein lateinischer Spruch, den man damals wohl auch als feierlicher empfand:

„Verbum domini stabit in aeternum."

Dahinter plattdeutsch:

„O help Gott ut Not
Affgonst de is so grot. A. D. 1574." (Alverdissen in Lippe.)

In der Volkssprache, plattdeutsch, heißt es auch an einem Hause in Oststeinbek:
„GOTT · GAW · GOTT · NAM · DES · HEREN · NAME · SI · GELAWET."

Meistens sind es aber hochdeutsche Sprüche, z. B.:
„DER · HER · BEHVED · DEIN · EIN · VND · AVSGANG · VON · NVNAHN
BIS · IN · EWIGKEIT · ANNO · 1672." (Braunscheid.)

oder:

„Herr, Leib und Seel und Hab und Gut
befehlen wir deinen Händen,
Du wollest Raub und Feuersglut
von unserm Hause wenden.

Abb. 57. Naive Linien-, Punkt- u. dgl. Ornamente.

1 Sog. Stippmuster an Wänden, mit gekerbtem Mohrrübenstempel hergestellt (Hadeln). 2 Stuhllehne, Sylt, schwarze Randflecken auf Hellgrün. 3 Blumentopf mit geflossener dunkelvioletter Glasur auf Hellgelb und 4 Wandkachel aus Ostfriesland. 5 Kleine Vase, grüne und weiße Schlangenlinien, schwarze Punkte auf Hellrot (Hessen-Nassau). 6 Sog. Jüterpottschale, mit Steinen in den Ton geritzte Verzierung (Nord-Schleswig). 7 Sog. Kammzugmuster von hessischer, bemalter Truhe. 8 Vierländer, mit bunter Wolle besticktes Kissen. 9 Fayenceteller, bairisch? (Volkskundesammlung, Berlin), grün und blau. 10 und 11 Henkel mit Fingereindrücken von holsteinischen Gefäßen (10 Grapen, 11 Stulpe) im Museum in Altona.

Deck unsre Ruh
mit Segen zu,
daß uns kein Feind erschrecke,
auch Krankheit uns nicht wecke.
Bauherr Joachim Hinnrich Schlüsing
Baufrau Meta Schlüsing. geb. Pingel." (Kirchtimke.)

Auch Scheune und Stall bekommen etwas ab:

„Ich habe nicht aus Stolz
und Übermut gebaut,
das Feuer hat die Scheun
mit Eile mir geraubt.
Doch mein Vertraun auf Gott
und guter Menschen Hilfe
hat mir die Arbeit leicht gemacht.
So ist mit Gott der Bau vollbracht."

oder:

„Du sollst nie ein Thier mit Fluchen schlagen,
Gott höret auch die Thiere klagen."

Ebenso der Brunnen, so in St. Jodok in Tirol:

„Gott segne das liebe Vieh. Blasius Huber 1835."

Ein besonders reiches Beispiel ward in der Zeitschrift „Das Land" mitgeteilt. In Knöttinghausen in Westfalen umziehen Sprüche ringsum ein Haus:

Ostseite.

„So oft die Morgen-Sonn aufgeht
Mein Herz in Gottes Andacht steht."

„Die helle Sonn leuchtet jetzt herfür,
Fröhlich vom Schlaf aufstehen wir,
Gott Lob, der heut uns diese Nacht
Behütet vor des Teufels Macht."

Über der Gartentür:

„Wer ein- und ausgeht diese Thür,
Der soll gedenken für und für,
Daß unser Heiland Jesu Christ
Die rechte Thür zum Himmel ist."

Über dem Kuhstall:

„Gott giebt Speise spät und früh,
Auch das Futter für das Vieh."

Westseite.

„Die Abendandacht ist nicht schlecht,
Sie zieret Herrn und Knecht."

„Der Tag ist hin
Mein Geist und Sinn
Sehnt sich nach jenem Tage,
Der uns völlig machen wird
Frei von aller Plage."

Über der Brunnentür:

„Zum Wasserquell führt diese Thür,
Herr Jesu, sei Du der rechte Quell allein dafür."

Über dem Pferdestall:

„Bergauf treib mich nicht,
Bergunter verhitz mich nicht,
An der Krippe vergiß mich nicht."

Im Innern, an Decke und Wand, finden wir ebenfalls fromme Sprüche, das reichste Beispiel bietet vielleicht eine Stube in Tinnum auf Sylt, auf deren weißlackierten glatten Wänden nur drei außerordentlich lange Sprüche, in großen lateinischen Buchstaben geschnitzt und vergoldet (der vertiefte Grund ist weiß geblieben), friesartig drei Wände umziehend, den einzigen, außerordentlich fein wirkenden Schmuck bilden. Einer davon sei mitgeteilt:

„Scheppe in mi Godt ein reine Herte unde gif mi einen nien gewissen Geist. Vorwerp mi nicht van Dynem Angesicht vnde nim dinen Hilligen Geist nicht van mi. Troste mi wedder mit diner Hvelpe vnde de frimodige Geist entholde mi. Psalm am LI."

An einer Stubentür finden wir etwa:

„So oft die Thür sich wend,
O Mensch, Bedenck das End."

In einem Hause in Morsum auf Sylt über einer Alkoventür:

„Vergiß die freund schaft nicht, die du vorhin em pfangen,
es ist noch nie der fluch ein haus vor bei gegangen,
dar in der undank wohnt, drum lerne danckbahr sein,
es kostet wenig müh und bringt doch großes ein."

Auch am Gerät finden wir fromme Sprüche, an Betten z. B.:

„Ein gut Gewissen, ein sanftes Ruhekissen."

an einem bairischen Schrank:

„Zerstreutes Bethen wenig nährt,
Weil Gott ein solches nicht erhört."

An einer Uhr finden wir wohl:

„O Mensch, richt immer himmelwärts,
Wie eine Sonnenuhr, dein Herz."

Ja sogar auf Geräten, wo es uns oft sonderbar vorkommt, auf Töpfen, Schüsseln, ja Trinkgefäßen kommen neben den allerdings vorwiegenden humoristischen auch fromme Sprüche vor.

Selbst eine fast überreiche Dekoration mit Sprüchen wie am Hause, findet sich am Gerät, so hat ein Lausitzer Schrank mit Wismutmalerei im Dresdener Volkskundemuseum oben am Gesims den Spruch: „Durch ordentliches Haushalten werden die Kasten voll Reichtum." Auf der linken Tür oben: „Im Jahre Christi 1752", unten: „An Gottes Segen ist alles gelegen", rechts: „Ich hoff auf Gottes Gütte, bringt den Segen mitte", und „Gottes Gütt und Treu ist alle Morgen neu."

Das rechte Reich des frommen Spruches ist natürlich die Kirche mit dem Kirchhof. Über dem Kirchhofeingang mahnt er die Kirchgänger, in Eilsum (Ostfriesland) z. B. ernst zur Selbsterkenntnis:

KEN · U · ZELVEN.

Abb. 58. Geometrische Musterung.

1 Vierländer Flickenkissen. 2 Hessischer Krug. 3 Eiserne Röste (Holstein). 4 Tönerne Dose (Museum in Alsfeld). 5 Bemalung eines Kastendeckels (Museum Hannover). 6 Kerbschnittmuster einer teilweise rot bemalten Stuhllehne, Schwalm (Museum Kassel). 7 Kerbschnitt= und Aussägemusterung einer Stuhllehne, Mecklenburg? 8 Steinmosaik im Flett eines niedersächsischen Hauses (Zeven). 9 Bemalung einer Bankwange in der Kirche zu Neuenkirchen (Hadeln). 10—12 Hessischer Kratzputz.

Altar, Kanzel, Taufbecken ziert er, die Brüstungen der Emporen, ja hie und da hat sich wohl ein Bauer seinen Lieblingsspruch oder auch nur eine Bezeichnung der betreffenden Bibelstelle vor seinen Platz oder an seine Banktür malen lassen. Ist es hier, wie auch am Kirchhofseingang und in der Leichenwäsche, der Bibelspruch, der herrscht, so begegnen wir daneben auf Grabkreuzen und Grabtafeln auch anderen frommen Sprüchen, neben Gesangbuchversen auch Nachrufen oder dem Toten in den Mund gelegten Tröstungen u. dgl. Z. B.:

„Beweint mich nicht, Ihr Lieben,
Ich sterbe. Gott mit Euch.
Was nützet das Betrüben,
Ich bin in Gottes Reich."
(Allermöhe.)

„Du liebes frommes Schätzelein
nach dein geduldiges
Leiden bist du endlich
heimgegangen in des
Hirten Arm und Schoß.
Amen. Ja dein Glück ist groß."
(Ostercappel.)

Sind Bibelwort und neu gedichteter Spruch zusammen vorhanden, so findet man ersteres ehrfurchtsvoll sinnig auf der Vorderseite, letzteren auf der Rückseite des Grabdenkmals angebracht.

An Marterln, Leichenbrettern und Bildstöcken katholischer Gegenden sind fromme Sprüche natürlich notwendiges Zubehör:

„Sieh, wer du bist,
Der Tod gewiß ist;
Ungewiß die Zeit,
Wo du mußt in die Ewigkeit."

Trotz der unfreiwilligen Komik, die bisweilen die ungewohnte, geschraubte hochdeutsche Redeweise und der Wunsch eines Reimes u. a. hervorrufen, blickt stets eine herzerhebende, tiefe Religiosität aus diesen naiven Dichtungen hervor. Z. B.:

„Ein Kreuz am Weg, du gehst vorbei,
Bedenk, was das für Bedeutung sei;
Zieh ab den Hut, du bist ein Christ,
Dessen Bild für uns gestorben ist."

Die Inschrift auf dem Deckel eines Henkeltopfes aus Schleswig wirkt auch etwas komisch infolge der hier besonders drolligen Verwechslung der gleichlautenden Worte „ist" und ißt":

„Nun lob meine Seel den
Herrn waß in mir ißt."

(Religiöse Sinnbilder.) (S. Abb. 59 u. 60.)

An religiösen Sinnbildern in der Verzierung sind katholische Gegenden natürlich weit reicher als protestantische. Hier beschränkt sich ihre Anwendung meist auf die Kirche, den Kirchhof, sowie die textilen Arbeiten, die mit Taufe, Hochzeit und Begräbnis zusammenhängen. Immerhin finden wir aber auch bisweilen in solchen

Abb. 59. Religiöse Sinnbilder, zumeist von süddeutschen Häusern.

Hervorzuheben nur a Wetterkreuz auf einem oberbairischen Haus. b Pelikan, geschnitzt und bemalt, von der Decke herabhängend (Wilstermarschstube). c Krone und Wein von einem Pfeiler der Kirche zu Keitum (Sylt). d Adam und Eva unter einem Fenster in Braunscheid (Hessen-Nassau).

Gegenden Adam und Eva u. a. alt- oder neutestamentliche Figuren auf Truhen, Täfelungen, in Deckenmalereien, auf Geweben u. a. m. Feinsinnig ist das öftere Vorkommen des Pelikans, der sich die Brust aufschlitzt, als Sinnbild der sich opfernden Liebe Christi, wie auch der Mutterliebe; auf Möschentöpfen (eigenartigen Töpfchen [Abb. 67_4], in denen Verwandte und Freundinnen der Wöchnerin Kindsbrei bringen) sowie geschnitzt von der Decke herabhängend in Schleswig-Holstein. In katholischen Gegenden sind der religiösen Sinnbilder einmal viel mehr, insbesondere die der Heiligen kommen hinzu, anderseits ist auch ihre Verwendung eine viel reichere. Da steigt die halbbäuerliche Kunst der „Herrgottsschnitzer“ ja sogar bis zu schönster figürlicher Schnitzkunst auf!

6

7

1

3

2

4

Abb. 60. Religiöse Sinnbilder.

1 Geschnitztes kleines Kruzifix, oberbairisch. 2 Krönung eines Grabsteines, Engel und „Ehrenkrone" (Hilmes, Hessen-Nassau). 3 Krone und Spruch über einer Haustür, Jork (Altes Land). 4 Grabeinfassung mit Weinranken, Langgöns (Wetterau). 5 Sarggriffschild, Engel, Totengebeine krönend (Vierlande). 6 Hl. Drei Könige am Türbalken. 7 Monogramm Jesu, Oberlicht einer Tür.

5

Wir finden dergleichen außen am Hause — hier drei Kreuze, mit Kreide auf den Türsturz gekritzelt, da eine Heiligenfigur geschnitzt über der Tür oder an der Ecke des Hauses, da eine ganze Anzahl von Figuren und Sinnbildern auf die weißen Wände und das Holzwerk des Dachgeschosses gemalt (Oberbaiern), Kreuz und I. H. S. als Giebelschmuck — sowie innen an allem Gerät, an Schrank, Bett, Truhe, Stuhl, Wiege u. a. m., ja, ebenso wie den Spruch, an allerlei Kleingerät, wo es uns unpassend vorkommt, z. B. an einem Bohnen- oder Rettighobel! Sodann an Bildstock und Marterl, auf dem Brunnen und natürlich in Kirche, Kapelle und Kirchhof überall.

Abb. 61. Urzeitliche Sinnbilder.

Donnerbesen als Feuerschutz.
1 Feuerwedel (Museum Altona). 2 „Donnerbesen“ im Mauerwerk (Niederelbe). 3 Fünf „Donnerbesen“ (dazu Mühle!) an einem Hause in Schretstaken bei Lübeck.

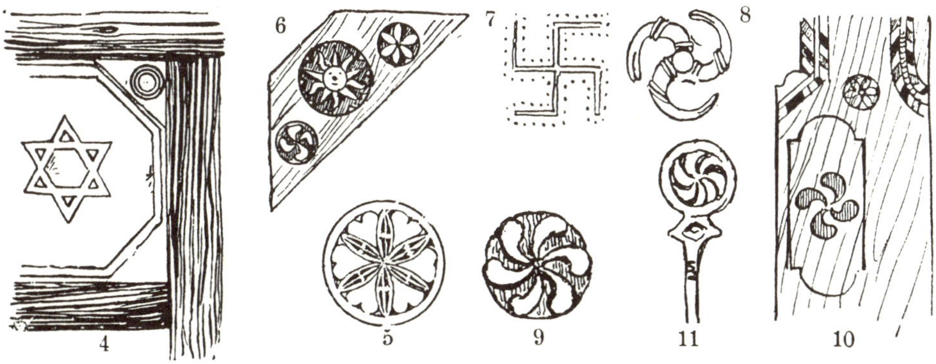

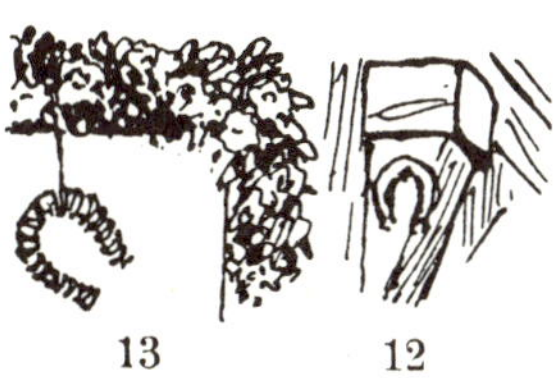

Drudenfuß, Sechsstern. 4 An einem hessischen Haus. 5 (?) Mit Herzen verbunden, Kerbschnittmuster. 6 Von westfälischem Türbalken, Sechsstern, Sonne und Hakenkreuz. S. auch Abb. 67_2 und 78_5.

Hakenkreuz (Svastika, Sonnenrad). 7 Von germanischer Urne. 8 Dreifüßig, römisch-germanisch von der Salburg bei Homburg. 9 Sechsfüßig, von einem Salzfaß. 10 Wetterauer Hoftor. (11 Zum Vergleich: auf Löffel der Ba-Ronga, Afrika.)

Hufeisen. 12 An Hausbalken genagelt. 13 Mit rotem Faden umwickelt, anläßlich einer Trauung über der bekränzten Kirchentür aufgehängt (Steinhude).

In protestantischen Gegenden ist das religiöse Sinnbild meist wohl nur eben frommes Schmuckmotiv, auch da, wo auf einem Grabstein dargestellt ist, wie die Seele gen Himmel in Jesu Arme fliegt, während der Leib noch auf dem Sterbebette liegt; Nutzen suchende Vorstellungen, wie das Schutzgewähren (wie es ebenda noch bei älteren heidnischen Donnerbesen, Hufeisen u. a. der Fall war) verknüpfen sich, abgesehen von dem Gott-wohlgefällig-Seinwollen, wohl weniger damit — die Windmühle als bildliches „Unser täglich Brot gib uns heute" ist noch am ehesten so aufzufassen. In den katholischen Gegenden dagegen spielt dieses Schutzgewähren eine große Rolle. Die Statue des Patrons am Hause, die drei Kreuze, das Wetterkreuz am Giebel u. dgl. sollen nicht nur der Frömmigkeit genügen, sondern auch das Haus unter höheren Schutz stellen, der Brunnen- oder Brückenheilige hat gleichen Nebengedanken mit zum Grunde u. a. m. (Mühle, s. Abb. 61_3 ganz links und 70_2.)

Bisweilen vereinen sich zu solchem Zweck abergläubische Sinnbilder mit den

Abb. 62. Zeichen und Sinnbilder vielleicht einst abergläubischer Bedeutung.

Zauberknoten? Hexenkreuz? 1 Füllungen in Brandoberndorf (Hessen-Nassau), rechts Herz, links auffallend weiß gemalte Linienkreuzung. 2 Ebenda, die Kreuzung ist zwar an sich ein natürlich sich ergebender Ziergedanke, vielleicht aber doch ein Nachbleibsel einst tieferen Sinnes. 3 In Dautphe (Hessen-Nassau), im Kreuzungspunkt ein Hakenkreuz.

Vierklee? 4 Stuhllehne, Hessen, hier doch wohl nur vier Herzen, daneben Sechsstern, in 5 auf einem Pfosten sieht's aber doch wie Vierklee aus.

Glocken. 6 Von einem litauischen Spinnrocken; kleine Holzglöckchen (auch an Brautstühlen, s. Abb. 56) als Schutz der Braut u. dgl.

7 Bemalte Grabtafel in Langenhein (Hessen-Nassau), ob die deutlich erkennbaren Dompfaffen besonderen Sinn haben?
8 Schnitzerei am Fenster, wohl ein „Neidkopf"? (Osterspai, Hessen-Nassau).

christlichen; z. B. auf einer Wiege I. H. S., Herz und Kreuz und zwei Drudenfüße, ganz so, wie im bäuerlichen Aberglauben auch sonst Heidentum und Christentum sich vereinen, wie z. B. die dem Donar heilige Nessel am zauberkräftigsten sein soll, wenn sie am Gründonnerstag gepflückt ist.

Für den konservativen Sinn der Bauern ist das Fortleben vorchristlicher Sinnbilder ja überhaupt bezeichnend — das ans Haus genagelte glückbringende gefundene Hufeisen (Abb. 61) spricht ja davon noch heute, ich hab's sogar am Dorfpfarrhaus gefunden! Es kommt sogar auf Holztellern eingebrannt und an Torpfosten einge-

Abb. 63. Sonne, Mond und Sterne.

1–6 Sonnenbilder. 1–4 Als glückbringende Sinnbilder an hessischen, westfälischen und anderen Haustoren und Türen. 5 An hessischem Eckpfosten. 6 Auf einer Vierländer Grabtafel. 7–9 Halbmond. 7 An hessischem Eckpfosten. 8 Auf Fensterladen, Hessen. 9 Wetterfahne, Ostfriesland. 10–13 Sterne. 10 Von einer Altländer Stuhllehne. 11 Oberbairische Tür. 12, 13 Von Grabsteinen in Holstein. 14 Sonne, Mond und Sterne auf Grabtafel in Bach, Westerwald.

meißelt vor, dort wohl an den „Schimmelreiter“ Wodan erinnernd. Das tun wohl auch noch leise die Pferdeköpfe am Niedersachsenhause (s. Abb. 33 u. 121). Dazu kommen der einen Feuerwedel oder Zauberstrauß (?) nachahmende, bis zu fünfmal an einem Hause vorkommende sogenannte Donnerbesen — in Sachsen soll eine mehrzackig ausgesägte Brettform am Giebel als eine Art „Donnerbesen“ vorkommen —, die Sonne oder ihre Abbilder: Rad oder Hakenkreuz am Hause und im Gebälk, der Drudenfuß an Haus und Gerät (s. Abb. 61). An Alraune erinnern kleine strohgeflochtene Figürchen an Brautspinnrädern (Abb. 64).

Abb. 64. Alraunartige Figuren (Mädchen und Junge), strohgeflochten, abergläubische Bedeutung an Brautspinnrädern, Braunschweig aus der Zeitschrift „Das Land“).

Die eisernen Votivtiere (Abb. 164$_9$), die der katholische Bauer seinem Heiligen verehrt, sind ebenfalls gewiß die nächsten Verwandten derjenigen, die seine Vorfahren den Göttern darbrachten. Gesichtsurnen, wie sie in heidnischer Vorzeit, mit Korn, Weizen und Gerste gefüllt, geopfert wurden, sollen noch vor kurzem am Chiemsee, und zwar noch zu ähnlichem Zwecke bestimmt, von Töpfern hergestellt

Abb. 65. Augen als Schmuckmotiv — oder mehr?

Türen in 1 Mögeltondern, 2 Sylt, 3 Leck (Nord-Schleswig) mit Guckfensterchen. 4 Deutlich als Auge gebildetes Fensterchen, Sylt (vgl. engl. «window» = Windauge). Zum Vergleich: 5, 6 „Augen" an niederelbischen Schiffen. 7 Griechische Trinkschale mit Augen (als Abwehrzauber? o. dgl.), vielleicht auch schon 8 steinzeitliches Gefäß.

worden sein (als Scherze natürlich auch anderswo) — ebenso steckt in Gebäckformen ja viel Altes, ehedem Sinnbildliches.

Ob die „Augen" der Türen u. a. auf Abb. 65 besonderen Sinn bewahren?

(Figuren aus dem Menschenleben.)

Ein anderes Gebiet betreten wir, wenn wir die Bauernkunst da beobachten, wo sie aus dem Leben ihre Motive holt (Abb. 66).

Sie stellt den Bauern dar, wie er stolz mit seinem Pflug seinen Acker pflügt, wie er mit seinem Heuwagen einfährt, wie er auf der Jagd ist, oder als Kavalier hoch zu Roß (Abb. 148$_1$) u. a. m. Sie zeigt uns die Bäuerin am Spinnrad, am

1

4

5

8

2

7

6

3

Abb. 66. Menschendarstellungen.

1 Jäger, Vierländer Stuhllehne. 2 Huthalter, Kirche zu Keitum, Sylt. 3 Soldaten, Malerei an Haus in Obernüft, Hessen-Nassau. 4 Pflügender Bauer, eiserner Huthalter, Kirche zu Curslak, Vierlande. 5 Tischler, Wetterfahne, Neuengamme, Vierlande. 6 Müller, an Mühle Gätjensort auf Wilhelmsburg. 7, 8 Von hessischen Grabsteinen.

Abb. 67. Sinnbilder der Liebe, Ehe und Elternliebe.

1 Herz, zwei Herzen umschließend, Lesepult von der Insel Röm. 2 Herz über Drudenfuß, an beiden Pfosten eines Hoftores der Wetterau. 3 Name eines Ehepaares, Krone und Rosen, Kratzputz von einer Herdwand, Vierlande. 4 Möschentopf mit Pelikan (Museum für Kunst und Gewerbe, Hamburg). 5 Doppelkreuz eines Zwillingpaares mit Doppelherz, Nenndorf, Lüneburger Heide. 6 Sich schnäbelnde Tauben von Vierländer Brustspange.

Brunnen, im Hofe, den Hirten und die melkende Magd mit dem weidenden Vieh. Wir sehen den Müller vor seiner Mühle stehen, den Schiffer in seinem Nachen oder dem stattlichen, mit Mannschaft wohl versehenen Ewer, Dorftischler, Dorfschmied, Zimmermann bei der Arbeit. Bäuerliche Vergnügungen erblicken wir dargestellt, den Hochzeitszug, Tänze, ferner andere Leute, mit denen der Bauer so oder so zu tun hat, Soldaten (auf Sylt fand man ehedem öfters in den Stuben in Lebensgröße die Figur eines dänischen Seesoldaten gemalt an der Wand), Jäger, den Herrn Pfarrer (Abb. 66, 122, 168, 170) u. a. Dazu kommen Figuren der Schnitzerdörfer.

Bestimmte Personenabbilder sind natürlich selten, immer nur gut gemeint, ohne die Absicht der Ähnlichkeit; die Braut auf einem Mangelbrett oder das junge Paar, ganze Figur, Rokokotracht, am Haus außen oder am Schrank oder nur die Köpfe auf der Kopfwand des Ehebettes (Abb. 74$_3$), oder auf Grabsteinen Figuren des oder der Verstorbenen, Engel mit Krone drüber, oder der trauernden Hinterbliebenen (dazu vorher schon oder nach Aufstellung des Grabsteines, Verstorbene werden wohl durch ein kleines † nachträglich gekennzeichnet) (s. Abb. 60$_2$ und 66$_{7,8}$).

(Liebessinnbilder u. dgl.)

Eine sehr große Rolle spielen in der Bauernkunst Liebe und Ehe. Schnitzte schon der verliebte Bauernbursche ein Herz mit den Anfangsbuchstaben seines Namens und dessen seiner Herzallerliebsten als Verzierung in die Kirchenbank, oder

1

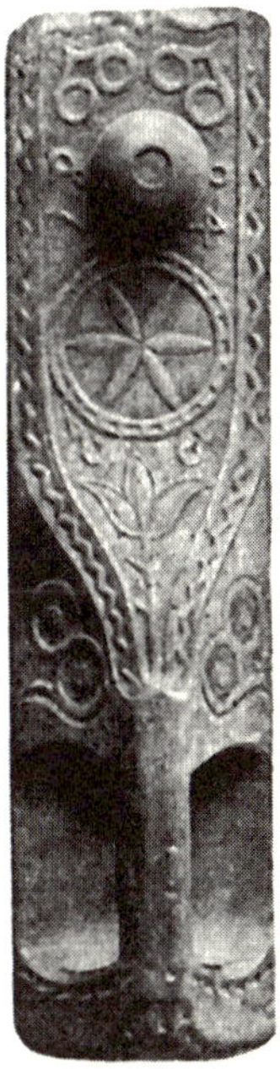

2

Abb. 68. Minnegaben, Mangelhölzer.
1 Mit Namen und Sechsstern. 2 Mit Blumen, Sechsstern und zwei Herzen.
3 Mit Herz, Initialen und Blumen.

3

schenkte der junge Fischer oder Bauer seiner Braut eine sinnige Minnegabe, ein von ihm selbst gefertigtes Mangelbrett, ein Tellerbort oder ein Kuchenmodel in Herzform, so liebte es auch ferner das junge neue Paar, in seinem neuen Hauswesen von Gegenständen umgeben zu sein, die in ihrer Ausschmückung seine Vereinigung feierten (Abb. 67, 77_7). Das Herz spielt immer eine Hauptrolle dabei — im Fachwerk, im Kratzputz, im Gerät aller Art, in Tracht und Schmuck u. dgl. (Abb. 172_4).

Wir finden verschlungene Anfangsbuchstaben oder die beiden voll ausgeschriebenen Namen mit der Jahreszahl, verschlungene Hände oder Ringe, Herzen, pfeildurchbohrtes Herz (als Giebelschmuck sogar! Abb. 121_2), sich schnäbelnde Tauben, Engel mit Kranz oder Krone, Rosenkränze oder gar eine Darstellung des jungen Paares selbst, Hand in Hand dem Beschauer entgegentretend oder sich begrüßend, auch naive Sprüche, wie: „Meine Hoffnung steht auf dich, schönster Schatz, dich liebe ich" u. dgl. Äußerst sinnig ist eine Kerbschnitzerei auf einem Lesepult von der Insel Röm: Zwei Herzen in einem größeren vereinigt (Abb. 67_1).

In manchen Gegenden sind Braut- und Bräutigamsstuhl, Braut- und Bräutigamslade verschieden gestaltet. Der höhere Bräutigamsstuhl versinnbildlicht die Herrschaft des Mannes, in den Vierlanden drückt das Gleiche auch die eine gotische Form streng bewahrende, wuchtige, hochbeinige „Mannskist" (Abb. 148_1) gegenüber der zierlicheren, niedereren, auf Kugelfüßen stehenden, Renaissanceform aufweisenden „Brutlad" aus (Tafel 6 hinten links).

Auf das Verhältnis zwischen Mutter und Kind deutet der sich die Brust aufritzende Pelikan auf dem Deckel der „Möschentöpfe“ Holsteins (auch auf Mangelbrettern und Möbeln vorkommend), sowie auf Kinderstühlen die Darstellung eines Vogels am Nest.

Ein rührendes Sinnbild fand sich auf dem Grabschmuck eines gleichzeitig gestorbenen Zwillingspaares in Abb. 67_5 — ein Doppelkreuz mit zwei ausgesägten Herzen. Doppelkreuz, ja drei so vereinte Kreuze, sowie das Herz im Grabkreuz oder als Grabtafel kommen des öfteren vor (s. Abb. $194_{10, 15}$).

Mannes- und Familienstolz finden wir in den an Häusern häufigen Inschriften: „Anno 1649 heft Ties Heitman and Ezarte Heitmans dyt Hvs laten buwen“

1

2

3 4

Abb. 69. Märchenfiguren.

Seejungfer: 1 Huthalter (?), Sylt. 3 Wetterfahne, Ostfriesland. — Fortuna: 2 Wandmalerei, Sylt. — 4 Mann auf Märchenpferd (von Kasten im vaterländischen Museum Hannover).

(Altengamme, Vierlanden), in den Inschriften an Tür und Gerät im Hause, sowie in einigen Gegenden in dem Verwenden der Hausmarke oder gar, z. B. in Hadeln und Ditmarschen, einfacher (Abb. 58_9) oder vollständiger Wappen am Kirchengestühl, an der Decke der Kirche (in Lüdingworth in Hadeln ist sie ganz damit gefüllt!), wie an Truhe, Schrank u. a. Berufsstolz des Bauern und Selbstbewußtsein finden wir, wie gesagt, in Figuren (Abb. 66), Sinnbildern und auch in Sprüchen an Häusern, wie dem einen zungenweisenden Neidkopf (Abb. 62_8) in Worten ersetzenden:

NIDER · LAET · DE · NIDE · SIN ·
DAT · ICK · BETAELE · IS · MIN ·

(Märchen- u. dgl. sinnbildliche Figuren u. a.)

Sagen- und Märchenmotive scheinen in der Bauernkunst selten zu sein. In der Eiderstedter Gegend sollen zwei Drescherfiguren, ein großer und ein kleiner Mann, an die sich eine Teufelssage knüpft, einige Male als Schmuck der Großtür vorgekommen sein, ob aber die Sage oder die Darstellung das erste, ist fraglich. Im Museum zu Keitum (Sylt) befindet sich ein schnörkelig ausgesägtes Brett mit einer

Tafel 7.

Stube in Morsum (Sylt).

Texte siehe Rückseite

Tafel 7.

Stube in Morsum (Sylt), mit Barockschnörkeln und einer Landschaft bemalt. Zu beachten die kennzeichnend nordfriesische Gestaltung der Fensterseite, bedingt durch die Dachschrägung.

Seejungfer als Griff oder Hängehaken — in Ostfriesland kommt sie oft als Wetterfahne vor (Abb. 69). Hier, an der See, ist sie wohl sozusagen Eigengewächs und kommt nicht vom städtischen Renaissancestil her.

Hie und da spielen allegorische Figuren eine Rolle, z. B. ebenfalls an der See die Fortuna und in der Gerichtsstube aus Nordstrand 1700 im Altonaer Museum „Gerächtikeit", Glaube, Liebe, Hoffnung.

Geschichtliche Figurendarstellungen habe ich noch keine gefunden, obgleich solche in Bauerngegenden mit großen Erinnerungen, wie in der Schweiz, Ditmarschen u. a.,

Abb. 70. Landschaftliche und Schiffsmotive.
1 Mühle auf Teller im Altonaer Museum. 2 Mühle im Ziegelwerk eines Altländer Hauses. 3 Huthalter in Schiffsform Kirche zu Allermöhe bei Hamburg. 4 Haus auf Wurt (?), Malerei von einer Sylter Stubentür.

wohl zu vermuten wären. Auf einer Hutschachtel fand ich wenigstens einmal unter der Figur eines Postreiters die Worte (wohl auf Waterloo anspielend):

„Den Würger hat der Spieß getroffen,
Nun können wir auf Frieden hoffen.
Anno 1815. 26. Juni."

Alte Soldatendarstellungen finden wir ja in Figuren der Schnitzerdörfer. Auch sonst könnte man hie und da vielleicht Soldatenfiguren (Abb. 66_3) dahin rechnen. Auf einer Vierländer Truhe fand ich einmal einen russischen General, ich glaube Paskiewitsch stand darunter, dargestellt. Bisweilen scheint dies oder das Gerät benützt zu werden, um irgendwelch besonderes Ereignis der Familie festzuhalten, so wäre es denkbar, daß der berühmte General Paskiewitsch eine Zufallsbekanntschaft des betreffenden darauf stolzen Vierländers war? (sie kamen als Blutegelhändler ehemals viel nach Südrußland; die Abbildung eines russischen Dreigespanns auf einer kleinen roten Holzkiste erinnerte daran, daß sie einst einem solchen Händler gedient hatte). Aber auch sonst finden sich solche Spuren. So fand ich aus Vierlanden einmal einen Stuhl, auf dessen Lehne in Einlegarbeit ein großer,

großer Kürbis dargestellt war — vermutlich das Denkmal eines besonderen Prachtstückes des Gartens, ein andermal war's ein sich bäumendes Pferd, auf das der Züchter wohl stolz war (Abb. 71_5).

(Naturmotive.) (Abb. 70—75).

Die den Bauern umgebende Natur spielt selbstverständlich eine große Rolle. Die Landschaft selbst am wenigsten; so wundervoll der Bauer es verstand, sein Haus der Natur anzupassen, indem er es so stellte und so gestaltete, daß es die Reize der Landschaft erhöhte, so wenig besaß er die Neigung und Fähigkeit, die Reize seiner eigenheimatlichen Landschaft zu schildern, und legte er Wert darauf, sie von dem Maler, der ihm seine Stube bemalte, darstellen zu lassen. Nur ab und zu erblicken wir sie einmal verwandt. Wenn landschaftliche oder halb architektonische Bilder vorkommen, sind es wenig sagende Phantasiestücke, wie man sie im 18. Jahrhundert auch in Stuben der Bürger hatte — so in den derbbunten Sommerstuben der Elbmarschen, auf Sylt, in Oberbaiern u. a.

Kleine landschaftliche Motive, Mühle, Brunnen, finden sich gelegentlich, z. B. auf den Fichtelberggläsern, das Schiff an den Küsten oder an Flußufern (vgl. Abb. 66_1, 46_2 und 170_2). Eine Sache für sich sind die kleinen Hausmodelle der oberbairischen u. a. Schnitzer.

Den Tieren des Hauses sowie denen in Feld und Wald und Wasser begegnen wir häufig (Abb. 46_1). Wir sehen das Roß am Pfluge, unter dem Reiter oder auf der Weide, ebenso Rind und Schaf, wir sehen den Hund seinen Herrn auf die Jagd begleiten, auf Hirsch und Reh und Eber und Wildgeflügel. Hahn und Henne, Gans, Ente, Taube, Truthahn, Pfau sehen wir sich ergehen, der Storch gesellt sich dazu (in Vierlanden [Abb. 78_4] als Giebelschmuck eines Heubergs), die Schlange (als ausgesägte Stuhllehne besonders), die Schnecke (auf Vierländer Spiegeln). Im Gebirge finden wir Gemse, Adler, Birkhahn verwendet, in Ostpreußen auch wohl den Elch (und, wie's heißt, Katzen, Maus im Maul, als Giebelschmuck auf der kurischen Nehrung), an der Küste Möwen, das Schiff umflatternd (Abb. 46_2), sowie Fische. Ja, selbst der Walfisch spielt hier eine Rolle, zur Erinnerung an den ehemaligen Walfischfang in den grönländischen Gewässern hat dieser oder jener Friese ihn wohl auf seinen Schrank geschnitzt. (Nebenbei sei bemerkt, daß Walfischknochen auch als Werkstoff eine Rolle spielen, man hat solche zersägt in Hamburgs Umgebung und anderswo an den Küsten wohl als Zaun oder Kantsteine (Abb. 89_5) verwandt oder die beiden gewaltigen Unterkieferknochen als Schmucktore am Garteneingang aufgestellt.) Natürlich sind die Tierformen nicht zoologisch und anatomisch getreu dargestellt — lustig ist das Geweih des Hirsches übertrieben, sind Pfau und Truthahn stilisierend vereinfacht, sind den Tieren Rosetten, Streifen u. a. Schmuck auf den Leib gemalt — ganz wie alte und orientalische Zierkunst (z. B. in den Teppichen) es auch tat und tut. Scherzhaft könnte man hier einzelne Namen mitanführen, die im Böhmer Wald die Spitzenklöpplerinnen einigen Formen in

1

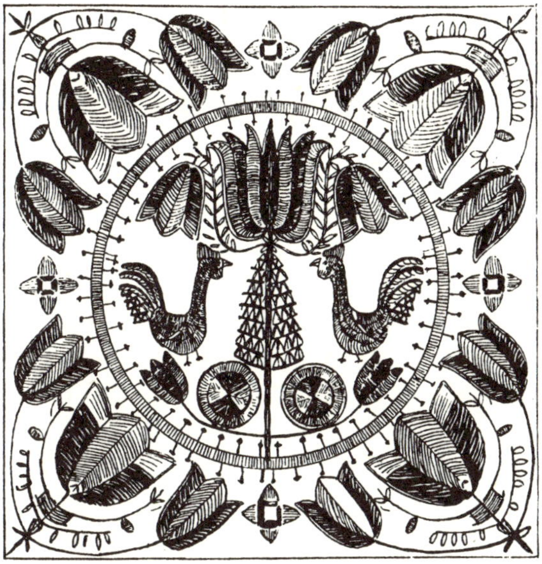

2

6

7

3

8

4

Abb. 71. Tiere im Zierwerk.

1 Mangelbrett mit Möwen, schleswigsche Westküste. 2 Kissenstickerei mit Hähnen, Wilstermarsch. 3 Vögel und Trauben, bemalte Flachschnitzerei von einem Schrank, Süd-Hannover. 4 Gemse, Pfauenfederstickerei von einem Tiroler Gürtel. 5 Vierländer Stuhllehne. 6 Gemse, Zinnägel von einem Tiroler Gürtel. 7 Elch von einem litauischen Spinnrad. 8 Walfisch von einem geschnitzten Schrank, Hallig Hooge. (1, 2 Museum Altona, 4, 6, 7 Volkskundesammlung Berlin.)

5

Abb. 72. Köpfe als Abschluß.

Pferdekopf aus Messing an einem Joch, zwei drollig einfach in die Pfosten einer Tür in Deisel eingeschnittene Köpfe, Pferdekopf an einer Stalltür, alle Hessen-Nassau.

ihren Spitzen geben: Gänstatscher, Ochsenaugen, Bärenpratzen, Otterngangl oder Schlangerln, Fische, Spinnen, Schnecken u. s. w., sie weisen so ein bißchen jawohl auf ornamentales Erfassen des Tieres hin.

Endlich hat der Bauer in die ihn umgebende Pflanzenwelt keck hineingegriffen, um Ziermotive zu gewinnen. Insbesondere natürlich drängten sich ihm die schönen, groß- und buntblumigen, zum Teil mit schon alten sinnigen Vorstellungen verknüpf-

Abb. 73. Verschiedenartig stilisiertes pflanzliches Zierwerk.

1 Fast noch nordisch-romanisch erscheinendes Astschlingwerk von einer Truhe im Museum Flensburg. 2 Tulpe von einer hessischen Truhe. 3 Drei hessische Kratzputzblumen. 4—7 Schnitzereien von Altländer Türen. 8 Herz mit Blumen, Malerei von einem sächsischen irdenen Teller.

1

2

Abb. 74. Naturalistische Blumen im Zierwerk.

1 Blumenstrauß von einem Spreewälder Schrank (Volkskundesammlung Berlin). 2 Eiserne, bunt bemalte Huthalter in der Kirche zu Altengamme, Vierlande. 3 Girlande um ein Bildnis von einem Bett. 4 Salzfaß mit Blumenmalerei. (3, 4 Volkskunst-Verein Feuchtwangen.)

4

3

ten Pflanzen seines Gartens auf, die Rosen, Nelken, Feuerlilien, Iris, Akelei, Ringelblumen, Mohn, Tulpen, Klatschrosen, Narzissen, Astern, Maiglöckchen, Veilchen, dazu kommen einzelne andere, wie Vergißmeinnicht, Efeu, Eiche, Wein und Korn. Wir sehen sie streng stilisiert, ja schwer erkennbar umgebildet oder naturgetreu dargestellt, aus einem Blumentopf steif aufwachsend, als Bäumchen gebildet, zu Ranken gelegt, als Streumuster zu Kränzen gebunden, zu Sträußen geordnet, in einer Vase („Krutpott" in Vierlanden genannt) oder einem Korb steckend u. s. f. Auch das Obst findet Verwendung, zumeist in einem Korbe liegend (Abb. 53, 55, 56, $71_{2, 3}$, 149, 166, 170_{3}, 192 u. a., Tafel 4, 5, 9, 10).

Die ornamentale Verwendung der natürlichen Blume ist außerordentlich groß, die Natur war für den Bauernkünstler ja die nächstliegende Vorbildersammlung, namentlich der Blumengarten am Hause ersetzte ihm das, was der städtische Handwerker in seinen Ornamentstichen an Vorlagenvorrat in der Werkstatt hatte.

Abb. 75. Der „Krutpott" (d. i. Blumentopf) der Vierländer Holzeinlagen. Beispiel für Veränderung im Anschluß an städtischen Stilartenwechsel.
1 Barockstil. 2 Übergang zu deutlichen Pflanzenformen. 3 Rokoko, naturalistische Blumen. 4 Zopfstil, regelmäßiger gestellt. 5 Vase in strenger klassizistischem Stil.

Außerdem standen ja gerade auf dem Lande Pflanzen und Menschenleben, Erwerbs- wie Gemütsleben in engsten Beziehungen.

Auch hier seien scherzhaft ein paar Namen von Spitzen angeführt: Rosenkranz, Hollerblüten, Veigerl, Kornähren, Rosmarinsträußel, Klee- und Efeublätter u. a.

(Landeswappen.)

Wie der Bauer gern die Stammeseigenart betont, so ist er auch in seiner Kunst ein guter Patriot. Gern verwendet er das Wappen seines Landes (so das Hamburger und Lübecker Wappen in den beiden Städten früher gehörenden Vierlanden, im Gegensatz dazu in kleinen davon umschlossenen, ehemals hannoverschen Landstücken überall das hannoversche springende Pferd; im Lippeschen Rose und Stern des Landeswappens an Türbalken oder -stürzen), insbesondere erfreute sich der Doppeladler, das Symbol des heiligen römischen Reiches deutscher Nation, einer außerordentlich großen, allgemeinen Beliebtheit. Namentlich als Schnitzerei der Rücklehne der Brettstühle ist er beliebt (Süddeutschland), als Holzeinlage, in der Stickerei, in Eisenarbeiten (z. B. Kucheneisen), als Beschlag (so auf Sylt) kommt er vor, außerdem viel in den Familienwappen der freien norddeutschen Bauerngeschlechter Wurstens, Hadelns, Ditmarschens u. a., da bedeutet er eben die Reichsfreiheit. Den österreichischen Doppeladler finden wir in Tirol, Steiermark, Siebenbürgen und in ehemals österreichischen Gebieten, z. B. im Schwarzwald. (Abb. 76, auch 142_{15-18}).

(Verwendung von Schrift.)

Eine gern und gut benützte Zier bildet die Schrift; nicht nur, daß die Buchstaben hübsch geformt sind — selbst die flotte englische Schreibschrift mit reicher Schnörkelei beherrschen z. B. Vierländer Tischler meisterhaft — vielmehr ist auch die Anordnung stets eine vortreffliche, höchst wirksame. Ob

Abb. 76. Landeswappen im bäuerlichen Zierwerk.

1 Doppeladler. Schrankbeschlag zu Morsum, Sylt, 18. Jahrhundert. 2 Vierländer Huthalter mit lübischem Adler. 3 Nassauischer Löwe, Wirtshaustür, Westerwald. 4 Österreichischer Adler von Gürtel aus Siebenbürgen (Volkstrachtenmuseum Berlin).

Abb. 77. Verwendung von Schrift.

1, 2 Monogramme TW und HAB von Huthaltern in der Kirche zu Curslak, Vierlande. 3 Spruch auf Teller (Museum Altona). 4 Monogramm AH auf schleswigscher Stuhllehne (Museum Altona). 5 Buchstaben in Vierländer Einlegearbeiten. 6 Mitte eines Vierländer Kissens. 7 Schloßblech, Sylt. 8 Gürtel mit Metallbuchstaben beschlagen (Volkskunst-Verein Feuchtwangen).

es sich um ein Monogramm handelt (besonders gern wird es mit linker Wiederholung in Spiegelschrift benützt), das in eine bestimmte Flächenform einzufügen ist, oder um einen Spruch, oder um kreisrunde oder andere Anordnung, ob nur um eine ganz einfache Darstellung, wie in Abb. 77 $_6$ — immer ist der erste Eindruck, den wir erhalten, der einer schön wirkenden Verzierung — erst in zweiter Linie sehen wir, daß es eine Inschrift ist (s. Abb. 199, Tafel 10 $_4$ u. a).

Überall begegnen wir der Verwendung der Schrift; außen am Hause finden wir kurze oder gelegentlich eine große Reihe aneinandergehefteter Sprüche (vielleicht um's ganze Haus herum!) — ein Beispiel aus Röllshausen (Schwalm):

„Kronen soll der tragen, der des Kreuzes plagen in Geduld besieg fröhlich ausgehalten und Gott lassen walten.“	daneben	„Wo Fride und Einigkeit Regirt	da ist das gantze Hauß gezirt. 1814“

Innen in der Stube desgleichen, und an Haus wie Gerät Monogramm, Namen, Jahreszahlen, auch Hausmarke, die Eigentümer und Eigentum verbinden.

Während sonst die Künstler der Bauernkunst ihre Namen auf ihren Werken nicht nennen, steht neben dem Namen des Besitzers an den Häusern nicht selten auch der des Zimmermeisters, z. B. in Werentrup (Lippe):

„Adam Thom Uphave heft mi gebouwt,
M. Karl Steinhage mi gehouwt
a. D. 1588. 20. Juni.“

oder:

„Johan David Höger, Christiane Regine Louise Krüger“

und darunter:

„Meister Heinrich Feit Anno Dmni 1804“

Schließlich spielt Schrift ja auch noch in allerlei Papierkunst eine Rolle, auf Liebes-, Patenbriefen u. dgl., wo zu dem städtischen Druck der Umrahmungen und Darstellungen das eigene Anbringen von Schrift hinzutreten mußte. Wer das besorgte? — vielleicht gab es Schriftkünstler im Dorf, war's hier der Handwerker, der Lehrer, da eine Frau?, die der Schrift vielleicht selbständig allerlei Schnörkel- oder sinnbildlichen Zierat hinzufügten.

(Humor.)

Man könnte zusammenfassend von allen genannten guten Eigenschaften, von der Zweckerfüllung, Unbefangenheit, Formen- und Farbenfreude, Sinnigkeit u. s. w. sagen, die Bauernkunst besitze in hohem Grade das, was eine Hauptgrundlage aller Kunst ist: Humor in bestem umfassendsten Sinn schöpferisch froher Laune.

Aber auch in engerem Sinne können wir ihn natürlich überall beobachten, die Schalkhaftigkeit, die in den Gebräuchen und Festen, in den Sprichwörtern, Dorfneckereien u. a. ihr Wesen treibt, lacht uns auch in der bäuerlichen Kunst entgegen. Freilich, salonfähig, zimperlich ist sie nicht immer, urwüchsig, derb kann sie werden —

Abb. 78. Humor in Darstellungen und Technik.

1 Warnung vor dem Fuchs! Kratzputz an Hühnersteige, Hessen-Nassau. 2 Hockende Gestalt an Türvorbau, Niederkleen, Hessen-Nassau. 3 Frauenkopf an einer Bankwange, Vierlande. 4 Aus Haselruten geflochtener Storch auf einem Vierländer Heuberg. 5 Stuhl mit Spatzen auf der Rücklehne, Schwalm, Hessen-Nassau, erinnernd an Adler auf mittelalterlichen Fürstenstühlen, vgl. Nebenabbildung nach einem Siegel. 6, 7 Igelkrüge (Museum Leipzig). 8 Ostfriesisches Stövken mit Köpfen.

dafür sinkt sie auch nie herab zu dem, was man in der Stadt vielfach unter „hochoriginellem" oder „urkomischem Humor" versteht.

Da finden wir lustige Sprüche an Haus und Gerät, so am Hause:

„Was stehst und luegst an?
Mach's besser, wer kann."

„Bewahr uns Gott vor theurer Zeit,
Vor Maurer und vor Zimmerleut."

Auf einer Wandplatte (Baden):

„Wer wil mausen,
Der bleib drausen,
Unsre Kaz kann selber mausen."

Auf einem Krug lesen wir:

„Wer am Werchtig schafft
Dem git der Rebensaft
Am Sunntig neue Kraft."

oder

„'Ne freudig Stündle
isch's nit e Fündle?"

Auf einer Schüssel lesen wir den geradezu tiefsinnigen Spruch:

„Das Leben ist ein Sauerkraut,
Wohl dem, der es gesund verdaut."

Auf einem Teller:

Abb. 79. Sonderbare Ornamentik.
Links: Von einem Schrank in Süd-Hannover. Rechts oben: Kapitäl von einer Altländer Tür. Rechts unten: Von einem Wandschrank im Museum zu Bielefeld.

„Unsre Magd läuft hin und her
Und brummt im Hauss alss wie ein beer."

Auf westfälischen Salzfässern:

„Ich bin der Man,
Der die Speisen bessern kan."

oder

„Ho, wat gehöret hier alle to."

Auch die Liebe ist mit allerlei Humor verbunden — da lesen wir z. B. auf Ostereiern des Böhmer Waldes:

„Buawl, warst umatum recht.
Tonzen tatst a net schlecht
Owa mit da Aufrichtikeit
Da fahlts' weit."

oder

„Bin i kloa, bist du kloa
So heirat ma zom
Kriagst du a kloas Weiberl
Un i a kloan Mann."

Keck treibt die Schalkhaftigkeit selbst mit Ernstem ihr Spiel, so in einer Aufschrift eines Kirchhoftores:

„Hier ligget_use leiven Olen,
Herr lat se die sien wohl befohlen,
Denn wenn se sollden wedder uppstahn,
Sau müßten wie alle von Hus und Hof gahn!" (Das Land.)

Ja, die Heiligen selbst müssen es sich wohl gefallen lassen, daß einer ganz keck an sein Haus schreibt:

„Dies Haus steht in St. Florians Hand,
Verbrennt es, ist's ihm selbst ein Schand!"

Das zweite Gebiet, in dem der Humor besonders deutlich fröhliche Blüten treibt, ist das tierische und figürliche Zierwerk.

Ein kleiner kreisförmiger Aufsatz auf den Rückpfosten eines Stuhles wird lustig zu einem dicken Spatz umgedeutet und verspottet so förmlich gewisse mittelalterliche Thronsitze, die an der gleichen Stelle mit Adlern geschmückt sind (Abb. 78_5). Dem Vierländer, der seinen Heuberg mit Stroh gedeckt hatte, fiel es plötzlich als lustiger Spaß ein, sich ein paar Haselgerten herauflangen zu lassen, und daraus, eins, zwei, drei, einen Vogel Adebar herzustellen, der nun vergnüglich auf dem spitzen Dache saß. Lustig ist die deutliche Warnung vor dem bösen Fuchs an einer Hühnersteige — lustig schmücken Köpfe das Hoftor, Stalltür, Banklehnen und allerlei Gerät, scherzhafte Fratzen sind an Konsolen, Eckpfosten u. dgl. eingeschnitzt. Hier ist ein ins Horn blasender Jäger zum Schloßblech geworden, dort schießt einer auf einer Windfahne in die Luft, da ist ein Stützbalken harmlos vergnüglich zu einer hockenden Figur umgebildet. U. a. m. (S. Abb. 78_2.)

Und auch in der Technik finden wir den Humor: als technischen Witz!

(Technik.)

Die bäuerliche Technik ist verschiedentlich schon gestreift worden, nur ein paar Worte daher noch über sie. Es sind uralte Techniken drunter, uralt drolliges Werkzeug und Werkstoffe, wie die Mohrrübe, mit der die Wände „gestippt" werden, wie der Sand, mit dem Muster auf dem Fußboden oder an der schwarzen Wand hinterm Herd erzeugt werden, oder wie Ochsenblut oder Kienruß und Buttermilch als Malmittel! Uralt sind Kerbschnitt, Holzbeugen und Verschränken, Punzung,

Zu Abb. 80. Seite 113. Verschiedenartiger Kerbschnitt.

1 Einfache Kerben, Vierländer Lade. 2 Kerben, Schnittbögen und Punzen, westfälische Truhe. 3 Schuppenkerbung, Türpfosten, Wetterau. 4 Kerbenfüllung, Tür in der Schwalm. 5 Flachkerbung in der Blume, Stuhllehne, Nord-Schleswig. 6 Bohrkerben, Schnitzerei, Nord-Schleswig. 7 Kästchendeckel aus Hölzchen mit Randkerben. 8 Hutbrett mit einfachen Kerben, Sylt. 9 Ritzkerben, westfälische Truhe. 10 Mit farbigem Wachs ausgefüllte Kerben von Rügener Schwingbrett. 11 Gekerbtes Schlüsselholz, Vierlande (s. a. Abb. 41, $58_{6,7}$, 73_2, 155_6, 162_1, Tafel $8_{4,6,7}$).

Abb. 80.
(Text siehe Seite 112.)

Kratzputz, Strohpanzer des Hauses, Steinpflaster davor u. a. m. Die alten Techniken vereinen sich bisweilen drollig mit später Gelerntem, z. B. hübsch geschnitzte Rokokoform auf altertümlich gepunztem Grund, gepunzte oder gekerbte geometrisierende oder naturalistisch gegebene Blumen, Profilierungen, durch tiefe Kerben verziert u. a. Abgesehen von flüchtigen Zwecken ist die Technik der Bauernkunst natürlich meistens bäuerlich, etwas grobdrähtig, oft drollig, lustig, ja putzig, z. B. wenn sie für einen Türbogen zum Teil (Abb. 48) einen krummen Balken nimmt oder in einem am Berg liegenden Haus so einen benützt, aber immer ist sie dauerhaft, für die Ewigkeit berechnet — indes kommen bisweilen auch sehr flotte, zierliche Techniken vor. Während manche Techniken überall ähnlich sind, wie z. B. die Holzverbindung der Möbel und auch die Blumenbehandlung in der Malerei überall große Ähnlichkeit aufweist, finden sich anderseits bisweilen Techniken, die in einer Gegend ganz besonders hervorragend ausgebildet sind, z. B. die von Ort zu Ort oft recht verschiedene Technik des Kratzputzes in Hessen-Nassau (Abb. 53, 105—107), der Kerbschnitt in Nordfriesland, die Rillung auf westfälischen Möbeln mit Kerbung dazu (Abb. 43), die Vierländer Holzeinlegearbeit und Kratzputztechnik (Abb. 45), die Schnitzart der Wilstermarsch (Abb. 34), die die Wirkung reicher paralleler Furchung des einzelnen pflanzlichen Zierwerkes liebt, wie ferner die Knüpfarbeit der schleswigschen Dörfer Viöl und Langenrehm (Tafel 10), die sogar in jedem der beiden wieder verschieden ist. U. a. m. Bisweilen sind eigenartige Techniken und Muster aus dem Wunsche hervorgegangen, eine städtische Sache durch eine ihrer Wirkung angenäherte Nachahmung zu erhalten. So z. B. in eigenartigen Flachstickereien auf Vierländer Kissen, auffallend u. a. durch die Ausfüllung großer Flächen des Musters (Herzen, Blumen u. a.) durch in drei Richtungen übereinandergelegte verschiedenfarbige Fäden. Die zu großblumigen Formen neigende Art des Musters weist etwas auf die Barockzeit hin, die Zeit, als in Hamburg großblumige, gern auch einen Papagei verwendende Gobelinkissen gewebt wurden. Aus dem Jahre 1696 stammt nun ein Kissen in der Kirche zu Kirchwärder, bezeichnet Barber Benkens, grobe Plattstickerei, als Muster große Tulpen und Nelken und ein Papagei, der Kirschen frißt — ob es fehlgeraten ist, wenn man darin einen Versuch der guten Frau Barber Benkens sieht, ein solches Hamburger Kissen einigermaßen ähnlich nachzumachen, so gut's ging? Und ob das die Anregung zu jener Eigenart war? (Abb. 45_7, 57_8 u. 171.)

Viele Techniken, die wir Städter nur in gleichmäßig derselben Ausübung kennen, sind in der Bauernkunst außerordentlich vielseitig; als Beispiel möge der Kerbschnitt in Abb. 80 dienen.

Ein anderes scherzhaftes Beispiel liefern die „Eierretzerinnen" des Böhmerwaldes, die geschickten Frauen, die die Ostereier schmücken — wir lesen, daß sie die Eier mit Wachs verzieren und dann färben, so daß die Verzierungen weiß bleiben, oder den gefärbten Zierat auskratzen, ausfeilen, ausschleifen, ja, mit Gold schmücken oder durch Einlegen in Ameisenhaufen „griserlt", d. i. gesprenkelt herstellen!

Als eigenartige, echt ländliche Technik seien hier noch angeführt allerlei Arbeiten aus Holz, Rinden, Baumwurzeln oder Holzschwamm (Kappen!), Stöcke aus eigens gepflegten Wacholderstämmen, ja sogar aus Stämmen der Königskerze! u. a., wie's von den Waldlern und Holzbezlern des Böhmer Waldes berichtet wird. — Es sind ganz hervorragend technische Kunststücke drunter, wie z. B. die Herstellung einer Taube mit offenen Flügeln und Schwanz aus einem einzigen, gut spaltbaren Stück Holz! Auch der „Schöttelkranz", ein aus lauter kleinen, ineinander verschränkten Holzstückchen gefügter Topfuntersatz der Schäfer in der Lüneburger Heide, ist so ein Kunststück! (Abb. 156_4.)

Abb. 81. Kleine Zweckmäßigkeiten in der Bauernstube.

1 Stubentür, zwecks Wärmeschutz dicht mit Strohzöpfen benagelt, Westerwald. 2 Lüftung durch Öffnung mit Schieber in der Decke, Holstein. 3 Durchbrochene Wand zwischen Stube und Kammer, Hessen-Nassau. 4 An der Decke befestigter, drehbarer Arm zum Aufhängen des Lämpchens, Rheinland u. a. 5 Treppe zur „Upkamer", Ostfriesland, aufklappbar — die Stufen für sich auch! — so daß darunter die Treppe zum Keller frei wird. Die schwarzen Halbovale darüber sind gemalt. 6 Rollhandtuchhalter, Lüneburger Heide.

7 Klapptischchen, Wewelsfleth, Holstein. 8 Küchenstuhl, zugleich Haublock, Westerwald. 9 Grützteller, darin Buttertopf, Holstein. 10 Löffelhalter aus Messing. 11 Hölzerner Bettwärmer, Ostfriesland. 12 Brothalter, Hessen-Nassau. 13 Herdstülpe, Schleswig. 14 Leuchter aus Ton, Hallig Hooge. 15 Frauenholzschuh, Insel Neuwerk.

Abb. 82. Straße in Trimberg, Unterfranken.

Unsere Bauernkunst in ihren einzelnen Erzeugnissen.

Wir marschieren auf ein Dorf zu — auf so oder so gestalteter und geschmückter Straße, sei's eine große Allee, wundervoll geschlossen, wie ein grüner Tunnel, sei's eine locker mit zierlichen Birken gezierte, sei's ein fein und lustig geschwungener Fußweg durch's Korn — es ist schon allerlei schönes Bäuerliches drunter, aber wir beginnen unsere Betrachtung der Bauernkunst doch wohl erst mit dem, was uns an bäuerlicher Kunstleistung in engerem Sinne zuerst entgegentritt, wenn wir uns einem Dorfe nahen, mit der Feldeinfriedigung.

(Feldeinfriedigung.)

Wir haben es in ihr mit einem der ältesten „Kunsterzeugnisse" zu tun. Schon im Nomadenzustande ist der Mensch ja öfters genötigt, an Einfriedigungen zu denken, sei es, um das Vieh abzusperren, sei es, um sich zu schützen. Der leichtgeflochtene Zaun, wie auch der Wall, sehen auf eine in grauester Vorzeit beginnende Geschichte zurück, und zwar haben sie sich seitdem am wenigsten unter allen Bauernkunstgegenständen von ihren Urvorbildern entfernt. Feldabschlüsse von heute und Feldabschlüsse, wie sie die ältesten Abbildungen des 15. und 16. Jahrhunderts zeigen, gleichen sich vielfach, wie ein Ei dem anderen (Abb. 4_1, 8 u. 85).

In einzelnen Gegenden Deutschlands, in den Marschen, besorgen den Feld- und Wiesenabschluß ganz von selbst die Gräben, die zur Entwässerung des neu-

Tafel 8.

Farbige Bauernmöbel u. dgl. (18. und 19. Jhdt.).

Texte siehe Rückseite

Tafel 8.

Farbige Bauernmöbel u. dgl. (18. und 19. Jhdt.)

1 Stark bunte Tür in Röllshausen (Schwalm, Hessen-Nassau).

2 Schinkentellerbort in Rot und Schwarz mit weißen Knochenknöpfen (Lüneburger Heide).

3 Seitenende einer großen Altländer Bank von 1791, kräftig rot mit geschnitztem und bunt bemaltem Zierwerk.

4 Schwingebrett mit leicht gekerbtem und mit buntem Wachs ausgefülltem Zierwerk, Rügen.

5 Nähkasten in zweierlei Grün mit roten Kanten. Buchstaben erhaben auf vertieftem Grund; ebenso der große vierstrahlige und der kleine Stern oben. Insel Röm 1796.

6 Brautstuhl aus der Schwalm (Hessen-Nassau), weiß gemalt mit eingetieftem und eingekerbtem, bunt bemaltem Zierwerk.

7 Sylter Truhe von 1761 mit geschnitztem und bemaltem Zierwerk mittelalterlichen Stils. Punktreihen und Sterne gepunzt.

3, 4, 5 aus der Staatlichen Sammlung für Deutsche Volkskunde, Berlin.

eingedeichten Landes gezogen werden mußten, nur in den Sperrungen der Zugänge muß man an Abschlußmittel denken: da sehen wir kleine Sperren oder Hecks, große, aus Latten, Brettern oder Balken gefügte, um eine Achse drehbare Türen. An den beiden Enden wird der Abschluß durch Büsche oder kurze, einfache, oft fächerförmige Lattenzäune gebildet; in Winkel gelegte schmale Bretter, Övertreed oder Ümtreed, gestatten dem Menschen Zutritt durch Umgehen dieser Seitensperren, ohne das große Heck erst zu öffnen. Bisweilen ist aber auch gar kein Heck da — ein hochgeklapptes Brett der Bretterbrücke genügt für das Vieh als Sperre (Abb. 83, 84).

Abb. 83. Ostfriesische Hecks mit „Ümtreed".

Kennzeichnend für Schleswig-Holstein, besonders schön in Angeln, wo er geschoren wird wie die Taxuswände eines Parkes, ist als Feldeinfriedigung der Knick, ein Erdwall mit einem darauf gepflanzten Gemisch von Zeit zu Zeit „geknickter", d. i. gekürzter Hasel-, Buchen-, Weißdorn- und anderer Sträucher (gelegentlich auch noch einst eigens verflochten, wie bei mittelalterlichen Landwehren) und an der Straße hinziehendem, durch das Aufwerfen natürlich entstandenem Graben. Den Durchlaß sperrt ebenfalls ein Heck gleicher Art, wie in der Marsch, oder ein geflochtenes, oder Steinsetzungen ermöglichen das Hinüberkommen für die Menschen; es gibt sehr drollige, witzig erdachte Verbindungen von Sperre und Durchlaß. Erdwall und Steinwall (in Hessen-Nassau sah ich einmal Steinplatten als Feldabschluß aufgestellt) kommen wohl vielenorts in Deutschland vor — es sei besonders noch der Mauern und Terrassen der Weinberge z. B. am Rhein gedacht.

Abb. 84. Grabensperren.
1 Ostfriesland. 2, 3 Öderquart, Kehdingen.

All das sind Formen, die mit Kunst noch nicht allzuviel zu tun haben, von einem Kunstwerk können wir erst beim eigentlichen Zaun reden.

Da müssen wir zunächst verstellbare und dauernde Zäune unterscheiden. Zu den ersteren gehören allerlei flüchtige Formen, die zur zeitweiligen Absperrung eines Feldes dienen, wir finden aber auch (z. B. im sächsischen Erzgebirge, Allgäu, Harz) gelegentlich Formen, die in ihrer Nettigkeit und geschickten Herstellungsweise schon etwas künstlerisches Wohlgefallen erregen. Im Erzgebirge bilden den sich wiederholenden Teil zwei kreuzweise in die Erde gesteckte Stangen und eine schräg auf

Abb. 85. Feld- und Hofzäune.

1 „Eekenboltentun", Lüneburger Heide. 2 Zaun in Gümse, Hannoversches Wendland. 3 Tirol. 4 Schweiz. 5, 7 Harz. 6 Hadeln.

sie aufgelegte, im Harz sind die einzelnen zusammenzunagelnden Teile feste, viereckige Rahmen mit vielen quergenagelten und zwei Schräglatten (Abb. 85_7).

Höhere Formen gibt uns der feste Dauerzaun. Die urtümlichste Form sehen wir heute noch gelegentlich in der Lüneburger Heide: einfach kopfüber nebeneinander gestellte ausgegrabene Baumstümpfe, deren Wurzelwerk sich so zu einem undurchdringlichen, natürlichen Geflecht verbindet.

Lieferte hier die Natur dem Bauer auf sehr bequeme Weise (abgesehen von dem Ausgraben, das allerdings manchen Schweißtropfen kostet) einen recht festen Zaun, so mußte er anderswo darauf sinnen, aus dem Holz, das ihm reichlich zur Verfügung stand, einen ausreichend festen Verband, der aber nicht zu viel Arbeit machte, zu bilden. Einmal tat er das, indem er um in die Erde gesteckte Pfosten dünnes Gezweig in wagrechter Richtung flocht (Schleswig-Holstein, Abb. 4, u. a.), oder wie im Außendeichsland an der Elbe bei Wedel, an urtümliche Weise erinnernd, um eingepflanzte Weiden, so zugleich sehr flutsicher! — besonders eigenartig fand ich einen derartigen Zaun mit besonders dickem Wulst oben in dem ehemals wohl wendischen Dorf Gümse bei Dannenberg (Abb. 85,2). Anderswo tat er's, indem er an die senkrechten Pfosten Querstäbe nagelte und diese senkrecht durchflocht (Sachsen) oder noch ein andermal, indem er lange Scheite, Bretter und Stäbe in außerordentlich geschickter Weise durcheinander steckte. Wohl am schönsten ist das im Tiroler Zaun und im „Eekenboltentun" der Lüneburger Heide geschehen — man kann diese zwei deutschen Zaunarten in Hinsicht auf das spröde Material und die damit erreichte Festigkeit getrost Meisterwerke der Flechtkunst nennen. In einfacherer Weise finden wir solches Durcheinanderstecken auch in anderen Gegenden (Schwarzwald, Schweiz).

Wir nahen uns dem Dorfe.

(Dorfanlage.)

Der einsam liegende Hof und das in städtischer Art erbaute Dorf, in dem Haus an Haus stößt, zwischen diesen beiden Endformen liegen die verschiedenen Formen der ländlichen Ansiedlungen. Die Einzelansiedlungen sind verschieden in Art und Ursprung. Einmal hat die ganze Bevölkerung Vorliebe für diese Ansiedlungsart, um den Hof gruppiert sich zusammenhängend das dem Besitzer gehörende Land, es stößt an die Ländereien der Nachbarn, die wieder inmitten derselben wohnen (Westfalen, Lüneburger Heide). Ein andermal ist aus diesem oder jenem Grunde nur Platz für eine einzige Ansiedlung vorhanden (Hallig, Einödhöfe im Gebirge). Ein drittes Mal verdankt die Einzelansiedlung einem besonderen Zweck ihren Ursprung (Straßenwirtshaus, Försterei, Mühle).

Vom Beieinanderliegen zweier oder dreier Gehöfte an, seien es ein Hofbauernhaus und ein paar Taglöhnerhäuser oder mehrere Bauernhäuser, vergrößern sich die Gruppen: Vorwerk, Weiler, Gutsdorf, Dorf, Kirchdorf, Flecken, Ackerbauerstadt ohne oder mit Stadtrecht, Landstadt mit noch stark vertretener Bauernbevölkerung, halbländlicher Vorort einer Großstadt, so geht die Stufenleiter. In der Anlage dieser Gruppenansiedlungen ergeben sich aus den Verschiedenheiten der Gesamtanordnung (infolge der Gründungsart und -zeit, sowie der Stammes-, Platz- oder Entwicklungsverhältnisse) verschiedene Formen, insbesondere unterscheiden sich das Haufendorf mit regelloser Anlage, enges Haufendorf oder verstreutes (so z. B. im schlesischen Gebirge), das Ringdorf der ehemaligen Germanen-Slawen-Grenze und das Straßendorf der Marschen (Einstraßendorf) und Gebirgstäler (hier oft eine eigene Art, das verästelte Straßendorf oder Mehrstraßendorf). Weitere Verschieden-

Abb. 86. Dorfstraßen.

1 Friesische baumlose Straße mit verstreuten Häusern (Häuser längseit an der Straße, Sylt). 2 Niedersächsische baumreiche Straße in welliger Gegend, Häuser wenden Giebelseite mit Einfahrttür der Straße zu (Stormarn). 3 Schwarzwälder Straße in enger Talsohle, Häuser höher als diese. 4 Tiroler Straße in Pfunds, Häuser teils hoch, teils in der Talsohle. 5 Altländer Straße, Höfe durch Gräben von der mi Klinkern gepflasterten Straße getrennt. 6 Niedersächsischer Flußdeich mit tief liegenden Häusern, abwärts führende Wege oder Treppen beiderseits, auf dem Deich Deichbank. Siehe ferner Tafel I, Abb. 22—24, 88—91, 93 und folgende.

heiten in der Dorfanlage ergibt die Lage von Haus zu Haus. Hier sind die Nachbarn durch weite Räume, ausgefüllt von Hof, Garten und Feldern, getrennt (Niedersachsen), da nur durch schmalen Hof (in Thüringen u. a.), hier endlich stößt Haus an Haus, getrennt nur durch ein unter dem Oberstock durchgehendes Hoftor (Wetterau u. a. [Abb. 101_2]) oder hart nebeneinander, indem der Hof hinter dem Hause liegt und von einer Zufahrtstraße, die hinter den Häusern herläuft, zugänglich ist, oder indem die Wirtschaftsbauten ganz oder teilweise getrennt von den Wohnungen sind und besondere Stall- oder Scheunengruppen für sich bilden (Hessen-Nassau u. a.).

(Dorfstraße.)

Eine offene Verkehrsstraße (oder ein paar) durchzieht das Dorf — in dem Dorfe Langenrehm bei Harburg in der Lüneburger Heide war sie indes vor vielleicht 50 Jahren noch alle paar Schritte durch ein Heck gesperrt, sie führte nicht zwischen den Höfen hindurch, sondern erst über diesen, dann über jenen, so daß der Wanderer alle Augenblicke überklettern oder ein Heck öffnen mußte. Das Dorf soll auch wenige Jahrzehnte vorher noch durch Wall und Graben abgesondert, nur durch eine Zugbrücke zugänglich gewesen sein (?). Sichtlich war hier ein sehr urtümlicher, wohl auch anderswo ehemals dagewesener Zustand erhalten.

Einmal ist die Straße so eng, daß sich die einander Gegenüberwohnenden aus dem Fenster beinah die Hand reichen können (Gebirge), ein andermal ist sie breiter, jedes Haus hat ein Vorgärtchen oder ein Graben trennt sie von der Straße (Altes Land [Abb. 86_5, 91] u. a.), da wieder ist sie in verschwenderischer Breite angelegt (Haufen- und Angerdorf [Abb. 86_{1-3}]), eine Unterhaltung von Fenster zu Fenster ist nicht denkbar. In den Marschen Norddeutschlands geht das ebenfalls manchmal deshalb nicht, weil es kein Gegenüber gibt, wir haben da ja am Meeres- oder

Abb. 87. Hofeinfahrten unter erschwerenden Umständen.
Links: Katzenellenbogen, rechts: Meerschwind, Hessen-Nassau.

Flußufer einseitige Straßen, indem die Häuser fast alle nur an der Innenseite des Deiches stehen. Hier haben wir auch die natürliche Erscheinung, daß die Häuser tiefer als die Straße, d. h. als der ja oft zugleich als Straße dienende Deich, liegen; der Vorübergehende kann bequem durch Fenster und Tür von oben in die Häuser hineinsehen (Abb. 86$_6$, 131). Im Gegensatz dazu treffen wir im Gebirge, wo die Straßen in der Sohle des Tales hinführen, die Häuser erhöht (Abb. 82, 86$_3$).

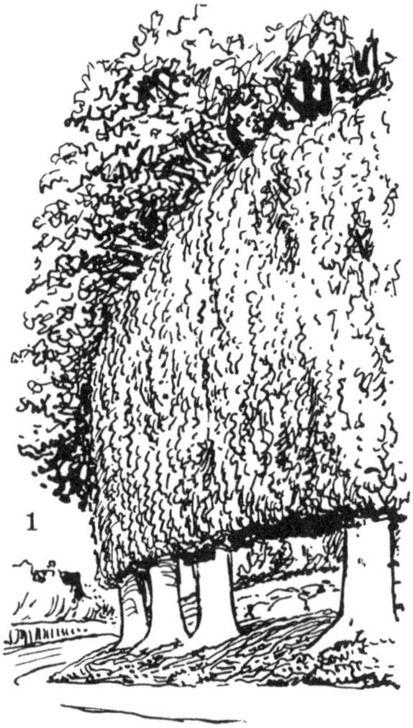

1

3

2

Abb. 88. Beschnittene Bäume.

1 Einfassung des Friedhofs zu Lüdingworth in Hadeln. 2 Ein Stück des Platzes hinter der Kirche, ebenda. 3 Wilstermarschhaus in Wewelsfleth.

Straßen, denen alle Häuser den Giebel zuwenden oder aber die Langseite, oder in denen sich beides mischt, gerade Straßen und gewundene, ebene und steigende, ungepflasterte, seien's solche, in denen Gras oder Heidekraut zwischen den Wagenspuren wächst, oder so eine, wie ich sie in Hessen-Nassau einmal traf, wo der glatte, nackte Fels ein natürliches, unverwüstliches Pflaster war, chaussierte, gepflasterte (z. B. die prachtvollen Klinkerstraßen der niederelbischen u. a. Marschen), kahle, mit Bäumen bepflanzte u. a. ergeben natürlich noch eine ganze Reihe verschiedenster Straßenarten, über die allein ein ganzes Buch zu schreiben wäre. Auch vom Schönheitsstandpunkt aus, z. B. in bezug auf malerisches Aussehen, Mitwirken eines Zielpunktes, der Kirche, eines Berges im Hintergrund u. a.! — einen klein drolligen Abschnitt könnte dabei auch die Straßenecke abgeben in putzig gestalteten Hofformen oder Häuſern mit ſo oder ſo abgeſchnittener Ecke oder nur abgeſchrägtem Untergeſchoß, über das Obergeſchoß und Dach weit überragen, Prellſteine davor (beſonders in Heſſen-Naſſau fiel mir dergleichen auf) (Abb. 87).

Viel trägt zur Straßenſchönheit der Baumbeſtand bei — wir finden ihn

Abb. 89. Hof- und Garteneinfaſſungen.

1 Sylt. 2 Vierlande. 3 Sylt. 4 Altes Land. 5, 6 Gartenpforten, Krempermarſch (in 5 Walfiſchknochen als Pfoſten!).

maleriſch unregelmäßig oder regelmäßig geſtellt als Allee, ſogar (Cadenberge) geſchoren, ſo daß zwei dichte Wände entſtehen können, als ganze Dorfſtraße oder als beſondere auf den zurückliegenden Hof. Eine märchenhaft ſchöne Dorfſtraße bildet zur Zeit der Kirſchblüte der Eſtedeich im Altenlande mit dem Blick in die ein großes weißes Blütenmeer bildenden Kirſchgärten. Schon hier ſpielt auch der Blick auf den Fluß und das Gegenüber eine Rolle, anderswo ſpielt der Bach im Ort oder in den Fehnkolonien Oſtfrieslands der Moorkanal mit ſeiner Hebebrücke eine Rolle im Straßenbild (Abb. 200_3). Auch am Dorfplatz macht Baumſchmuck viel aus, eine große

Gruppe drauf ist ein wahrer Schatz. Dazu eine schön gelegene Kirche als Mittelpunkt des Dorfes (Abb. 183). Eigenartig ist der Dorfplatz der Ringdörfer (Tafel 1) im hannoverschen Wendland, wo alle Häuser mit der Giebelseite drauf zu schauen. Schön eine Platzecke neben dem baumumkränzten Friedhof in Lüdingworth, vor allen Häusern, wie um den Friedhof, geschorene grüne Baumwände! (Abb. 88_1.)

Wir nahen uns dem Hause. In dem einen Orte können wir unmittelbar von der Straße aus eintreten, im andern haben wir erst einen Hof oder Garten zu durchschreiten.

Abb. 90. Hoftore.
1 Niedriges Hoftor, Billwärder bei Hamburg, weiß gestrichen. 2 Doppelhoftor in Niederkleen, Wetterau.

(Hof- und Garteneinfassung.)

Hof und Garten sind abgeschlossen durch Hecke, Zaun, Planke, Mauer u. a., oder gar stolze Baumumrahmung. Auf Sylt treffen wir auf der Westseite besonders auffallende Garteneinfassungen, ohne welche ein Gedeihen der Gartenpflanzen ausgeschlossen wäre: mit Steinen gepanzerte Erdwälle mit hohem Windschutz aus Brettern, Latten oder Knickaufsatz, welch letzteren der Wind eigenartig zustutzt (siehe Abb. 99). Zu gleichem Zweck dienen in Hadeln mehrere Reihen Fichten an der Wetterseite. Eine für das eigenartige Schönheitsgefühl des Landes höchst bezeichnende Hofeinfassung sah ich in Vierlanden: ein paar an Pfosten befestigte wagrechte Bretter nur, und doch in ihrem einfachen Spiel: breit, schmal, mittelbreit von schöner Wirkung. (Abb. 89_2.) Auf der Hecke hie und da einzelne Bäumchen hochgezogen — gelegentlich als Tierfiguren geschnitten.

Der Bauerngarten, in Norddeutschland oft mit den Schutzbäumen zu schönem Ganzen verbunden, ist wohl meistens regelmäßig angelegt, mit geraden Wegen (der Hauptweg in Schleswig-Holstein u. a. wohl mit Klinkern gepflastert), die durch die Teilung entstandenen eckigen oder gerundeten Beete gesäumt mit Buchsbaum, auch wohl eckig gestellten Backsteinen, an der Küste gelegentlich mit von den Seeleuten mitgebrachten ausländischen Meerschnecken, auch weiß getünchten Steinen. In Hessen-Nassau hatte ein Töpfer buntbemalte, glasierte Kacheln als Umrahmung genommen!

Die Blumen sind die uralten: Rosen, Akelei, Goldlack, Ringelblume, Nelken, Levkoien, dazu Tulpen, Päonien u. a.

Besonders zierlich pflegt die Gartentür zu sein, gern mit einem Rosen- oder Weißdornrundbogen drüber (Abb. 89), stattlicher aber ist das Hoftor. Vielfach hat's alte Form (vgl. Abb. 90_2, 9_8 u. 10_6) bewahrt (besonders schön in der Wetterau, in Sachsen, Thüringen, im Alten Lande u. a.): es ist ein hohes, aus Balken fest gefügtes, überdachtes oder gemauertes (gelegentlich schier riesiges), als besonderes Schmuckstück aufgefaßtes Tor mit großer zweiflügeliger Tür als Wagendurchlaß und einer kleinen, in dem einen Flügel enthaltenen oder neben der großen Tür angebrachten Personentür. Über der letzteren entsteht infolge ihrer geringeren Höhe ein leeres Viereck, das in verschiedenster Weise durch verschränkte Hölzer, ausgesägte Bretter u. dgl. hübsch ausgefüllt wird, obendrein sind sie (vor allem in der Wetterau), wie die ganzen Umrahmungsbalken, mit kerbschnittartigen, auch bemalten Verzierungen ausgeschmückt: zu denen Namen, Sprüche, Herz und glückbringende Zeichen hinzutreten: Sonne oder das uralte Sinnbild des Sonnenrades, das Hakenkreuz (in gerundeter Form), Sechsstern, sowie der Hirsch (ob in Anspielung an den Spruch: Wie der Hirsch schreit nach frischem Wasser, so schreiet meine Seele nach dir?) (Abb. 3_5, 52 u. 61_{10}). Meist sind die Flügel aus Brettern dicht gefügt, bei den Altländern — die sie von Brabant mitbrachten, denn sonst sind sie im rechts- wie linkselbischen Niedersachsen nicht in dieser Form vorhanden (einmal am Friedhof Curslak, Vierlande) — bestehen sie aus dicht gereihten, senkrechten Latten (Abb. 16_7). In Westfalen u. a., im besonderen noch auf großen adeligen Gutshöfen, ist aus dem Hoftor ein ganzes Torhaus geworden, auf das die Grabenbrücke so eines grabenumgebenen Gehöfts zuführt. Die niederen Hoftore Vier-

Abb. 91. Grabenbrücken.
Oben: Hollern, Altes Land. Unten: Hadeln.

landens, Holsteins, Sachsens u. a. sind den Gartentüren verwandt, aus Stäben, Brettern und Querbalken bald anmutig, bald schwerer gefügt, auch wohl beschnitzt; besonders schön ausgebildet sind oft die Pfosten oder steinernen Pfeiler mit hübschem Aufsatz. Im Alten Lande steht an einem Tor: „Wir haben hier keine bleibende Stätte, sondern die zukünftige suchen wir." Andernorts finden wir im Schlußstein gemauerter Tore Wappen, Hauszeichen u. dgl. Hübsche Grabenbrücken bieten die niederelbischen Marschen. (Abb. 90, 91 u. 100.)

(Bauernhausarten.) (S. Abb. 92.)

Und nun stehen wir vor dem Hause, dem größten, hauptsächlichsten Gegenstand der Bauernkunst, dem, der auch bislang die meisten Blicke auf sich gezogen und Bahn gebrochen hat für eine gerechtere Würdigung der Bauernkunst. Die Zeiten, wo man's durch „stilvolle", im Anfang des 19. Jahrhunderts gar „antike" Verschönerungen „heben" zu müssen meinte, sind vorbei! Heute verstehen wir seine Sprache und ehren sie in ihrer Kraft, ihrer Wucht, ihrer Ehrlichkeit! Lesen ihm die Lust an Sonne, den Trotz gegen das Wetter und auch gegen die Zeit, die Freude am behaglichen Inneren usw. usw. ab und fühlen's alles feinschmeckerisch nach!

Die verschiedenen Arten des einzelnen Bauernhauses, in ihrer Verschiedenheit einer der besten Beweise für den starken Reichtum des deutschen Volkes an Eigenart, liegen zwischen drei Grenzpunkten. Den einen bildet das ebenerdige, einräumige, lang-viereckige Haus, das allen Zwecken, dem Wohnen, dem Verwahren des Viehs und der Vorräte dient, ohne die verschiedenen, dazu dienenden Winkel oder Flächen durch feste Wände voneinander zu trennen. Die beiden anderen Endpunkte ergibt der Wunsch, dieses Einhaus zu gliedern, die verschiedenen Teile in ihrer verschiedenen Bestimmung voneinander abzusondern, der eine äußerste Lösung einerseits im mehrstöckigen Hause, anderseits im zerteilten Hause findet. Dazwischen liegt eine ganze Anzahl verschiedener Lösungsversuche.

Am nächsten dem erstgenannten Pole stehen oder standen, neben urtümlichen Senn- und Holzerhütten, Schafställen der Heide (Tafel 2, oben) u. dgl., die ja keine eigentlichen Bauernhäuser sind, vereinzelt vielleicht erhaltene Häuser in Holstein, Saterland und Holland.

Da sehen wir einen großen, durch keine festen, großen, durchgehenden Wände geteilten Raum. Das eine Ende dient als Stallung, rechts und links von einem sehr breiten Gang, der Diele, die zum Dreschen, Aufstellen von Wagen u. a. dient, befinden sich die Ställe, das andere ist Wohnraum; in dessen Mitte oder an der Hinterwand steht der Herd, rechts und links sind Schlafkojen, entweder an der Wand oder quer zu je zweien einander gegenübergestellt, und kleine, nach dem Herd zu offene, mit Tisch und Bank ausgestattete Räume, erinnernd an die Nischen unserer Restaurants, absondernd. Sie heißen „Siddel" — das Wort weist hier, aber mehr noch in seiner Verwendung beim alten süderditmarsischen Hause für das spätere „Flett", zurück auf Urzeiten, wo dieses Ende eben „der Sitz" am Herd, der Kern des Seßhaftgewordenseins war (Abb. 126, Tafel 6).

Der Einraum ist der Ausgangspunkt wohl der meisten deutschen Bauernhaus- arten. Die verschieden in ihnen verwandte Verteilung der einzelnen Teile, der Woh-

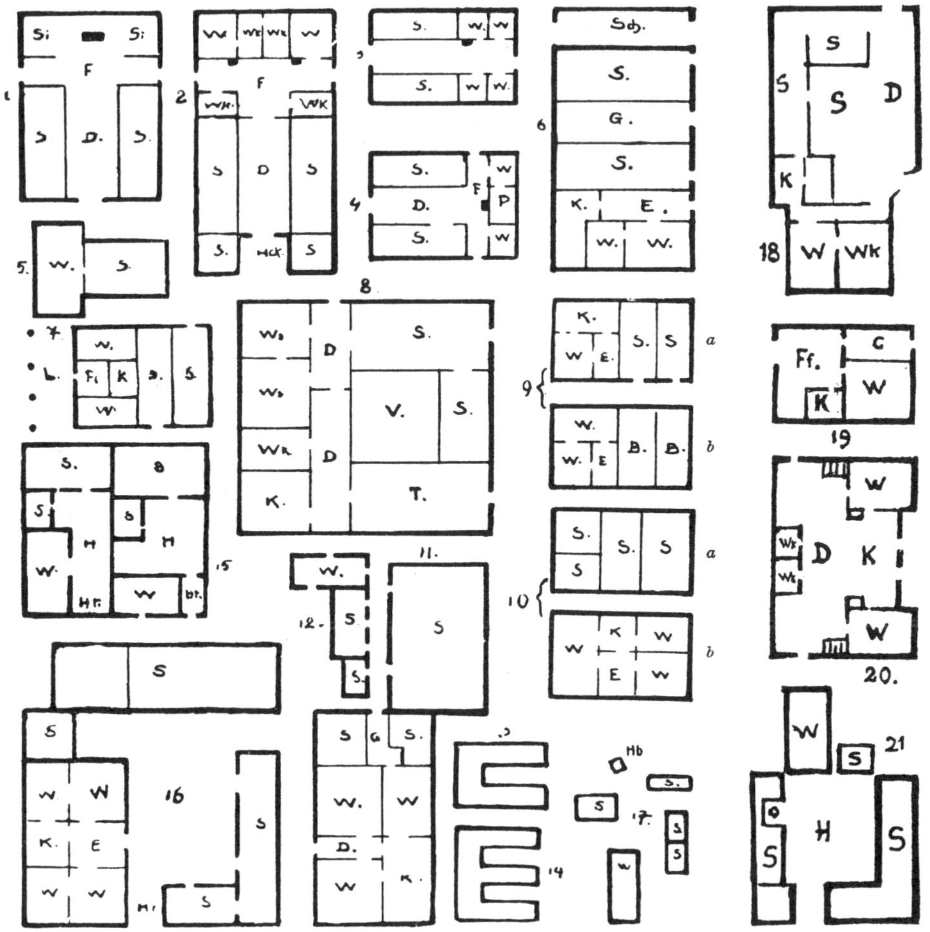

Abb. 92. Skizzen von Grundrissen deutscher Bauernhäuser.

I. Eingeschossiges Einhaus.

A. Längsgeteilt (niedersächsisch).

1 Älteste Art, nur Siddels. 2 Diele nicht durchgehend. 4 Desgleichen, besondere Prunkstube. 3 Diele durchgehend. 5 Krüzhus. 20 Blankeneser Doppel-(Fischer-)Haus.

B. Quergeteilt u. a.

6 Schwarzwald. 7 Ostdeutschland, mit Vorlaube. 19 Kleines ostdeutsches Fischerhaus.

II. Mehrgeschossiges Einhaus.

9a Unter-, 9b Obergeschoß, in beiden Wohnstube. 10a Untergeschoß, Ställe u. dgl. 10b Obergeschoß, Wohnung.

III. Friesische Besonderheiten.

18 Ostfriesisches Einhaus. 8 Eiderstedter Hauberg. 11 Nordfriesisches Zweihaus. 12 Nordfriesische Hauckette.

IV. Hofhäuser.

13, 14 Hufeisenformen, Schleswig. 15 Zwei Nachbarhöfe, fest umschlossen, hessisch. 16 Vierseitig umbauter Hof, hessisch.

Zu Höfen sich umgestaltende, niedersächsische Art:

17 Verstreuter Hof, Holstein. 21 Pommern.

Zeichenerklärung: W = Wohnräume, Wk = Kammer, P = Pesel, Prunkstube, K = Küche, F = Flett, G = Gang, E = Eren, Fl = Flur, D = Diele, S = Stall und Scheune, B = Boden, V = Vierkant, Golf, Hck = Heckschauer, L = Vorlaube, Sch = Schopf, H = Hof, Ht = Hoftor, Hb = Heuberg.

nung, des Stalles und der Vorratsräume führte zu den großen Unterschieden, die uns heute erfreuen.

Die Einteilung konnte in verschiedener Weise erfolgen, durch senkrechte Wände, durch Einteilung in Stockwerke oder endlich durch beides.

Ein Haus, in dem nur senkrechte Wände gezogen sind, soll im Fischerhaus der Insel Marken (Zuidersee, Holland) zu finden sein: die einzelnen Räume, wohl durch Wände getrennt, haben keine Sonderdecke, alle münden nach oben frei in den offenen, zum Aufhängen von Fischernetzen benützten Dachstuhl, für dessen anderweitige Verwendung keine Veranlassung vorliegt.

Im übrigen treffen wir in Deutschland überall senkrechte und horizontale Einteilung zugleich, aber verschieden im Verhältnis zueinander.

In der norddeutschen Tiefebene blieb man in der Hauptsache beim ebenerdigen Hause, in das Dachgeschoß legte man die Heu- und anderen Vorräte — es sei denn, daß hie und da in großen Bauernhäusern ein paar Kammern hinzukamen. Im gebirgigen Mittel- und Süddeutschland dagegen führte man das Haus gern in mehreren Stockwerken auf, die man so oder so ausnützte, um die verschiedenen Teile des Hauses, insbesondere Wohn- und Wirtschaftsräume voneinander zu trennen — eine Bauart, die das Gebirge infolge der Möglichkeit, auf geneigtem Gelände bequeme Zugänge zu verschieden hoch gelegenen Räumen zu erhalten, hie und da noch besonders empfahl (Schwarzwald). Auch in Norddeutschland dringt (abgesehen von den schon älteren Bodenräumen) die mehrstöckige Einteilung vor; statt z. B. wie früher das Haus hinter dem Deich zu verstecken, führt man heute in den Marschen das Vorderhaus, das Wohnhaus, zwei Stockwerke hoch auf, so daß der Oberstock in Deichhöhe liegt und von ihm aus bequem zugänglich ist — ganz derselbe Gedanke, wie beim Schwarzwälder Hause (Abb. 37, 98_1).

Die Einteilung auch des in der Hauptsache ebenerdigen Hauses kann abermals verschieden sein, und zwar können wir alle Bauernhäuser, soweit sie Einhäuser sind, in drei Gruppen teilen: die längsgeteilten, die quergeteilten und einzelne besondere.

Das längsgeteilte Haus ist das besondere Kennzeichen des niedersächsischen Volksstammes — außer den Ostfriesen haben alle anderen die Querteilung vorgezogen. Jenes älteste Einhaus mit seinen Einteilungsgrundsätzen ist insbesondere der Vorfahr des niedersächsischen Hauses.

Die Anlage der Diele mit den Ställen rechts und links, Herd in der Mittellinie vor der Hinterwand, ist allen niedersächsischen Häusern gemeinsam, nur die Weiterausbildung des Wohnteiles, unterscheidet die einzelnen Vertreter.

In einigen Gegenden, z. B. im südlichen Westfalen, ließ man die Diele vom Eingang, der Grotdör, bis an die auch mit Tür versehene Hinterwand frei durchgehen und legte Stuben, Kammern und Küche an die Seiten. Meist aber verfuhr der Niedersachse anders: er legte die Wohnstuben hinter die Herdwand. Man könnte auch so sagen: er faßte den Wohnteil als besonderen Raum für sich und teilte ihn seiner Länge nach (also quer zur Hausrichtung) durch eine Wand in zwei Teile. Der eine ist das jetzt meist sogenannte Flett, ein als Küche und Arbeitsraum zugleich dienender breiter Raum, der das Haus seiner ganzen Breite nach durchzieht, jederseits durch eine Seitentür zugänglich. In ihn mündet die Diele, erst später durch eine Wand mit Tür abgetrennt. Der Herd blieb vor oder an der großen Querwand (oder, wenn Bauer und Altenteiler oder in „Katen" zwei Taglöhnerfamilien oder dgl. zusammenwohnten, zwei Wandherde). Rechts und links vom Herd führen Türen in den zweiten Teil des Wohnteils, in Stuben und Kammern, die eng aneinander schließen oder zerstreut sind. Hie und da nämlich (z. B. Holstein, einst auch in Vierlanden) durchschneidet ein auf eine Tür in der Hinterwand des Hauses

1

2

Abb. 93. Niedersächsische Häuser.
„Grotdör" an der Straßenseite.
1 Lüneburger Heide. 2 Westfalenhaus mit Pferdeköpfen am Giebel.
Wohnseite an der Straße.
3 Dorfstraße in Neuengamme, Vierlanden.
(S. auch Tafel 2_2, Abb. 91, 100 u. 103.)

3

mündender Gang den Wohnteil so oder so; im Alten Lande führt eine solche aus einer besonderen Kammer, die in Schränken und Truhen die wertvollsten Schätze birgt, auf die sogenannte Braut- oder Nottür. Meistens liegen die Stuben an den Ecken, öfters so (z. B. Vierlanden), daß beide Außenseiten Fenster haben, so daß ein wundervoll

Abb. 94. Heckschauer niedersächsischer Häuser.
1 Eigentliches Heckschauer, Neuendorf, Holstein. 2 Verkleinertes an Fischerhaus, Ellerbeck bei Kiel. 3 Halbes an Scheune, Jamund, Pommern. 4 Eine Art seitlichen Heckschauers, Jamund, Pommern.

lichtdurchfluteter und der Freude des Ausguckenkönnens (Abb. 131) entgegenkommender Raum entsteht. Im alten Ditmarschen aber liegt der Prunkraum des Hauses, der sogenannte Pesel, gerade in der Mitte des Wohnteils, da, wo sonst nur Kammern sind.

Einzelne Abweichungen haben innerhalb dieser in Niedersachsen herrschenden Einteilung besondere Formen hervorgerufen. Stets kehrt das niedersächsische Haus die Giebelseite der Straße zu, zumeist die Stallseite und „Grotdör" — in den

Deichdörfern der Marschen ist es aber die entgegengesetzte, da die Felder in gerader Flucht hinter dem Hause sich hinziehen. Vor der „Grotdör" rechts und links (oder nur einseitig) finden sich gern kleine einfache oder gut gebaute (Westfalen) Vorbauten, einen „Heckschauer" genannten Vorraum einschließend — auch bei Fischer-

Abb. 95. Ostfriesische Bauernhäuser.

1, 2 Grossenwolde, 3 Lütjenwolde, 4 Victorbur sind rein ostfriesisch, in 5 Bühren (an der Niedersachsengrenze) ist die Form des Giebels niedersächsisch (s. auch Abb. 31_1). 6 (Zeichnung Lehrer K. Müller, Mitte Grossefehn) zeigt Einfahrtstür wie in 5.

(S. dazu Tafel 1_2).

häusern wohl an der kleinen, an die Stelle der hier unnötigen großen Tür getretenen kleinen Tür. Neuerer Herkunft ist die Neigung in den Elbmarschen, vor der Tür des Wohnteils vorn oder an der Seite eine kleine, zurückspringende Vorhalle anzubringen. (Abb. 94, 116_5.)

Eine andere Abweichung zeigen niedersächsische Häuser an der Südgrenze Niedersachsens, wo dieses an Hessen u. a. grenzt — da sehen wir bei beibehaltener

Giebelstellung mit „Grotdör“ zur Straße rechts und links an sie Wohnräume gelegt, sogar zweistöckig. Ja, wir sehen sogar, wie die Hausstellung sich völlig ändert, wie's, noch mehr sich an hessische Hofhausart anlehnend, der Straße die Langseite mit in sie verlegter Grotdör zukehrt (Abb. 22).

Wohnung und Stallteil sind in der Längsseite des Hauses äußerlich — abgesehen von der Fensterlosigkeit des letzteren — oft besonders voneinander abgehoben. Einmal ist dieser oder jener Teil etwas breiter oder das Dach am Stallteil geht tiefer herunter. Am schönsten ist unzweifelhaft die Form als „Krüzhus“, die hie und da in Niedersachsen vorkommt (Abb. 92_5), indem der Wohnteil mit eigenem quergestellten Dach viel breiter ist als der Stallteil, so daß das Haus T-Form erhält.

Längsgeteilt ist im großen und ganzen auch das ostfriesische Haus (Abb. 95), sofort erkennbar an der Stellung der Grotdör an der Ecke, nicht in der Mitte des Giebels. Das weist sofort auf die andere Art der Einteilung hin: hier liegt die Diele an einer Seite des dreigeteilten Langraumes des Wirtschaftsteiles, an der anderen die Ställe, in der Mitte der „Golf“, der Stapelraum für Korn und Heu. Hier fällt oft besonders auf, daß der Wohnteil weit schmäler ist als der Wirtschaftsteil (bis zu unregelmäßiger Form des Grundrisses ), was Durchfahrt ermöglicht (Abb. 92_{18}). Eigenartig ist die Mittelstellung der von Friesen altbesiedelten Wilstermarsch. Äußerlich haben die Häuser die Form des eben erwähnten „Krüzhauses“ in besonders schöner Gestalt (der Vordergiebel des Langhauses ragt über das Querhaus stolz hinüber!) (Abb. 88_3) — innen sind die einen niedersächsisch (Husmannshus), die anderen friesisch (Barghus) eingeteilt. (Es sei hier auf das ausgezeichnete Werk von Prof. Dir. Dr. Lehmann: „Das Bauernhaus in Schleswig-Holstein“ hingewiesen.)

Abb. 96. Quergeteiltes Haus in Tanne, Harz.

Im übrigen Deutschland herrscht so oder so die Querteilung vor.

Ein an das Flett erinnernder, das Haus quer durchziehender oder am Ende zu Küche oder Kammer benützter Flur teilt das Haus in Wohn- und Wirtschaftsteil, und während ersterer die größten Verschiedenheiten aufweist, ist letzterer in der Hauptsache gleichlaufend zur Flurrichtung weiter zerteilt (auffallenderweise auch im cimbrischen oder „Dwerhaus“ Norderditmarschens). Die Trennung der beiden Räume geht manchmal so weit, daß vom Wohnteil keine Tür in den Wirtschaftsteil führt, auch die einzelnen Teile des letzteren stehen bisweilen in keiner inneren

Tafel 9.

Bauerntöpfereien des 19. Jahrhunderts.

Texte siehe Rückseite

Tafel 9.

Bauerntöpfereien des 19. Jahrhunderts.

1, 2 Elsässische Teller.

3 Sächsischer Teller mit Spruch: Alles ist an Gottes Segen und an seiner Gnad gelegen.

4 Bairischer Teller.

5 Schweizer Deckelkumme.

6 Sächsischer Milchtopf.

7 Sächsische Schale.

8 Tintenfaß aus blauem Glas mit Ölmalerei.

9 Hessische Kaffeekanne mit hochaufliegendem Zierwerk.

10 Kleiner bairischer Teller mit Spruch: Gsengters Gott.

11 Sächsischer kleiner Milchtopf mit geflossener Glasur.

12 Nassauischer Krug, graues Steinzeug mit eingeritztem Zierwerk und blauer Malerei.

1, 2, 4, 8, 10 aus der Staatlichen Sammlung für Deutsche Volkskunde, Berlin.

Verbindung, vielmehr öffnen sich alle selbständig nach außen (so im Schwarzwald). Die Wohnung wird vom Flur (Dern, Eren) aus betreten (Abb. 92_8, 96).

Ein andermal (Baiern, Nordostdeutschland u. a.) stößt der Wohnteil ohne trennenden Gang an den Wirtschaftsteil. Der Flur liegt ganz von den Wohnräumen umschlossen innerhalb des Wohnteils, von der Seite oder von vorn her hineingeführt, als Gang, quadratischer Raum oder auch wohl gewinkelt, bisweilen ältere Form

1

2

Abb. 97. Friesische Hauberge.
1 Der sogenannte Rote Hauberg in Eiderstedt, Schleswig (nach W. Matthies, Bardowiek), vgl. Ähnlichkeit mit 2 Hauberg aus Holland (Photogr. v. Frau Oberlandesgerichtsrat Zacharias, Hamburg).

festhaltend, zugleich Küche (Abb. 92_7).

Das quergeteilte Haus gestattet weit größere Freiheiten als das längsgeteilte. In ein und derselben Gegend finden wir große Verschiedenheiten, um so mehr, als in den gebirgigen Gegenden sich die mehrstöckige Anlage hinzugesellt. Sie ist es da meist, die den Häusern die kennzeichnende Form gibt.

Eine Besonderheit in der Einhausanlage ist — sicherlich eine der großartigsten Gestaltungen nicht nur unserer deutschen Bauernhäuser — der „Hauberg" der Landschaft Eiderstedt (Schleswig). Den Kern des Hauses bildet der Teil, der ihm den Namen gegeben hat, der Heuberg, turmhoch aufgestapelt, wie es Bedürfnisse der Viehzucht erfordern. Um ihn lagern sich die anderen Räume, einerseits das Wohnhaus, an den drei anderen Seiten Ställe und Diele, indem zwei Seiten Ställe, eine die Diele bilden. Das große, hohe, pyramidenähnlich wirkende Dach des Heuberges legt sich über das ganze Haus. Man kann es wohl zurückführen auf ein ostfriesisches

Haus (die Eiderstedter sind aus Ost- und Westfriesland eingewandert), vervollkommnet angepaßt an die in größtem Maße betriebene Viehzucht — es hat allerlei Anklänge an die Inneneinteilung des ostfriesischen, ist nur bedeutend verbreitert, namentlich die zwei kleinen Giebel über dem Wirtschaftsteil erzählen noch von der

1

2

Abb. 98. Mehrstöckige Häuser.
1 Schwarzwald (nach Prof. Hasemann).
2 Partenkirchen, Oberbaiern (nach Photo von Vollers). 3 Hundstall, Hessen-Nassau.

3

ursprünglichen Langteilung; um kein allzu ungefüges Langdach zu bekommen, mußte man's kürzen und kam so zu der eigenartigen wuchtigen Form.

Eine Sache für sich sind die Laubenhäuser des deutschen Ostens mit der vor die Hausvorderseite (bei kleineren, z. B. Fischerhäusern auch an eine Ecke) gestellten Vorhalle, auch eine schöne, gelegentlich zu schier großartig zu nennender Wirkung entwickelte Hausform, wohl unter slawischem Einfluß — Fischerhäuser in Gothmund bei Lübeck, also auf ehemals slawischem Boden, zeigen auch diese Eckvorhalle (Abb. 92_7).

Eine Sache völlig für sich sind sodann die Bauernhäuser rein slawischer Stämme auf deutschem Boden, der Spreewälder, Kaschuben, Masuren, Littauer u. a., wie's scheint quergeteilt.

Das mehrstöckige Einhaus bildet entweder das Obergeschoß gleichwertig mit dem Untergeschoß aus oder benützt die verschiedenen Geschosse so oder so zu besonderem Zweck.

Im ersteren Falle haben wir vorn im Unter- wie im Obergeschoß Wohnräume, hinten unten Stallungen u. dgl., oben Scheune, Vorratsräume u. dgl. Im zweiten Falle aber liegen unten, völlig getrennt von allen anderen Räumen, ausschließlich Wirtschaftsräume, so vor allem die Ställe, Scheune und Keller, im Oberstock die

Abb. 99. Nordfriesische Bauernhäuser
in verschiedener Weise die Hausteile aneinanderfügend.

Wohnräume, im zweiten Stockwerk vielleicht noch Vorratsräume u. dgl. Oder wir haben unten ein niederes Kellergeschoß, darüber Wirtschaftsräume und ganz oben die Wohnung. Dazwischen liegen natürlich allerlei Mischungen (Abb. $92_{9,10}$).

Ausgezeichnete Beispiele dieser Häuser bieten die drei hervorragendsten süddeutschen Häuser, das Schwarzwälder, das schwäbische und das bairische, alle vollständig verschieden voneinander, und alle für sich wieder, entsprechend den verschiedenen Geländen, Betriebs- und Vermögensverhältnissen, in unzähligen Einzelausbildungen, eines reizvoller, malerischer als das andere, ausgestaltet. Die Schweizer, Tiroler und österreichischen Häuser sind Verwandte. In seiner eigenartigen Gestalt, mit dem auf der Wetterseite tiefgehenden Dach ist ferner das Westerwälder Haus, das auch Einhaus ist, bemerkenswert. (Abb. 98, 23_1, 28 u. 112_1.)

Die Mehrstöckigkeit ist im Schwarzwälder, bairischen und Tiroler Hause durch Ausnützung der Treppenanlagen zu luftigen Sitzplätzen, durch Umgänge, Vorlauben, die die einzelnen Räume verbinden, zum Trocknen und zu allerlei Hausarbeit verwendbar, besonders malerisch geworden (Abb. 102).

Wir haben vom unzerteilten Raume an die Zerteilung des Einhauses immer fortschreiten sehen, durch Einteilung in abgeschlossene Räume, durch mehrstöckige Anlage, und wenden uns nunmehr demjenigen Hause zu, das die Zerteilung bis zur Gewinnung mehrerer Einzelbauten geführt hat.

Die Zerteilung ist verschieden. Hier sind es nur zwei Bauten, dort drei oder noch mehr. Die Stellung zueinander ist wieder verschieden, sie sind einmal einander sehr nahe gerückt, ja äußerlich zusammengebaut, ein andermal räumlich weit entfernt.

Abb. 100. Bauerngehöft in Süderdeich, Kehdingen. Für die großen Kehdinger Höfe ist die Parallelstellung der einzelnen Gebäude kennzeichnend.

Auf das Einhaus folgt am natürlichsten das Zweihaus. Schon in dem vorher erwähnten Breitenunterschied der beiden Hauptteile des Hauses lockert sich ja die Hauseinheit, auch wenn die Mittelachse ihnen gemeinsam ist — sowie sie sich verschiebt oder gar Winkelstellung eintritt, entsteht so etwas wie ein Zweihaus. Beispiele dafür finden sich in Nordfriesland, sowohl auf dem Festlande als auf den Inseln, beeinflußt wohl durch die Rücksicht auf den Wind, der ja auch besondere Gartenschutzmaßregeln hervorgerufen hat. Da finden wir allerlei abwechslungsvolle Stellungen (wie übrigens auch schon im Norderditmarschen). Die Inneneinteilung des Wirtschaftsteils zeigt entschiedene Neigung zur Querteilung, die mit nettem Giebel betonte, beim Wohnteil höhere, nett gezierte Haupttür befindet sich bei beiden Teilen in der Mitte der Langseite (der Stallteil hat ebenda noch andere Nebentüren, der Wohnteil bisweilen an den Querseiten). Das Aneinanderschieben der Häuser ist bisweilen durch Anreihen eines dritten und vierten Hauses (Schuppen, Backhaus u. a.) noch weiter fortgesetzt, so daß man einmal fast von einer Hauskette sprechen könnte (Abb. 92_{11-12}, 99), ein andermal von Doppelwinkel oder einer Art offenem Hof, zum Teil vielleicht auf benachbartem jütischen Einfluß beruhend.

Ganz getrennt treffen wir ein Zweihaus in Kehdingen — zwei nahe nebeneinander gestellte große Niedersachsenhäuser (Abb. 100) als ganz kennzeichnende, wenn auch nicht allzu häufige Form (nur selten ist ein gleichgestelltes kleineres dazwischen). Und natürlich entstehen überall, wo das Einhaus nicht mehr genügt, ein

1

3

2

Abb. 101. Höfe.

1 Offener Hof, Hutsdorf. 2 Geschlossene Höfe mit schönen Hoftoren, Pohlgöns. 3 Hofeinblick, Oberwetz. (1—3 Hessen-Nassau.) 4 Hof in Jamund, Pommern.

(S. auch Abb. 54, 87_3 u. 110.)

4

oder ein paar Nebenhäuser, wie z. B. (Abb. 112_2) die mächtigen Scheunen in Hadeln.

Sowie wir zum Dreihause übergehen, kommen wir zum Hofhause. Merkwürdig ist seine Verteilung in Deutschland. Es ist insbesondere das Haus Mitteldeutschlands — sei's als festgeschlossene, sei's als aufgelöste Hausgruppe. Wir finden Vertreter in Hessen, in der Pfalz, im Rheinland, in Baden, in Franken, im Elsaß, andere in Thüringen und in

Kolonisationsgebieten, wie in Brandenburg, Sachsen, Pommern, Österreich u. a. Räumlich ganz getrennt davon stehen jene Hofhausformen in Schleswig-Holstein, seien's vielleicht von jütländischer benachbarter Art beeinflußte in ⊓- oder gar in ⊓⊓-Form oder seien's adelige Gutshöfe (Abb. $92_{13, 14}$).

Meist liegt im mitteldeutschen Hofhaus das Wohnhaus, dem fröhlichen Wesen der Bewohner entsprechend, an der Straße, der's türlos Lang- oder Querseite mit reichlichen Fenstern zukehrt, die Tür kommt vom Hof her. Die Gebäude bilden bisweilen nur zwei Seiten des Hofes, meistens drei, manchmal umschließen sie ihn ganz. In den ersteren Fällen sind die freien Seiten je nach Ortsart offen oder durch Mauer geschlossen. Letztere wird an der Straße durch ein Tor unterbrochen, das eine Personentür in oder neben sich hat, und bisweilen zu einem eigenen Torhaus für sich oder in Anlehnung an eines der anstoßenden Gebäude ausgebildet ist. Ist der Hof ganz von Gebäuden umschlossen, so durchbricht das Tor das an der Straße gelegene Gebäude entweder so, daß es in einer Lücke angebracht ist oder indem es unter dem Oberstock durchführt (Abb. $92_{15, 16}$, 101_2).

Meistens nämlich vereint sich mit diesem mittel- und süddeutschen Hofhause zugleich mehrstöckige Anlage, das Wohnhaus allein hat Untergeschoß und auf einer Treppe zugängliche Wohnung oder alle Gebäude sind mehrgeschossig, in welchem Falle bisweilen reizende Umgänge um den ganzen Hof herumführen (so in Baden). Es kragen auch wohl die oberen Stockwerke zum Teil vor (Baden, Brandenburg u. a.) oder ein Dach zieht sich weit herab als Regenschutz für im Hofe stehende Wagen u. a. m., so daß ein solcher Hof zu einem außerordentlich malerischen Gebilde wird (Abb. 54, 87, 101).

(Äußere Ausstattung.)

Betrachten wir, nachdem wir die Grundrisse und Einteilungsgedanken der verschiedenen Bauernhausarten besehen, nunmehr die Bauart und äußere Ausstattung der Häuser.

Zunächst: Schmuckstücke der Heimatnatur sind sie alle!, indem sie ihre Eigenart sowohl durch ihr Sich-Einfügen in sie in Werkstoff, Einlagerung u. a., als auch durch ihren Trotz gegen ihre Unbill besonders deutlich machen — ganz abgesehen von ihrer farbigen Erscheinung u. dgl.! — Es ist, wenn man auf der Wanderung auf so ein echtes altes Haus stößt, doch just so, als mache man die Bekanntschaft eines eingesessenen biederen Bauersmannes, der einem nun erzählt — hier still und bescheiden, da lustig, hier plattdeutsch, da hessisch — von Land- und Betriebsart, Ackerbau, Viehzucht, Fischerei u. dgl., von gutem oder schlechtem Boden (davon erzählen ja Form, Größe, Nebengebäude u. dgl.), vom Wetter (vom Sonnesuchen sprechen Lage, Fenster u. a., vom Wetterschutz die heruntergezogenen Dächer des Westerwaldes, der Eifel, des Egerlandes, Schiefer-, Schindel-, Pfannen- und Strohpanzer hier und dort, die Schutzbäume der Nordseemarschen und -inseln u. a. m.), von den umgebenden Wäldern oder von Holzarmut, von Steinreichtum oder -armut u. dgl., davon reden die benutzten heimischen Werkstoffe), von der Art der Bewohner, ihrem Leben und Tun, ihrem religiösen Bekenntnis usw.

Noch immer begegnen wir in Deutschland völlig aus Holz hergestellten Häusern, nicht nur in urtümlichen Bauten, wie Sennhütten, Schafställen u. dgl. und Holzerhütten (Tafel 2_1, Abb. 1), auch nicht nur in ganz kleinen Taglöhner- und Fischerwohnungen, sondern auch in stattlichen Bauernhäusern. In Ostdeutschland (Spreewald, Ost- und Westpreußen, Schlesien, Sachsen) und Süddeutschland (Schwarzwald, Württemberg, Tirol, Schweiz) begegnen wir prachtvollen Gesellen, in denen der Blockbau gerade-

Abb. 102. Zweistöckiges Haus
im Zillertal mit allerlei Anbauten (nach Zeichnung von H. Kauffmann, Kunsthalle, Hamburg).

zum Höhepunkte erreicht hat. Die schöne Technik allein schon ist Schmuck, dazu kommen um das Haus gelegte freischwebende Umgänge (Schwarzwald, Baiern, Schweiz), das „Umgebinde", das eigenartige, malerisch wirksame, schöne Vorstellen der das Obergeschoß tragenden Pfosten mit ihren Verbindungen vor die Wand des von ihnen unabhängigen Untergeschosses in Sachsen und Schlesien, Vorlauben im Osten (bei Nebeneinanderstehen der Häuser an der Straße ganze Arkaden ergebend, z. B. Schlesien, Kreis Grüneberg), lustige, reiche Bretterverschalungen am Giebel u. dgl., allerlei Schnitzwerk und Aussägearbeit, sowie Ausfüllung der Fugen mit weiß leuchtendem Kalk, fröhliche Bemalung, hübsche Fensterumrahmungen und Türen überall.

Die Hauptmasse der deutschen Bauernhäuser zeigt Fachwerkbau, und zwar sind zwei Stilrichtungen erkennbar: die strengere norddeutsche und die freiere süddeutsche Art.

Eigenartig, ja sonderbar ist in Hadeler Giebelseiten (niedersächsisch) die oft vorkommende absichtliche Schräglage der Querbalken an den beiden Seitenenden, drastisch darauf hinweisend, daß das Gerüst des Daches nicht auf den Seitenmauern ruht, sondern auf einer Doppelreihe von Ständern, deren außen sichtbare auch oft noch eigens (s. auch Abb. 104_1) betont sind (sogar die Nebentüren (Abb. 103_1) in der Hausfront sind oben schräg!). Einmal sah ich sogar in den Ständern der Vorderseite Bockstellung, vom Streben nach besonderer Festigkeit zeugend — besonders wertvoll in Gegenden, die der Flut ausgesetzt sind! Dies sogenannte Zweiständer- oder Kübbunghaus ist (aber ohne diese Schrägungen des Hadeler) im eigentlichen Niedersachsen großenteils herrschend, so oder so verändert und weiter entwickelt, in Westfalen u. a. in späterer Entwicklung zum Vierständerhaus — da sind die Ständer

Abb. 103. Ständerhäuser.

Links: Giebelseite eines niedersächsischen Hauses in Nordledaer Kampen, Hadeln. Sog. Zweiständerhaus, besonders deutlich die „Kübbungen“ zeigend. Rechts: Giebelseite eines westfälischen Vierständerhauses, als Giebelzierde ein „Geck“.

der Seitenwände ebenso hoch wie die mittleren zwei Ständerreihen und tragen den Dachstuhl mit (vgl. Abb. $22_{1,2}$, 93, 103 u. a.)

Im mittel- und süddeutschen Fachwerkhause spielen solche Unterschiede keine Rolle — da ist die Mauer mit ihren Ständern Halt des Ganzen (Abb. 110, 112 u. a.).

Die Ausfüllung der Gefache ist zuerst durch Flechtwerk mit Lehmbewurf geschehen und wir finden diese einfachste Art noch heute; bei Nebenbauten wird der Bewurf auch weggelassen (Abb. 4). In den Bewurf sind Punkt- und Linienzierate (auch Blumen, Sprüche u. dgl.) eingedrückt oder eingekratzt, mit einem Nagel o. dgl. oder einem besonderen, beim Eindrücken einen Punktstern, eine Punktreihe oder ein mit Punkten gefülltes Viereck ergebenden Werkzeug (s. Abb. 3_6, 53 u. 105).

Meistens aber dienen Ziegel (selten ungebrannte) oder Bruchsteine als Füllung, teils in gewöhnlicher Art gemauert, teils aber hat man die Flächen zu verschönern gesucht. Einmal dadurch, daß man kunstvolle, auch zweifarbige Ziegelmuster bildete — ein einfacher Zickzackstreifen zieht sich über die Ziegelflächen (Holstein), einige Flächen sind bunt gemustert oder endlich, im reichsten Falle, alle Flächen sind auf das bunteste in abwechslungsvollsten Mustern gemauert, die Fugen säuberlich weiß gestrichen, ja, durch Zuhilfenahme gemalter weißer Scheinfugen und anderer Weißmusterung ist der Reichtum noch gesteigert (Altes Land, Abb. 104, Taf. 3_7). Ein andermal hat man die Flächen beworfen und bemalt oder in Kratzputz geziert, be-

Abb. 104. Ziegelmuster.

1 Schauseite eines Altländer Hauses. 2, 3 Altländer Ziegelmuster, mit Nachhilfe durch weiße Farbe. 4, 5 Vierländer Ziegelmuster, 5 rote und schwarze Ziegel. 6 Ziegelmuster aus der Winser Marsch. 7 Ziernische aus Koldenbüttel, Schleswig, Nische weiß getüncht (s. auch Abb. 109_1).

sonders in Hessen-Nassau (Abb. 106, 107, verstärkt durch Malerei in 54) und, völlig anders, in den Vierlanden (Abb. 45_{1-4}).

Die Balken hat man ebenfalls nicht ungeschmückt gelassen, man hat, wenn nur senkrechte und wagrechte angewandt sind, durch enge Stellung schmückendere Wirkung zu erzielen gesucht oder hat sie beschnitzt. Einmal nur die Eckpfosten (ganz besonders auffallend in Hessen-Nassau, Abb. 108), ein andermal insbesondere den großen Querbalken, der das Obergeschoß abtrennt (Niedersachsen, Vierlande) und die Knaggen, oder die Umgebung der Tür oder alles, oder man hat sie bemalt, kräftig abstechend schwarz, blau, rot, grün u. a. gegen die roten Ziegelsteine oder weißen, gelben u. a. Anstrich, verstärkt durch die Balken begleitende andersfarbige Linien oder breitere

1 2

Abb. 105. Bäuerlicher Kratzputz.
1 Von einem Haus in Bräungeshain am Vogelsberg, Kurhessen. 2 Von einer Scheune in der Schwalm (beide in gelben Bewurf eingekratzt).

Streifen (Tafel 1 oben und 3) — auch das geschnitzte Holzwerk hat man noch hie und da außerdem bemalt.

Man hat vom Holz aber noch weiteren Gebrauch gemacht. Die senkrechten Balken sind verdoppelt (Abb. 109), so im Altenlande, als die Ziegelmuster unmodern wurden. Sehr selten scheint in Deutschland die für englisches Fachwerk so kennzeichnende dichte Parallelstellung vieler Senkrechten zu sein, aber sonst ist größte schmückende Mannigfaltigkeit, hier großzügig, da zierlich, ja lustig!, besonders am mittel- und süddeutschen Hause. Zu den Querriegeln kommen große oder kleine schräge Schubriegel, Winkelbänder oder endlich Zierriegel der lustigsten und reichsten Formen, die sich kreuzen, sich schwingen, sich zu Halbkreisen, zu Vollkreisen (Hennegau) vereinigen und sich bisweilen so breit machen, daß sie ganze Teile des Hauses füllen, daß sie von den Zwischengefachen fast nichts mehr sehen lassen als einzelne kleine Flecke, die dann oft berechnet wirksame Form erhalten haben, insbesondere gern Herzform (Hessen-Nassau, Egerland). Auch diese Holzteile sind wieder beschnitzt, und endlich sind ganze Füllungen mit Holzschnitzereien gefüllt (Abb. 108, 110 u. 113).

Abb. 106. Bauernhaus mit reichem Kratzputz, Herzhausen, Hessen-Nassau.

Im Gegensatz dazu sind in anderen Gegenden die Häuser ganz aus roten Ziegeln, z. B. Ostfriesland, Wilstermarsch, Eiderstedt und auf Sylt (wohl behufs größerer Festigung oder zum Tragen des Obergeschosses sind hier lange Balken oder Schiffsmasten eingefügt) — aus gelben in Norderditmarschen. Auch diese Ziegelwände sind zuweilen in einfachen hübschen Mustern geziert, aus abwechselnden roten und gelben Ziegeln (Tafel 3), oder wir finden Blendbögen in romanischen Formen (Schleswig, Abbildung 104_7) oder Sandstein mitverwendet. Einen besonderen Schmuck verleihen schleswig-holsteinischen Häusern dieser Art noch schmiedeeiserne Anker in allerlei schöner Gestalt, als Linienspiel, Blumen, Buchstaben, Zahlen und anderes (Abb. 120).

Abb. 107. Bauernhaus mit besonders hübschen Kratzputzmustern, Tulpen, Rosetten u. a. in Wolfsgrube, Hessen-Nassau, Kreis Biedenkopf.

In manchen Gebirgsgegenden endlich finden wir den oft sehr dickwandigen Bruchsteinbau ohne Schmuck oder mit verzierten Ecksteinen, beworfen, in Kratzputz verziert (Engadin) oder bemalt in aller Art bis zu großen Freskogemälden in Oberbaiern (Abb. 98_2). In Hannover kommt der Raseneisenstein als Baustoff vor — da macht sich der weiße Anstrich der Fugen recht hübsch.

Oft mischt sich eine Bauweise mit der anderen, z. B. ruht das Holz- oder Fachwerkhaus überall gern auf steinernem Untergeschoß (auch in steinarmen Gegenden stehen die Pfosten gern auf Findlingsteinen) oder das Steinhaus hat ein ganz kleines hölzernes Dachgeschoß (Tirol) oder Block- und Fachwerk, Ziegel- und Fachwerk mischen sich.

Endlich mischen sich mit den festeren Bauweisen des eigentlichen Hauskernes leichte, flüchtige Bauarten der Nebenteile, z. B. roher oder geglätteter Bretterbau. Lehmstakenbau oder die Ziegenställe, Gerätkammern u. a. sind gar nur aus Torf, Stroh- oder Schilfbündeln u. dgl. errichtet (Abb. 174_1, 42_{2a}).

Andere Mischungen bringen Verkleidungen des Fachwerkhauses hervor — wir finden es nur teilweise, z. B. an der Wetterseite, oder völlig verkleidet. Verkleidungsmittel sind Bretter (quer- oder hochgestellt, Tafel 3, Abb. 93, 98), lange oder kurze Schindel, Schiefer und Dachziegel (in Kurhessen gelegentlich rot und weiß geschacht). Insbesondere finden wir sie in Gebirgsgegenden. Ganz schieferverkleidete Häuser finden sich z. B. im Thüringer Wald und Harz (Tafel 3 und Abb. 23_3), ebenda ganz bretterverschalte Häuser, zum Teil mit hübschen ausgesägten Zieraten am Unterende der Bretter des Obergeschosses und um die Fenster (Abb. 111_2). Die Schindeln zeigen größere und kleinere Form, sind unten so oder so bisweilen gar zierlich getreppt oder sonstwie zugeschnitten (Abb. 26).

Eine ganz reizende Mischung von Bretter- und Schindelverschalung zeigen Häuser der Rhön; da sind die kurzen Schindeln zur besonderen Umrahmung der

1 2

Abb. 108. Schnitzwerk.

1 Haus in Oberkleen bei Wetzlar. 2 Ein paar der für Hessen-Nassau vielerorts kennzeichnenden geschnitzten Eckpfosten wie auch in 1.

Fenster und zu Querfriesen benützt und vereinen sich mit den senkrecht genagelten Brettern oder Langschindeln zu köstlicher Wirkung (Abb. 111_1). Die Schiefer sind unregelmäßig gebrochen im Gegensatz zu dem langweilig glatten Schiefer der Stadt und, verschieden zugestutzt und übereinander gelegt, zu Mustern (auch verschiedenfarbigen Schiefer ausnützend), großen Halbkreisen, senkrechten und Querfriesen u. dgl. benützt, auch wohl zum Teil bemalt, so daß Muster entstehen (Westerwald). Schiefer mischt sich auch wohl mit Dachziegeln, eines bildet die Fläche, das andere die Umrahmungen, einzelne Friese oder Wandteile (Harz). (Abb. 23_3, 27.)

In einigen Gegenden gliedern schmälere oder breitere, mehr oder weniger vorspringende Dachstreifen über den einzelnen Stockwerken am Giebel wie an den Langseiten in netter Weise das Haus (Abb. 25), vielfach sich vereinend mit den Vordächern der Tür, der Treppen u. a. Beim Schwarzwald-, bairischen, Tiroler und Schweizer Hause üben die Umgänge die gleiche Wirkung aus. Im Gegensatz dazu begegnen

Abb. 109. Altländer Bauernhäuser.
Links: Ältere Art mit Ziegelmustern und „Nottür", von außen nicht zu öffnen, Ladecop. Rechts: Neuere Art ohne Ziegelmuster, verdoppelte Ständer als Schmuck, Neuenfelde.

wir in Hessen-Nassau, Süddeutschland u. a. auch besonders kräftiger Gliederung der Fläche durch Wanderker, die bisweilen durch zwei Stockwerke gehen, im Grundriß verschieden angelegt (Abb. 86₄, 87 l.). Es ist besonders der Eckerker, der sich größter Beliebtheit erfreut, oft durch besonders reichen Schmuck vor den anderen Wandteilen ausgezeichnet, von einfachen, aber kräftigen und schmucken Trägern getragen, mit lustigem Dach geziert. Immer ist die besondere Aufgabe des Erkers, eine besondere, bequeme Verbindung mit der Straße herzustellen, einen größeren Überblick zu gestatten als die Wandfenster, daher hat er möglichst viele Fenster. In unserem Elbmarschen ergibt die Eckstube mit ihren zwei Fensterseiten so eine Art Eckerker Abb. 131₁) oder es ist in ihrer fensterlosen Wand ein kleines Guckfenster, das der

4

5

3

1

2

Abb. 110. Verschiedene Handhabung des Fachwerkes als Schmuck an Häusern in Hessen=Nassau.

1 Großlinig=einfach, Ilfurth. 2 Zierlicher, Zella. 3 Zierlich geschwungen, Hergeroth. 4 Kraftvoll malerisch, Dautphe. 5 Reich, Weltersburg.

Neugier ein Betätigungsfeld auch nach dieser Seite hin gewährt. Utlucht heißt drum auch der Erkerausbau im Norden — im Städtchen Krempe in Holstein fand ich einen, der nur um eine Balkendicke vorsprang, aber auch der Eckbalken gestattete durch eine winzige, ovale Miniaturscheibe den offenbar ungern vermißten Blick seitwärts die Straße entlang.

Von Bemalung — um diese für sich noch einmal zu nehmen — ist überall gern Gebrauch gemacht worden, und zwar in allen Abstufungen, vom Anstrich einiger Teile der Tür und der Fenster oder des Balkenwerks bis zum völligen Anstrich, von Einfarbigkeit und Stille bis zur Buntfarbigkeit, ja Buntscheckigkeit, von Schüchternheit bis zu derbster Kraft der Gegeneinanderstellungen. Einfacheren, z. B. norderditmarsischen Häusern aus gelben Backsteinen mit fein dazu und zum graugewordenen Strohdach stimmenden grünen, ja in zweierlei Grün gehaltenen Türen und sonstigem Holzwerk, Tiroler Häusern, weiß mit grünen Fensterläden u. dgl., Sylter Häusern aus rotem Backstein mit grünen Fenstern und Türen, westfälischen Häusern, weiß mit schwarzem, hessischen u. a. mit rotem, blauem oder grünem Holzwerk, stehen anderseits die lustig bunten Altländer Häuser mit dem rot-weißen Ziegelmuster,

Abb. 111. Bretterverschalte Häuser.

1 Bretter und Schindel in anmutigem Wechsel verteilt, Neustädtges, Kurhessen. 2 Hübsch ausgesägte Bretter und Fensterumrahmung, Tanne, Harz.

weißem und grünem Holzwerk, grünen Türen mit buntem Oberlicht und die oberbairischen, mit Fresken verzierten Häuser gegenüber (Tafel 3).

In sehr vielen Gegenden ist eine bestimmte Art der Farbgebung stets wiederholt, z. B. im Bergischen weiß und grünes Holzwerk gegen die Schieferung — von reizvoller Wirkung! — an der See bringt das Teeren des Holzwerks zum Schutz gegen die Witterung (z. B. in Pommern) eine gleichmäßige Farbgebung mit sich. In anderen Gegenden finden wir bunteste Abwechslung fast von Haus zu Haus, z. B. im hannoverschen Wendland (Tafel 1 oben).

Auch im Eindruck sind die Häuser völlig verschieden. Auch da einerseits bescheidene Einfachheit, Freundlichkeit, anderseits fröhlich malerische Wirkung oder kraftvolle Wucht — ein abwechslungsvolles Bild landauf landab, wohl kaum anderswo auf der Welt so!

Tafel 10.

Stickereien, Knüpfarbeit u. dgl. (19. Jhdt.).

Texte siehe Rückseite

Tafel 10.

Stickereien, Knüpfarbeit u. dgl. (19. Jhdt.)

1 Brautkorb aus Baiern, buntes Leder mit Aufnäharbeit und Stickerei.
2 Malerei auf einer Papierhülle für einen Spinnrocken (Hadeln).
3 Strumpf mit bunter Stickerei. Schwalm (n. Prof. S. Thon †).
4 Mitte eines Vierländer Kissens mit lustiger Farbenverteilung der Buchstaben.
5 Haube aus Hadeln.
6 Perlenstickerei einer bairischen Haube.
7 Vierländer Fleckenkissen.
8 Kissen in Knüpftechnik. Schleswig (Museum Flensburg).
9 In Plattstich gestickter Ärmel einer Männerjacke. Vierlande.

1, 6 aus der Staatlichen Sammlung für Deutsche Volkskunde, Berlin.

1

2

Abb. 112. Kraftvolle Linienführung in Gesamtform und Einzelheiten.
1 Westerwälder Haus, Niederelbach. 2 Scheune in Hadeln. 3 Schwarzwälder Haus. 4 Niedersächsische Grotdör (die Schrägbalken verstärken den Eindruck des Portalartigen!)

4

(Türen.)

Die Türen des Bauernhauses zerfallen in Einfahrts-, Wohnungs- und Stalltüren u. dgl. Letztere sind natürlich fast immer ungeziert, obschon in Anbetracht des

Abb. 113. Einfahrtstür eines hessisch-niedersächsischen Hauses mit reichgeschnitzter und beschrifteter Einfassung von 1701 in Hümme.

einfachen Zweckes immerhin ansehbare Formen vorhanden sind. Auch die Einfahrtstüren sind nur einfach, aber Einteilung und Umrahmung geben ihnen doch oft ein schmuckes, ja stolzes Aussehen. So in Hessen und Pommern, wo gekreuzte Bretter oder eine andere reichere fachwerkartige Zusammensetzung sie zieren (Abb. $176_{4,5}$), so in Altenburg, wo sie oben eine Art durchbrochenen Frieses zeigen, so in Ostholstein, wo ein einfaches, aber schmuckes Oberlicht über sie hinzieht. Die umrahmenden Pfosten und Balken, verstärkt in ihrer Wirkung bisweilen durch seitlich schräg dagegen gestellte Balken in sonst geradlinigem Fachwerk (durch gekehlte Winkelbänder oben einen einfachen, seltener doppelten ⌒⌒ Bogen bildend), erhalten oft etwas Schnitzwerk, besonders sind gern oben Spruch, Name und Jahreszahl angebracht. Prachtstücke in Westfalen, Niedersächsisch Hessen, Lippe u. a., wo die „Grotdör" zugleich Prunktür ist, auch farbig prachtvoll — im Lippeschen knallrote mächtige Tür, hellblaue Pfosten mit weißer Säule und bunter Zier drauf (Abb. 112_4, 113, 114).

Abb. 114. Säulen als Türeinfassung.

Stein: 1 Sylt, weiß getüncht gegen das rote Mauerwerk. 2 Bergheim. 3 Grebenstein. Holz: 4 Lauenhayn (Schaumburg-Lippe), gemalt: schwarz-weiße Säule, gelb umbändert auf hellblauem Grund, Tür tief rot. 5 Holzpfeiler von Türvorbau, Klein-Karben. (2, 3, 5 Hessen-Nassau.)

Auf die Tür zu führt vielfach ein gepflasterter kurzer Vorplatz, der z. B. auf Sylt einfache, naive, aber im Gegensatz zum roten Backsteinhause anmutig wirkende Muster zeigt (s. Abb. 115). Gelegentlich zieht sich so ein Pflaster an der ganzen Türseite hin, die „Gred". In den norddeutschen Marschen sind namentlich als Pflaster die schönen Klinker (hartgebrannte, „klingende" rote Ziegelsteine) verwendet. Den größten Schmuck zeigt natürlich die Eingangstür der Wohnung, einteilig, quer- oder senkrecht geteilt, einfach gebrettert oder irgendwie in hübschen Mustern gelegt, schräg oder gegeneinander laufend, in Rhomben- oder Sternform (Oberbaiern Abb. 63_{11}), wobei Nägel und Beschläge (Abb. 116_1) als Schmuck dienen, oder in Rahmung, mit Schnitzerei und Bemalung, einfacher oder reicher. Sehr reiche oder bunte Türen fand ich in der Schwalm (Tafel 8_1), in Angeln, im Altenlande, auf Sylt. (Abb. 115, 116). Vielfach ist besonders grüner oder grün-weißer Türanstrich beliebt, letzterer eine Einwirkung des städtischen Zopfstiles, der auch in der Tür-

1

2

Abb. 115. Haustüren auf Sylt.
1 Keitum, grün-weiß bemalt. Maueranker H G daneben.
2 Braderup, Oberteil mit Klopfer.

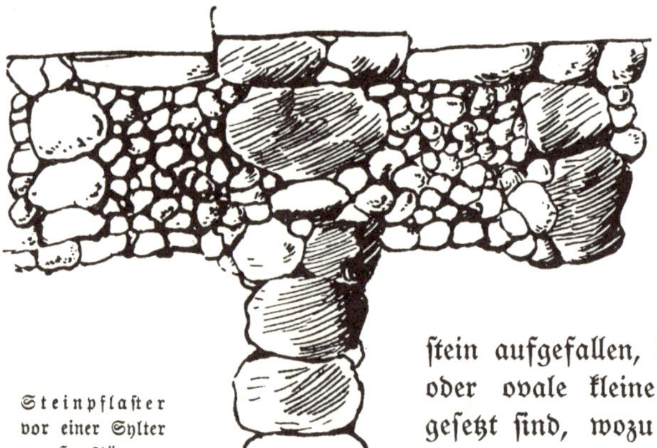

Steinpflaster vor einer Sylter Haustür.

schnitzerei, eigenartig frei und mit allerlei Bereicherungen eine große Rolle (Abb. 18, 19) spielt. Eingesetzte Fensterchen finden sich überall, von der ganz kleinen Butzenscheibe an bis zu großen Fensterscheiben. Mir ist in Schleswig-Holstein aufgefallen, daß gelegentlich zwei kreisrunde oder ovale kleine Fensterchen wie Augen eingesetzt sind, wozu dann die Schlagleiste oder bei einer Sylter Tür ein Türklopfer wie die Nase eines Gesichtes wirkt (Abb. 65). Bei quergeteilten Türen steht tagsüber meistens die obere Hälfte offen (Abb. 124), bei höher gelegenen Häusern im Gebirg auch wohl die untere, die dort einen bequemeren Blick auf die tiefer gelegene Straße gestattet. Bei den senkrecht geteilten Türen sind die beiden Hälften nicht immer gleich, die eine, meist feststehend, ist oft nur ganz schmal.

Die Türöffnung ist oben vielfach halbkreisförmig oder ähnlich (Abb. 116_1) gestaltet oder der Türbalken ist bunt ausgesägt (Abb. 49) und wie die Pfosten kerbschnittartig

Abb. 116. Haustüren niederelbischer Marschen.
1 Colmar, Haseldorfer Marsch. 2 Altes Land. 3, 4 Oberlichte, Finkenwärder. 5 Seiteneingang eines Wirtshauses, Allermöhe.

Abb. 117. Türtreppe, Büchelbach, Hessen-Nassau.

(Abb. 80_3) beschnitzt und bemalt (auch Anlehnung an Säulenformen, sogar an gewundene, an den Pfosten, Abb. 114), mit Namen, Jahreszahl und Spruch u. a. m. Schön mit bunten Ziegeln umrahmt sind u. a. Sylter Türen (Abb. 120). Über der

1

Abb. 118. Fenster und Fensterläden.

1 Feste bleigefaßte Fenster des Flett, unten Klappläden (nach Zeichnung von M. Gensler), Vierlande. 2 Schiebefenster, Harz. 3 Reitbrook bei Hamburg. 4 Haseldorfer Marsch. 5 Döse bei Cuxhaven. 6, 7 Langgöns, Oberhessen.

2

5

3

4

6

7

Tür findet sich oft auch ein hübsch mit durchbrochenem Holzwerk geziertes Oberlicht (Abb. 116, 18_3). Auf den Nordseeinseln ist vor der Tür oft noch ein Windfang angebracht, die Seitenwände je ein kleines Zwergfensterchen enthaltend (Abb. 23_7).

Einen besonderen Schmuck der Tür bilden gern kleine oder größere Vordächer, frei, von Konsolen getragen oder auf Säulen, Pfosten, Balken u. a. ruhend, so daß Vorhallen, Vorlauben u. dgl. entstehen — bis zu den oft mächtigen Vorlauben des Ostens, die das weit ausladende Obergeschoß oder einen Erker tragen. Insbesondere wenn Treppen hinauf führen, sind dieselben mit Bänken rechts und links (sog. Beischlag) oder Türdach und eigenem Dach oft zu wirksamen Schmuckstücken gestaltet (badisches Unterland, sächsische Schweiz, Schweiz) (Abb. 117, 98_3).

Als Türverschluß finden wir nur noch selten hölzerne Schlösser wie in Abb. 5, etwa gar noch, wie einst im Hause meiner Großmutter, durch Zugschnur von außen zu öffnen! Häufiger finden wir noch als Bauernkunsterzeugnisse eiserne Türklopfer in bisweilen sehr schöner Gestalt, Türdrücker, nett geformte eiserne Klinken, Schloßbleche und andere Beschlagteile. (Abb. 164, 165). Die Messingbeschläge sind meistens städtische Arbeiten. Zu Seiten der Tür meine ich auf Sylt eiserne Ringe zum Anbinden der Pferde der Besucher gesehen zu haben.

(Fenster.)

Die Fenster (s. Abb. 118) zeigen malerische Formen, gern sind sie in Gruppen gestellt, besonders auffällig in der erkerähnlichen Eckstube unserer Marschen u. a. Allerlei Einteilung und Zierat finden wir. Schiebefenster (Schwarzwald, Harz) (Abb. 118_2, 128), tiefliegende und vorspringende Fenster, Fenster mit Klappläden, seitwärts oder aufwärts zu klappen (Schwarzwald, Schweiz). Fenster und Klappläden sind gelegentlich zu schöngezierter Gruppe zusammengeschlossen als ein besonders schöner Schmuck der Schauseite des Hauses. An Block- wie an bretterverschalten und an Fachwerkhäusern finden wir sie von hübsch ausgesägten Brettern umgeben (Harz, Sachsen, Tirol u. a), oder die umgebenden Balken, auch die Läden, sind besonders reich beschnitzt (Wetterau u. a., Abb. 59 d). Auch besondere Farben heben sie hervor, die mit der Farbe der Tür gewöhnlich übereinstimmen. An reinen Ziegelbauten sind sie oft mit Sandstein eingefaßt oder durch hervorstehende Bögen (auf Sylt durch dreifarbige Ziegelbögen) oder sonstwie geziert. In Oberbaiern, wo die Häuser ganz getüncht und bemalt sind, sind die Fenster

Abb. 119. Blumenkästen, Hessen-Nassau.

ebenfalls durch besondere hübsche Rokoko- od. dgl. Umrahmung hervorgehoben. Vor den Fenstern sind vielenorts (Hessen, Harz, Elsaß u. a.) Blumenkästen einfacher, aber netter Form angebracht, in denen Geranien, Fuchsien, Nelken, Rosmarin, Kapuzinerkresse u. a., üppig gedeihen, bisweilen in solcher Zahl und Höhe, daß sie fast das Zimmer verdunkeln (Abb. 105_1, 119, 165_4).

Zu den Stubenfenstern kommen bisweilen nicht zu öffnende im Flur, in sehr alten norddeutschen Häusern noch aus kleinen Butzen- oder Rautenscheiben (Abb. 118_1), in die von Nachbarn und Freunden beim „Fensterbier", d. i. der Mahlzeit zur Feier des Fertigwerdens des Hauses, geschenkte, mit Wappen, Figuren, Sprüchen u. a. bemalte Scheiben eingesetzt wurden. Dazu die Oberlichte der Türen, kleinere Fenster hie und da, Dachfenster, viereckig, rund, halbrund, oval, ferner farbig gestrichene oder auch beschnitzte Bodenluken.

Bisweilen sind Tür und Fenster zu einer Gesamtwirkung verbunden, hart über oder neben der Tür befindet sich ein großes Flurfenster oder jederseits eins (Abb. 109_1) — besonders nett wird's, wenn hie und da in schon früher leis städtisch angehauchten Dörfern kleine Krämerläden draus wurden. Auch Tür und Bodenluke vereinen sich wohl zu einer Gruppe, so an einem Hause in Kampen auf Sylt — hier ist überhaupt bei der glatten, fast ungezierten Ziegelfläche der Mauerung großer Wert auf die Wirkung der Hausöffnungen gelegt. In den über der Haustür stehenden schlanken und spitzen Giebeln z. B. sehen wir die Tür mit den darüber stehenden Fenstern, Luken, runden oder halbrunden Fensterchen, sowie den Ankern in schöner Anordnung verteilt (s. Abb. 120).

(Dach und sein Schmuck.)

Die dreieckige natürliche unverzierte Giebelform des Bauernhauses schwankt zwischen fast nur 45° (Sylter Giebel über der Tür, sowie ein merkwürdig abweichendes Vierländer Haus in Altengamme) und 140° (Baiern, Tirol, Schweiz), meist liegt sie bei 90° — bei steinernen Häusern kommen natürlich andere Formen vor, wie Treppengiebel und andere städtische Formen. Gern ist das oberste Giebelstück betont, durch bunte Führung des Fachwerkes, schöne Verschalung (besonders schön und abwechslungsreich in Schlesien, Egerland) u. dgl. m. Hie und da finden sich Mansardendächer. Dacherker niedersächsischer Häuser z. B. haben oftmals gerundetes Dach (Abb. 123). Wo das Dach als Walmdach oder auch senkrecht (bei Stade auf der Geest u. a.) in der Giebelseite tief heruntergeht, ist es in Niedersachsen gewöhnlich unten wagrecht abgeschnitten, doch kommt auch leicht gerundete Form vor. Walme sind sehr beliebt, sie springen oft weit vor (Schwarzwald, eigenartig auch gerundet aus Ziegeln, Bückeburger Gegend, als Feuerschutz) (Abb. 25).

Der Dachfirst liegt fast immer über der Mittellinie des Hauses, im Gebirge, so im Westerwald, sächsischen Erzgebirge u. a., wie schon oben gesagt, ist das Dach indes auf der Wetterseite tiefer herabgezogen, als auf der anderen, fast er-

Abb. 120. Einfache Schönheit Sylter Bauernhäuser
durch strenge Regelmäßigkeit der Anordnung.

reicht es bisweilen den Boden — auf der einen Seite ist das Haus zwei Stockwerke hoch, auf der anderen sozusagen fast keines! (Abb. 23_1, 112_1.)

In einigen Gegenden ist der Giebel durch einen besonderen Giebelschmuck ausgezeichnet (Abb. 121). Der bekannteste sind die „Windbretter" des niedersächsischen Hauses (auch Mulapen, Kraienstool, zwei Pferdeköpfe, meist so gestellt, daß sie sich anblicken (Holstein, Lüneburger Heide, Westfalen, Vierlande, aber auch in Baiern u. a.) Einmal sind sie kaum erkennbar, ein andermal drastisch erkennbar, ein drittes

Abb. 121. Giebelzierden, Windbretter u. dgl.

1 Westfälischer Geck. 2 Herz und Pfeil, Wilstermarsch. 3 Pferdeköpfe, Vierlande. 4 Finkenwärder Haus mit zweierlei „Windbrettern", niedersächsischen Pferdeköpfen (a) und altländischen Schwänen (b). 5 Buchholz, Süderditmarschen, Pferdeköpfe als Dachreiter wie in 2, nicht als Windbretter wie in 3, 4 und 6! 6 Pferdeköpfe im hessischen „Hinterland". 7 „Knüppels" in Angeln. 8 Sylt. 9 Vogelköpfe, Litauen. 10 Steinerner Giebelaufsatz, Sachsen (s. auch Abb. 30, 33, 37_1 u. a.).

Mal stark verschnörkelt, bisweilen mit Zügeln versehen. Im Altenlande treten an ihre Stelle zwei sich in die Brust beißende Schwäne, in Ostdeutschland Hähne oder andere Formen, die vereinzelt auch sonst in Niedersachsen vorkommen, am kurischen Haff sind es auch scheint's Katzen, sogar mit einer Maus im Maule; im Gebirge kommen auch Steinböcke vor, in der Lausitz Pelikane (?) u. s. f. In den holsteinischen Elbmarschen sitzen zwei sich kreuzende weiß-grüne Stäbe oder Brettchen (Hingklauen), einfach gestaltet oder als Pfeile, die ein Herz durchbohren, drauf —, in Süderditmarschen sah ich sie (Abb. 121_5) als Pferdeköpfe herausgesägt, als sollte es eine Übergangsform zu den niedersächsischen Pferdeköpfen sein. In Westfalen ist der „Geck", die hübsch gestaltete hohe Giebelstange, kennzeichnend — in Ostfriesland der verschieden gestaltete Klookjan und Maljan (Abb. 122).

Als Dachdeckung finden wir Stroh, Heidekraut, Schilf (nordfriesische Inseln, Halligen), im Gebirg Bohlen, Bretter, durch Querlatten und Steine festgehalten,

Abb. 122. Giebelzierden von Häusern ostfriesischer Fehnkolonien.

1 — 11 Holz, 12 Schmiedeisen. 1 — 4 einfache Formen, 5 — 9 reicher ausgesägte, 10 — 11 abweichende Formen. Aus Mitte Großefehn. 5—7 nach Zeichnung des Lehrers K. Müller, die anderen nach Zeichnungen seiner Schüler und Schülerinnen. (3, 6, 7 wurden mir als „Klookjan", 5, 8, 12 als „Maljan" bezeichnet, auf Vorder= und Hintergiebel bezüglich?)

Langschindeln, kleine Schindeln (z. B. Harz, Hessen, Thüringen), Schiefer (Harz, Thüringen) — bisweilen in ganz großen Platten (z. B. Helmarshausen, Kurhessen) —, Ziegel und Kalkplatten.

Bei Stroh-, Schilf und Heidedächern ist der First gefestigt durch Firstdocken, ein festes Sonderstrohgeflecht, an zwergkleine Garben erinnernd, durch besonders dicke Stroh- oder Heideschichtung oder Erdplaggen — im westfälischen Münsterland auch durch Schieferplatten. Eingesteckte Stäbe halten die Firstlage besonders fest (so auf Sylt, in Ostenfeld u. a.). In Angeln hat das Haus durch eine Menge zur Dachfestigung dienender gekreuzter Dachreiter ein besonderes Aussehen — erinnernd an gewisse etruskische Aschenurnen. Ebenso im Ermland und Westpreußen, wo man in den gekreuzten Stäben zugleich religiöse Sinnbilder sieht.

3

1

2

4

Abb. 123. Dachschmuck. Luken mit netten Strohhauben. 1 Neuendeich bei Uetersen (Holstein). 2 Sylt.

Schornsteine. 3 Altes Land. 4 Vierlande.

Hier und dort schmückt den Strohdachfirst wohl auch noch die alte Donnerwurz oder Hauswurz — bisweilen eine ganze Reihe nebeneinander —, als Gewitterschutz — und nicht zu vergessen, ein Storchennest!

Wohl treffen wir noch heutigentags Bauernhäuser, die vorsintflutlich einfach das ganze Innere des Hauses als Rauchfang und jede Öffnung als Schornstein benützen — meistens aber ist man zu regelrechtem Rauchfang und Schornstein übergegangen. Letzterer ist beileibe nicht immer der einfache viereckige Kasten unserer gewöhnlichen Stadtschornsteine, man hat ihn vielmehr in Ziegeln hübsch gemauert, als Gewölbe z. B., hat ihn mit lustigen Aufsätzen versehen oder mit Schiefermosaik überzogen (Abb. 123), so daß er einen Schmuck des Daches bildet. Wetterkreuz und überdachte Mittagsglocke zieren das Dach des bairischen oder Tiroler Hauses (Abb. 59a), überall finden wir eiserne Wetterfahnen. Sie sind oft recht reich ausgebildet, besonders gern benützt man die Fläche der eigentlichen Fahne zu drolligen Bildungen: in Fischerorten ist sie als Schiff gebildet, als Seejungfer oder Delphin, anderswo begegnen wir einem Pferd, Reiter, pflügenden Bauern oder anderen menschlichen Figuren, ein Tischler hat sich an der Hobelbank stehend abbilden lassen (Vierlande), ein Schmied hat sich selbst am Amboß dargestellt (Hessen) u. a. m. (Abb. 66_5, 69_3, 121_3, 122_{12}).

Vor dem Hause stehen im Norden gern hohe Bäume, gestutzt zu durchsichtiger oder festgeformter viereckiger Laubwand, gelegentlich mit ausgesparten Durch-

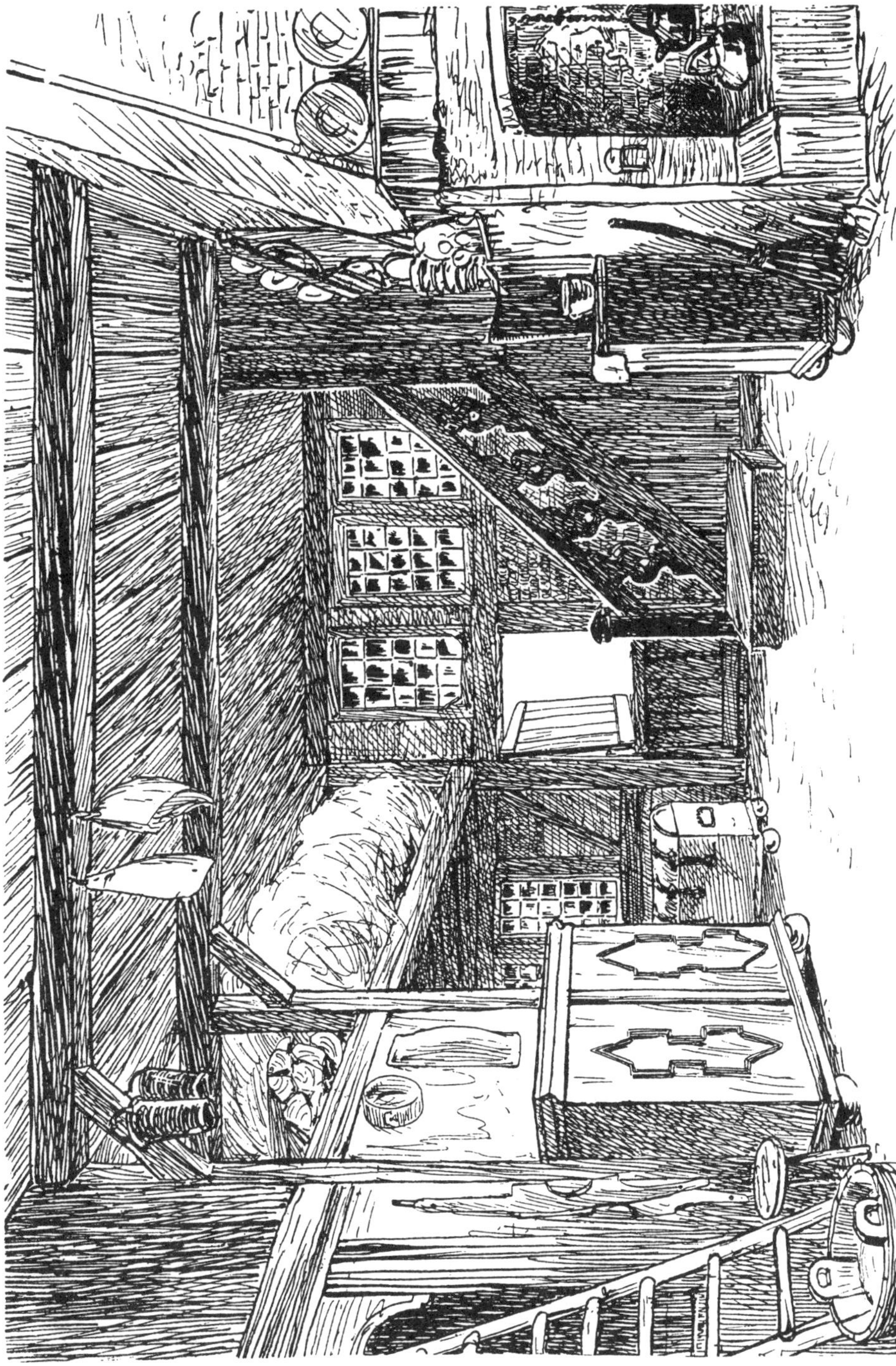

Abb. 121. Diele eines Fischerhauses in Blankenese nach Zeichnung von H. R. Hardorff †.

sichten für die Fenster dahinter — natürlich kommen auch freie Baumgruppen vor. Teils sind sie Windschutz, teils Zierde. Meistens wohl Linden, Kastanien, auch wohl Buchen, Eichen. Dazu kommt als Grünschmuck gern aufrankender, ja über den Giebel rankender Epheu, echter oder wilder Wein, Spalierobst, auch wohl Kletterrosen, Geißblatt, Zaunrübe u. dgl. m. (Abb. 23_2, 88.)

Wir haben das Haus außen von unten bis oben beschaut — treten wir nunmehr ein.

(Flett, Eren.)

Wir betreten zunächst einen Vermittlungsraum, der die Verbindung zwischen der Haustür und den inneren Türen bildet. Wir müssen indes scharf zwischen zwei Arten unterscheiden. In dem einen Fall ist es lediglich ein solcher Vermittlungsraum, in dem anderen aber zugleich vielbenützter Aufenthaltsraum, in dem gearbeitet, insbesondere auch gekocht wird — wie das vor allem das niedersächsische Flett in seiner älteren Form zeigt.

Abb. 125. Runder Herd im Flett eines Hauses der Lüneburger Heide. Fußboden in Mustern gepflastert.

Der Gang, der Flur (oder Eren), die Diele, das Flett in seiner neueren Form (wo es nach Abtrennung der Küche, der Gesindekammern, eines Schrankzimmers, einer Speisekammer usw. ebenfalls nur Durchgangsraum ist) sind natürlich nur einfach ausgestattet: die Wände einfach gestrichen, einiges Gerät so oder so hingestellt — wir begegnen keiner Lust, „viel daraus zu machen".

Anders ist es im altniedersächsischen Flett, das in seiner Ausstattung das Bestreben verrät, es zu einem behaglichen Raume zu machen, ja in seinen allerältesten Formen sogar nach Prunkwirkung strebte (Abb. 126, Tafel 6). Schon die Pflasterung verrät's manchmal, nicht nur daß die kleinen Feldsteine oder „Klinker" in Mustern geordnet liegen, in Zeven sah ich Buchstaben drin gestaltet, anderswo ist aus Ziegelsteinen wohl einmal eine Blumenform in Feldsteine eingesetzt (Abb. 125, 58_8). Meistens ist es heut, nach Einrichtung der Stuben, natürlich nicht mehr so prunkvoll (in Zeven ist es in einem Gasthof von dem kunstsinnigen Wirte wieder in alter Schönheit gehegt).

Die Wände finden wir auch hier freilich oft nur einfarben getüncht, wir sehen sie aber auch — z. B. in der Lüneburger Heide — mit bunten geometrischen Mustern oder mit Zierwerk bemalt, wir sehen sie in Ditmarschen u. a. in der vorhin schon einmal erwähnten Technik „gestippt", d. h. mit verstreuten, sternförmigen Figuren bedeckt, die durch Benützung einer als Sternstempel zugestutzten Mohrrübe hergestellt sind, ja, es finden sich hier bisweilen auch das Ziegelmuster (namentlich im Alten Lande) und der Vierländer Kratzputz (z. B. an einem Herd, Abb. 67_3).

Abb. 126. Museum zu Altona: Diele eines niedersächsischen Bauernhauses aus Ostenfeld bei Husum (zu beachten Herd mit „Rehm“ darüber und Krüzbom daneben, Siddel mit Wandbett, Tisch usw.

Die wichtigste Stelle des altniedersächsischen Fletts ist die alte Herdstelle gegenüber der Mündung der Diele, wo einst der runde oder viereckige, flache oder hohe Herd stand oder noch steht, frei, „Krüzbom“ daneben oder an der Wand, das mächtige Rehm darüber zum Aufhängen des Geschirres. In einigen Gegenden wird er in alter Feierlichkeit noch benützt, meist ist er durch einen oder zwei mit Schwibbogen (bisweilen durchbrochen gefügt) übermauerte Wandherde (Tafel 6, Abb. 124 rechts anders angeordnet) ersetzt. Aber selbst bei vorhandenem Wandherd dient die alte Feuerstelle noch bisweilen als Herd für besondere Zwecke. (Abb. 125.)

Die Wandstelle hinter dem alten Herd ist oder war besonders reich ausgestattet. Hier stand fest ehemals die alte Herdbank, die Ehrenbank. Hier ziehen sich — teils aus Nützlichkeits-, mehr noch aus Schönheitsgründen, denn auf diesen Fleck fällt zuerst der Blick des Eintretenden — mehrere Reihen Borte übereinander an der Wand hin, bestellt und behängt mit buntem Geschirr, Steinzeug und Metallgerät. Darunter stehen Truhen, Geschirrbänke, Torfkasten, Holzstapel u. a. m. Die überwölbten Wandherde sind in den Vierlanden durch hübsch ausgesägte sogenannte Diggendören verschließbar, die zugleich als Geschirrhalter dienen (Abb. 38).

Die Teile des Fletts vor den Fenstern sind mit Bank und Tisch versehen und dienen als Eßplatz, insbesondere dem Gesinde (Tafel 6). Alte Wandschränke, sowie alte städtische Schränke, Truhen u. a. stehen umher, an den Wänden nach der Diele hin befinden sich vielfach Gesindebetten, durch eine davorstehende Bank zu erklettern. Endlich bildet die nach oben führende Treppe, bisweilen noch mit schön ausgesägtem Geländer geschmückt, einen malerischen Schmuck des Fletts.

Das altniedersächsische Flett war und ist ja mehr als nur Vorplatz — denken wir jetzt wieder an Flur u. dgl. Vorraum überall im allgemeinen:

Wir wollen in die Wohnräume — schauen wir uns vorher die Tür an, die in sie hineinführt. Sie ist oft nur einfach hergestellt und gestrichen, oft aber geschmückt durch schöne Einteilung, etwas Schnitzwerk, Riefelung (Sylt), Beschläge, durch Einlegearbeit (Vierlande) oder aufgemalte Blumen u. dgl. (Baiern). Bisweilen hat sie oben eine kleine Scheibe, durch die man auf den Flur blicken kann — wo nicht, befindet sich oft neben ihr ein kleines, in der Wilstermarsch auch recht großes Guckfenster (s. Abb. 34), das oft besonders hübsche Ausgestaltung erhalten hat (ich habe in der Haseldorfer Marsch einmal eines gesehen, das wie ein kleiner Erker in die Diele vorsprang). So ist es bisweilen oval oder mit Korbbogen geschlossen, die Sprossen sind hübsch geschwungen, beschnitzt, oder die Bleieinfassungen der kleinen Scheiben bilden einen Stern u. a. m. Über der Tür befindet sich im Süden oft ein Spruch, der Name des Besitzers, in katholischer Gegend die Buchstaben C. M. B. (Abb. 60_6), drei Kreuze u. a.

Meistens ist die Stube natürlich ebenerdig mit dem Flur, in den Marschen aber ist die „Döns“ gern „aufgetreppt“, ein Treppchen führt hinauf; der Grund ist einmal die Sicherung bei Überschwemmung, ein andermal auch wohl der Wunsch, infolge der höheren Lage über den Deich, hinter dem das Haus liegt, hinübersehen zu können. In Ostfriesland, auch Westfalen, begegnen wir sodann der holländisch

Tafel 11.

Bemalung niederelbischer Ewer.

anmutenden „Upkamer" über dem Keller als Festraum oder Gaststube — die Treppe hinauf verdeckt, aufklappbar, den Kellerzugang (Abb. 130), (Upkamern für geringere Zwecke auch im Altenland u. a.).

(Bauernstuben.)

Die bemerkenswerteste Stube ist natürlich die Wohn- oder die beste Stube des Bauernhauses — wir begnügen uns, sie aufmerksam zu mustern, sie zeigt uns

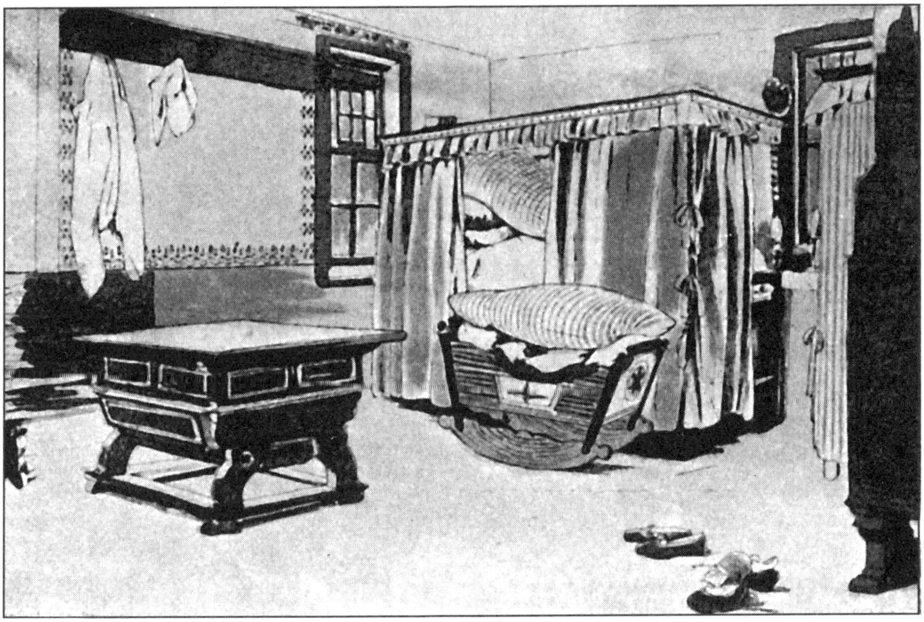

Abb. 127. Hessische Bauernstube (nach Prof. S. Thon). Wand weiß mit blauen Ornamenten, Zargentisch mit zwei Schubladen übereinander. Wiege mit Drudenfuß, längswiegend, Himmelbett.

alle in Betracht kommenden Wandverzierungen, Möbel usw., die in den anderen Stuben und Kammern natürlich nur in geringerem Maße verwendet werden. Hier und da gibt es noch besondere Festsäle, Prunkstuben (Pesel in Schleswig-Holstein [Abb. 129]), ihre Sonderstellung im Altenburgischen dadurch offenbarend, daß sie (Porstube heißen sie dort), getrennt vom Wohnhause, über der Durchfahrt im Torhause liegt. Auch in ihrer Ausstattung durch Malerei weichen sie oft — z. B. die prunkenden Sommerstuben der Krempermarsch u. a., vom eigentlich Üblichen ab — nun gar, wenn sie ganz und gar städtisch wurden! — ich kenne so eine ältere Prunkstube in Osten a. Oste, tapeziert mit köstlichen Pariser Tapeten: „die Eroberung von Mexiko" darstellend, etwa um 1850 wohl gedruckt.

Stubenausstattungen, die nichts sind als Nachahmungen moderner Stadtstuben überall, fesseln uns natürlich nicht, wir betrachten nur die, in denen ländliche Kunst sich zeigt. Sie sind nicht etwa schlechter als jene, im Gegenteil, auch der größte Zweifler an bäuerlicher Kunst wird oft nicht nur zu wohlwollend anerkennenden, sondern zu hell bewundernden Ausrufen hingerissen: Ist das denn wirklich eine Bauernstube? Dieser harmonische, behagliche, freundliche, feinfarbene, eigenartvolle Raum — das ist bäuerliche Kunstleistung? Ist es denkbar! Und wie ist es möglich, daß man davon nicht eher Lobes voll war, daß man daran nicht schon lange ein Vorbild sich genommen! Da ist ja alles, was wir in modernen Wohnungen wünschen —

Abb. 128. Aus Schwarzwälder Stuben (nach W. Hasemann, gezeichnet von Frau v. Wodtke).

Eigenart, Behaglichkeit, malerische Stimmung, Farbe, zweckgemäßes Einzelgerät! — Leider finden wir sie in völlig erhaltener alter Schönheit jawohl nur noch in den Museen!

Und jeder empfängt diesen köstlichen Eindruck — Eigenart mutet eben jeden an, und kaum findet sich gesündere, kraftvollere, ausgesprochenere, und dazu eine, die mehr eine Vereinigung aller besten Seiten deutscher Kunst in

Abb. 129. Nordfriesischer Pesel

aus der Zeit um 1700 (Museum zu Altona). U. a. zu beachten: Rechts Hörnschapp, Fenster, Wandleuchter mit „Scheinteller", links Wandbort.

sich schließt, als die unserer alten deutschen Bauernstuben! Man muß nur einmal die Besucher beobachten, die z. B. im Altonaer Museum die dort aufgestellten schleswig-holsteinischen Stuben durchwandern und dem lauschen, worin Gebildete wie Ungebildete ihren Empfindungen über diese schönen Zeugnisse eigener bäuerlicher Kunst Ausdruck geben! (Abb. 34 u. 129.) Jedes Völkchen hat seine besondere Stube sich ausgestattet, dieses reicher, jenes ärmlicher, und es sind nicht immer die reichsten, die am besten wirken.

Sehen wir uns im einzelnen um.

Zunächst haben wir heizbare und nicht heizbare Stuben zu unterscheiden — selbst Prunkstuben, z. B. der Pesel in Schleswig-Holstein, waren nicht immer heizbar. Die Heizung besorgt der Ofen oder der Kamin. Letzterer in Ostfriesland noch ziemlich ausschließlich in schönen Formen, großen und ganz kleinen. Ich sah in einer Fehnkolonie einen ganz schmalen: unten rote Klinker als Feuerstätte, blanke Messingplatte, die nach oben führende Höhlung zunächst umrahmend, fortgesetzt sozusagen durch eine leis gerundet vorspringende schmale weißgelbe, blanke Kachelwand, an eisernem, drehbarem Arm kupferner Teekessel — einfach und fein! — anderswo sah ich einen auch so schmalen

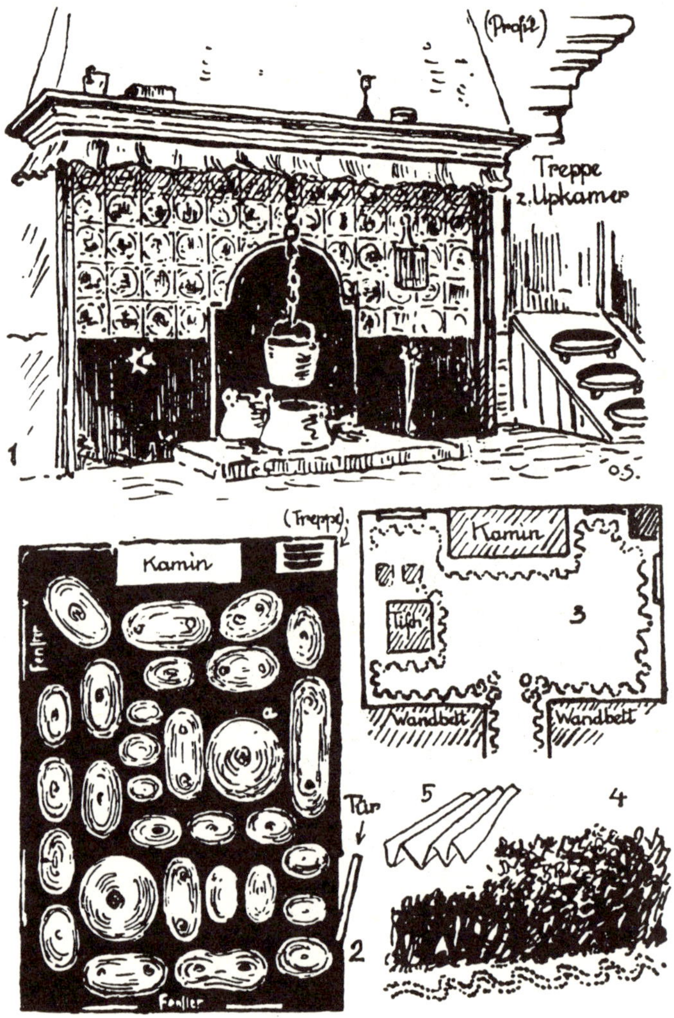

Abb. 130. Aus Ostfriesischen Stuben.

1 Kamin, rechts Treppe zur Upkamer, darunter die zum Keller. 2 Gelber Strohmattenbelag eines roten Klinkerfußbodens. (Bei a runder Tisch, darum Sofa und Stühle — alle je auf einer Matte. Stühle vor dem Kamin und Fenster desgl. — die übrigen Matten pflastern den Weg zwischen den Möbeln.) 3 Die Zackenlinie deutet die mit weißem Sand (aus wie in 5 gefaltetem Papier) hergestellte Zierbestreuung am Morgen an. (4 zeigt gleiche Schmuckfreude an einer Hecke auf der Straße!) Aus des Verfassers Skizzenbuch aus Ostfriesland: „Festgehaltene Heimat", Verlag Brandstetter, Leipzig.

aus Gußeisen. Die großen Kamine sind Prunkstücke mit blaubemalten Kacheln, bisweilen von unten bis unter die Decke; hübsch Stoffeinfassung des Rauchfangrandes, drauf Teller u. a. als Zierat stehen, unten große gußeiserne Platte an der Rückwand, rechts und links das Kamingerät! (Abb. 130).

Die Öfen sind teils backofenähnlich gemauert, einfach getüncht oder aus Kacheln, die ihren Vorfahren, den Topf noch bisweilen erkennen lassen — die älteren von außerhalb, vom Flur oder der Küche heizbar. An den Nordseeküsten tritt an ihre Stelle der gußeiserne „Bilegger", mit dicken Messingknöpfen zum Erwärmen der Hände! Bei den andern genannten Öfen sind ebenfalls Vorkehrungen zum Ausnutzen der besonderen Wärme in größter Nähe: Bank drum herum oder gar Sitzraum oben zwischen Ofen und Wand, gekachelt! „Recks", d. i. Gestelle zum Wäschetrocknen oben herum (auch beim eisernen Bilegger, dazu viertelkugelförmige Stülpe aus Messing oder Ton zum Warmhalten der auf den Bilegger gesetzten warmzuhaltenden Sache) u. dgl. m. Unter dem Ofen hier und da auch Platz für die Hühner! (Abb. 34, 128 u. 169).

(Wandausstattung.)

Wir stehen einem großen Reichtum verschiedener Wandbildungen gegenüber. In armen Gegenden besonders, aber auch in reicheren, wo der Geschmack diese Richtung nahm, finden wir einfachen Bewurf oder Anstrich, oft weiß (Baiern, Westerwald u. a.). Dazu gesellen sich ein gemalter Fries und ein Sockel, kräftig oder zarter gestimmt (Abb. 127). Bisweilen ist der untere Teil der Wand getäfelt, mit senkrechten, quer oder in Rahmen gefügten Brettern, holzfarben gelassen oder bemalt. Die zweite Hauptart der Wand, überall vorkommend, ist die vollständige Täfelung, einfache Verschalung, meist senkrecht, selten quer gefügt (oder letzteres unten, ersteres oben), mit oder ohne übergenagelte Leisten, bisweilen läuft oben ein lustig ausgesägtes Friesbrett herum, oder die Wand ist aus Rahmenwerk gebildet, oder endlich beides mischt sich. Bemalung gesellt sich oft dazu, sei es einfacher Anstrich, seien es aufgemalte Zierate oder Blumen oder gar ganze Landschaften mit Figuren: Amoretten, Rokokoherren und -damen u. a. Das Rahmenwerk hat sich in verschiedener Weise entwickelt: da sind einmal architektonische Motive verwendet, als Pilaster und Friese, oder die einzelnen Rahmen- und umrahmten Teile sind für sich beschnitzt, bemalt, eingelegt, mit Kröpfarbeit geziert u. a. Zu den schönsten getäfelten Stuben gehören im Norden der ditmarsische und nordfriesische Pesel, reich geschnitzt und bemalt, die Propsteier Stube, einfach anmutig, die fein bemalte Sylter Stube, die Vierländer (anfangs geschnitzt, später mit Einlegearbeit geschmückt), ähnlich die der Winser Marsch, sodann die mit Kröpf- und Schnitzwerk ausgestattete, geradezu prachtvolle Wilstermarschstube, die Altländer u. a. Aber natürlich auch in Süd- und Mitteldeutschland, Hessen, Baiern, Tirol finden sich getäfelte Stuben von großer Schönheit (s. Abb. 34, 35, 127—129 u. 133 und Tafel 7).

Die dritte Hauptwandart ist die Kachelwand, heimisch in den deutschen Küstenländern. Die ältesten Kacheln sind holländische, teils marmoriert, teils mit Sternen, Tulpenmustern u. dgl., religiösen Darstellungen und Landschaften versehen, später sind die Kacheln auch wohl in deutschen Städten hergestellt worden, in Nachahmung der holländischen. Die Musterung ist entweder so, daß jede Kachel für sich eine Einheit bildet oder daß ihr Eckmuster sich mit den Ecken der Nachbarkacheln wieder zu einem Muster vereinigt oder aber vier Kacheln ergeben ein großes Muster. Die Farbe der Kacheln ist blau oder violett, zweifarbige Kacheln oder

Abb. 131.

Links: Eckfensteranlage im Vierländer Hause. Rechts: Fenster mit Kachelumrahmung und nett ausgesägter Fensterbank, Tinnum, Sylt.

gar bunte sind ziemlich selten. Die Wände sind meistens nur mit einer Kachelsorte in einer Farbe bekleidet, es kommt aber auch vor, daß violette oder blaue Kacheln eines Musters in regelmäßiger Abwechslung an einer Wand verwendet sind. Zu den quadratischen gesellen sich rechteckige Kacheln als Umrandung der Fenster u. dgl., ihre Bemalung zeigt demgemäß laufende Muster. Manchmal sind auch zwei verschiedene Muster so an einer Wand benützt, daß eine größere Zahl des einen eine oder mehrere viereckige Flächen innerhalb des anderen bilden (z. B. violett marmorierte Kacheln in blauer Tulpenwand); gern hat man vielfach auch besonders hergestellte Kachelgemälde, ein Schiff („Verloren op Sweden 1760" steht auf Hallig Hooge unter so einem und erzählt von einem Schiffbruch), einen Papagei, einen Hund, ein Vogelbauer u. dgl. darstellend, in die Wand eingelassen. Meist sind nicht alle Wände des Zimmers gekachelt, diese oder jene sind getäfelt oder gemalt; anderseits bekleidet die Kachelung aber auch wohl die Wandungen der Fenstereinschnitte (Abb. 50_2, 131 u. 132).

Natürlich sind die Wände bis oben geschlossen. In einem Hause in Mackenzell (Fulder Land) fand ich indessen eine Stube, deren Wand nach der Kammer

Abb. 132. Kachelmuster aus Mitte-Grossefehn, Ostfriesland. Zeichnung einer Schülerin der dortigen Dorfschule.

hin durch halbkreisförmige, in dem Fries enthaltene und in ihn hübsch hineingefügte, zugleich Schmuck bildende Öffnungen durchbrochen war — wohl zwecks Lüftung, Hitzeableitung u. dgl. (Abb. 81$_3$.)

(Decke und Fußboden.)

Die Decke zeigt gewöhnlich einfache Bretterverschalung, die Tragebalken sind indes meistens frei sichtbar (Abb. 129), manchmal durch untergenagelte Bretter zu

Abb. 133. Zimmer auf Sylt
mit Malerei an der Wand und der kajütenartig gewölbten Decke (nach Photographie, vgl. Abb. 181).

Borten unter der Decke benützt: Einfacher Anstrich wie bunte Bemalung (selbst mit religiösen Szenen, Abb. 34) kommen vor, auch wohl etwas Schnitzwerk; in Nachahmung städtischer Rokokoart finden sich auch vereinzelt Stuckdecken. Zu den wagerechten Decken kommen in Süddeutschland häufig auch gewölbte, im Norden selten (z. B. auf Sylt Abb. 133). Schließt sich ein Erker an eine Stube an, so ist seine Decke oft gesondert behandelt. Eigenartig ist eine malerische Eigentümlichkeit nordfriesischer Häuser, das sogenannte Ausbauer, entstanden dadurch, daß die Decke höher liegt als die Höhe der Außenwand, so daß dazwischen ein Stück der Dachschrägung sichtbar ist; es ist mit Brettern verschalt, die der Wand entsprechend geziert sind (Tafel 7), es kommt aber auch Kachelverkleidung vor.

Abb. 134. Wandschrank, grün bemalt, Tinnum, Sylt.

Zur Ableitung schlechter Luft, des Lampendunstes oder großer Hitze fand sich früher hie und da (so Vierlande und Egerland) ein großer blecherner, die weite Mündung nach unten kehrenden Trichter in die Decke eingelassen. Anderswo diente dazu auch ein verschließbares Loch in der Decke — hier und da wohl auch zur Erwärmung einer Kammer oben (Abb. 81_2).

Der Fußboden, in armer Gegend Lehmdiele, meist aber mit Holz gedielt, mit Klinkern oder Steinplatten gepflastert, erhält in Ostfriesland durch runde oder ovale große und kleine Strohmatten (in großer Zahl bisweilen, unter Tischen und Stühlen und in den Gängen dicht gelegt) und an Sonn- und Festtagen wohl überall durch Sandbestreun in Mustern besonderen Schmuck (Abb. 130).

(Wandschrank u. dgl.)

Kleine (bei ärmeren und weltfernen Verhältnissen vielleicht noch lediglich Wandnischen, durch eine Tür „verschränkt“) und große Wandschränke (Abb. 35, 134) und Wandbetten sind in die Wand eingelassen. Die Schränke (auch die Wanduhr) fügen sich den Täfelungen passend ein, bisweilen in der Ausstattung absichtlich leise oder mehr abweichend von der übrigen Täfelung; sie haben auch wohl zum Teil Glastüren. Insbesondere reizend und hervorstechend gestaltet ist in norddeutschen Stuben der Porzellanschrank, größer oder über der Tür nur klein, dessen Glastüren, mit hübsch geschnitztem, durchbrochenem Holzwerk überzogen, die Schätze des Hauses an altem Porzellan, Gläsern u. a. sehen lassen (Abb. 34) (schlagend scherzhaft: Prahlhans genannt!). In den Kachelstuben ist die Holzumrahmung der Wandschränke gern in zu den Kacheln passenden Farben gehalten. Den vielleicht kleinsten Wandschrank der Welt fand ich einmal in einem sehr alten Vierländer Hause in Altengamme: in einen Pfosten der Stube war da eine ganz kleine Höhlung eingegraben, mit einem winzigen Türlein, mit kreisförmiger Öffnung versehen, verschließbar, bestimmt zur Aufnahme der Taschenuhr! Die norddeutsch Puch, Butzen oder auch Alkoven genannten Wandbetten (auch von der Nebenstube aus bisweilen zu besteigen) sind äußerlich entweder genau so behandelt wie die Wandschränke, d. h. die sie schließenden Schiebe- oder Klapptüren (bis auf den Boden gehend oder nur vor dem eigentlichen oberen Betteingang) schließen sich der Täfelung an, oder aber sie haben keine Türen, sondern sind durch Vorhänge abgeschlossen. Alsdann sind sie eingefaßt durch eine portalartige Einfassung, aus Brettern (Abb. 124 ganz links) ausgesägt oder architektonisch gestaltet, rechts und links von Pilastern eingeschlossen, die einen irgendwie gestalteten Bogen tragen (s. auch Abb. 126). Gelegentlich finden wir auch einen Spruch drüber, z. B.:

„Ordere Mir in Meiner Ruh
auch die Himmels Wechtern zu".

Ein Wandbort läuft gelegentlich an der Wand hin, drauf Teller, Gefäße, auch Löffel u. a. stehen oder hängen.

Die Stubentüren sind im Innern der Stuben gern reicher ausgestattet als außen, sich harmonisch an die andere Ausstattung der Wände anschließend. Das Guckfenster zum Flur ist innen noch ganz besonders schön umrahmt, am schönsten im Wilstermarschzimmer. Die Fenster sind bei der Außenbeschreibung schon erwähnt worden, sie zeigen auch innen bisweilen besonders anmutige Umrahmung aus ausgesägten Brettern (auch die Fensterbank — mächtig breit in den oft schier nischenartig tiefen Fensteröffnungen bairischer und Tiroler Steinhäuser — ist bisweilen hübsch ausgesägt, Abb. 131). (Mit Stroh benagelte Tür Abb. 81_1.)

Der Eckerker oder eine Ecke des Zimmers, wohl überall gern reich an Fenstern an beiden Außenseiten, wenn auch nicht so wie in unseren norddeutschen Marschen, wo's fast ein Glaskasten ist, ist der Lieblingsplatz der Familie, gern so angelegt, daß der Blick auf die Straße fällt. Hier steht der große Tisch vor den an der Wand sich hinziehenden Bänken, hier hängt in Süddeutschland das Kruzifix (daher Herrgottswinkel), darunter ein Bort oder eine Höhlung für Bibel, Gesangbuch u. a. (Abb. 155_3).

Die anderen Stuben des Hauses sind, wie gesagt, natürlich einfacher ausgestattet, andere Wandtechniken kommen aber nicht in Verwendung, ebenso nicht in der Küche, so daß es sich wohl erübrigt, davon besonders zu sprechen.

Gehen wir vielmehr zu dem, was im Hause herumsteht und hängt und liegt, über, zunächst also zu den Möbeln.

(Bauernstuhl.)

Da drängt sich ein Möbel in den Vordergrund, das in der Stadt eine nur unbedeutende Rolle spielt: der Stuhl. Er ist das Bauernmöbel, das die größte Vielartigkeit aufweist — er ist überall vertreten, während andere Möbel hie und da fehlen, er ändert sich schon durch ein wenig anderen Aufbau und Schmuck, so daß in ein und demselben Hause schon eine ganze Anzahl verschiedener Stuhlformen vorhanden sind, vom einfachen Knechtestuhl bis zu den schönst ausgestatteten Stühlen des Ehepaares, vom Kinderstuhl bis zum Großvaterstuhl — namentlich hat der Gebrauch, dem Brautpaar zwei so oder so besonders reich und kostbar ausgestattete Stühle mitzugeben, der Erfindungslust der Schreiner die größte und dankbarste Gelegenheit zur Entfaltung gegeben.

Abb. 135. Melkstühle, Lüneburger Heide.

(Entwicklungsgang des Bauernstuhls.)

Der deutsche Bauernstuhl ist aus dem einfachen Sitzgerät der Vorzeit hervorgegangen. Seine stufenweise Entwicklung durch allmählich eingeführte bequemere

Abb. 136. Entwicklungsgang des Bockes.
1 Einfache Form. 2, 4 nach Holzschnitten des 16. Jahrhunderts. 3, 5 Oberbaiern. 6 Sylt.

Umgestaltungen und Verbesserungen läßt sich unter Zuhilfenahme alter deutscher u. a. Gemälde und Stiche lückenlos verfolgen. Die einzelnen Stufen folgen ungezwungen natürlich aufeinander, was die Stadt dazu gegeben hat, ist verhältnismäßig wenig.

Vier Entwicklungsreihen sind es in der Hauptsache. Die Ausgangspunkte sind: der Bock aus einer Sitzplatte mit drei oder vier schräg eingesetzten Beinen, der aus Brettern gefügte bank- oder kastenartige Sitzschemel, der Faltstuhl und der aus Stäben zusammengefügte drei- oder viereckige Hocker mit meist geflochtenem Sitz.

Abb. 137. Entstehung des Bankstuhles und Kastenstuhles.
(Nach Gemälden von Teniers.)

Am nächsten den Ausgangspunkten sind wohl die Melkstühle geblieben, da ihre Herstellung die urwüchsigsten Formgedanken und Anspruchslosigkeiten festhält (vgl. Abb. 135 mit den folgenden).

Einfügung einer Rücklehne und von Armlehnen, allmähliches Bequemerwerden durch Verbindung derselben und sonstige Änderungen sind überall die Hauptstufen.

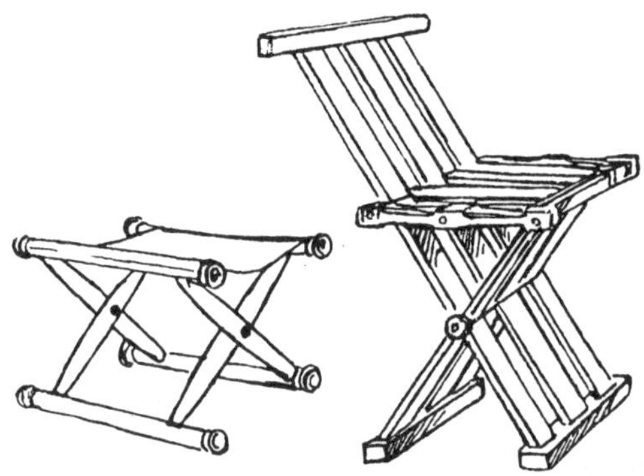

Abb. 138. Entstehung des Faltstuhles.
1 Germanischer Faltstuhl. 2 Faltstuhl mit Lehne der Renaissance (heute noch in der Schweiz).

In den Bock wird zunächst ein einfaches Brett als Lehne eingeschoben, mit einem Loch zum bequemen Handhaben versehen, das Brett gestaltet sich allmählich reicher und reicher, es wird durch den Sitz gesteckt und mit Keilen befestigt, wird ersetzt durch Latten, einige senkrechte und eine obere Querleiste, oder durch eine von Stäben getragene Querleiste. Letztere beginnt sich leicht zu runden, größer und größer wird die Rundung, bis sie so weit herumwächst, daß sie auch Armlehnen ergibt, entweder so, daß Rücklehne und Armlehne in einer Höhe liegen oder daß erstere für die Arme hinabsteigt. Namentlich süddeutsche Stuhlformen verdanken dieser Entwicklung ihr Dasein, obschon sie vereinzelt auch im Norden, z. B. auf Sylt, vorkommen (Abb. 136).

Bankſitz und Kastensitz haben keine so weite Entwicklung durchgemacht, wohl finden wir auf alten holländischen Gemälden sowie in einem Stuhl von der Insel

Röm (Flensburger Museum) aus ihnen hervorgegangene Formen, aber sie sind, als unbequem, unhandlich aufgegeben worden (Abb. 44_{12}, 137).

Der Faltstuhl hat zu Klappstühlen geführt, die die Absicht, auch Arm- und Rücklehnen zu ergeben, geschickt gelöst haben, besonders in der Schweiz (Abb 138).

Abb. 139. Entwicklungsgang des dreibeinigen Stuhles.

I Rücklehne: 1 einfachster Sitz, mittelalterlich. 2 desgleichen mit einfachster Rücklehne, die sich in 3—6 weiter entwickelt und bequemer wird. II Armlehnen dazu: 7 nur Armlehnen, 8—12 Vereinigung mit der Rücklehne bis zum Dreiviertelkreis. 13 westfälischer Stuhl, wo die Trennung noch beibehalten ist. (Nach holländischen Stichen zumeist.) 12 nach Matthias Scheits, Hamburg, Kunsthalle. 13 nach Ludorff, Bau- und Kunstdenkmäler in Westfalen.

Die reichste Entwicklung zeigt der aus Stäben zusammengefügte drei- oder vierbeinige Hockersitz; er hat zu den schönsten Bauernstuhlformen geführt. Nehmen wir zunächst den dreibeinigen Sitz. Da sehen wir zuerst ein Bein nach oben als einfachste Rücklehne verlängert, ein schmales Brettchen fügt sich ihm an, allmählich

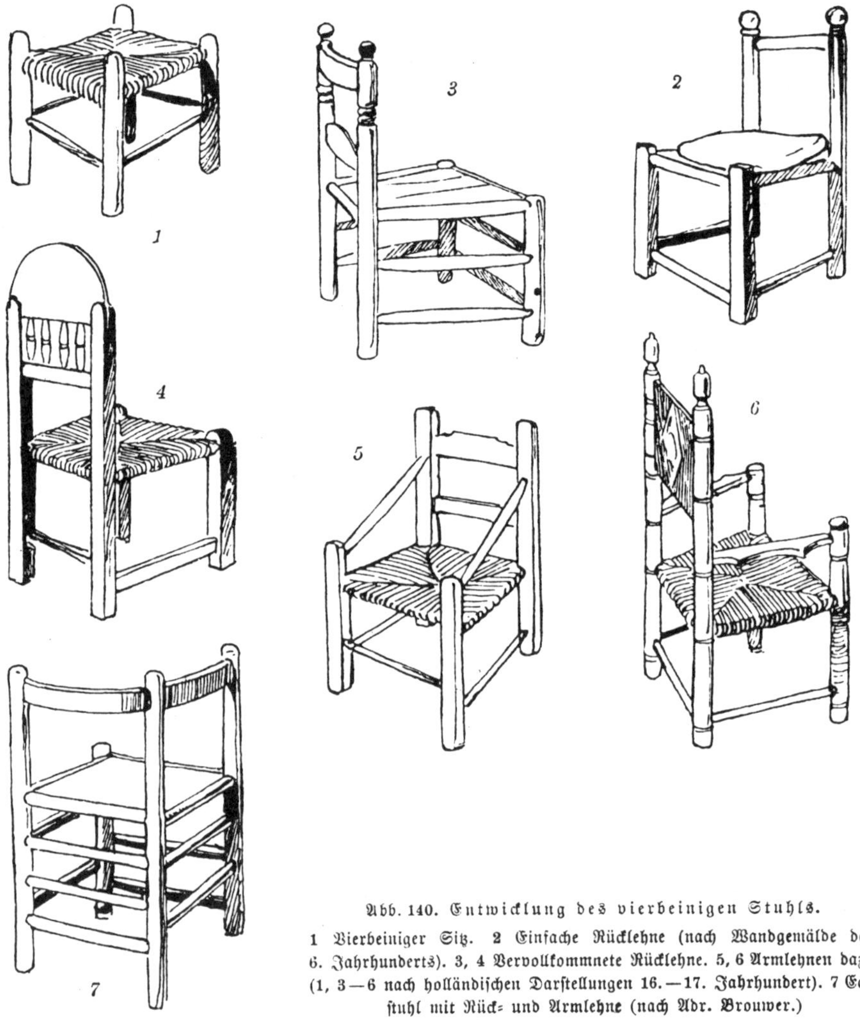

Abb. 140. Entwicklung des vierbeinigen Stuhls.

1 Vierbeiniger Sitz. 2 Einfache Rücklehne (nach Wandgemälde des 6. Jahrhunderts). 3, 4 Vervollkommnete Rücklehne. 5, 6 Armlehnen dazu (1, 3—6 nach holländischen Darstellungen 16.—17. Jahrhundert). 7 Eckstuhl mit Rück- und Armlehne (nach Adr. Brouwer.)

größer werdend und sich der Rundung des Körpers anschmiegend. Sehen alsdann den Gedanken einfach gebildeter schräger Armlehnen auftauchen, sehen sie so oder so mit der Rücklehne zusammengeführt und endlich zu einem Dreiviertelkreise verwachsen (s. Abb. 16_5 und 139). Diese Stuhlform ist in Westfalen und Franken u. a. noch bis zum Ende des 18. Jahrhunderts in Brauch gewesen, scheint dann aber verlassen worden zu sein zugunsten des vierbeinigen Stuhles.

Abb. 141. Norddeutsche Bauernstühle.

1 Vierländer Armlehnstuhl älterer Art, Armlehnen mit Knöpfen auf den Lehnen, Rücklehne eingelegt, auf dem geflochtenen Sitz Flickenkissen. 2 Altländer Stuhl rot, blau, grün, auch schwarz, Brett der Rücklehne leicht geschnitzt, bunt bemalt. 3 Armlehnstuhl aus der Propstei, Holstein, mit „Ohrlehnen", Museum Altona. 4 Schleswigscher niederer Stuhl, Museum Altona (s. auch 77_4). 5 Geflochtener Gartenstuhl, Ahrensburg bei Hamburg.

Dieser nimmt ebenfalls seinen Ausgang von lehnenloser Form. Hier wachsen die beiden zumeist senkrecht stehenden, seltener schrägen Hinterbeine (Abb. 141_4) in gleicher Fortsetzung nach oben — es kommt aber auch vor, daß senkrechte Beine in der Bildung der Rücklehne schräg nach außen geführt werden und so eine breitere Rück-

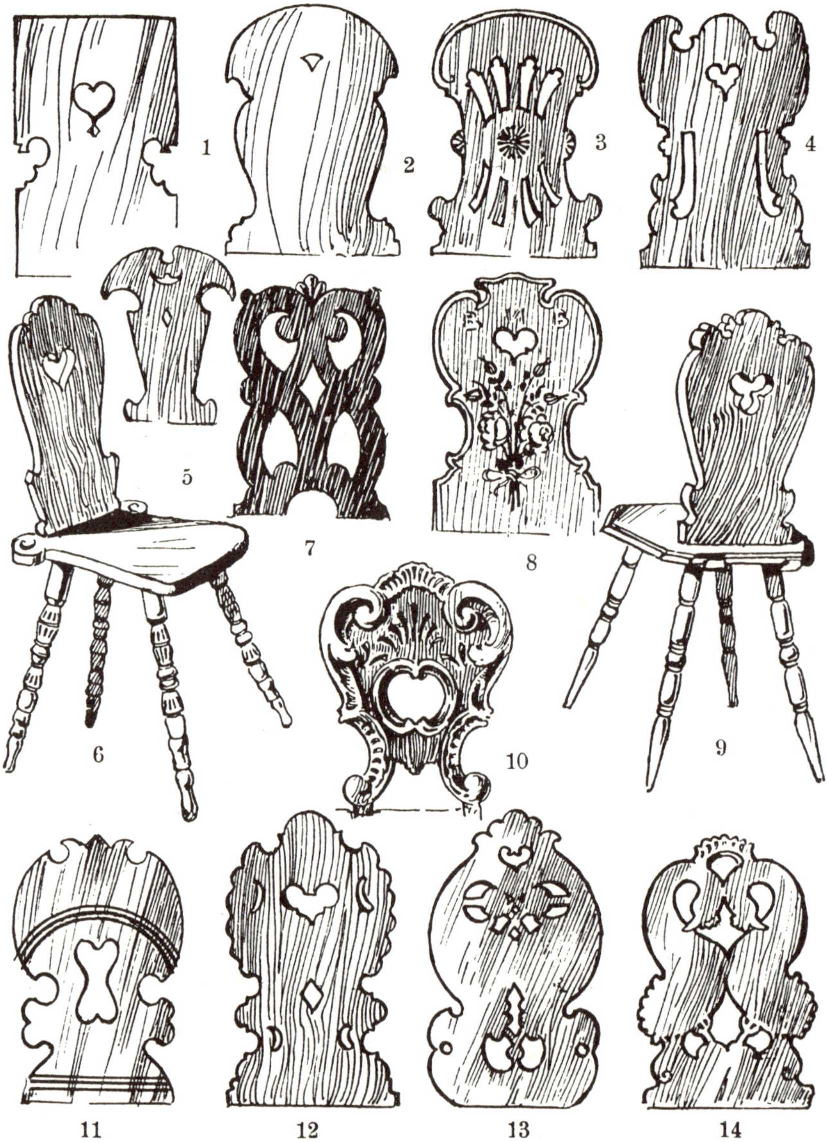

Abb. 142. Brettstuhllehnen.

1, 3 Hessen-Nassau. 2 Holstein. 4 Mecklenburg. 5 Böhmen. 6, 9 Oberbaiern. 7, 11 Elsaß. 8 Franken. 10 Tirol. 12 Schwarzwald. 13, 14 Hessen-Nassau — in 14 zwei Vögel noch deutlich erkennbar, in 13 stark entstellt. 15, 16 Tirol. 17 Pommern. 18 Schwarzwald: Doppeladler — in 16 kaum noch erkennbar (s. auch Abb. 44_2).

Tafel 12.

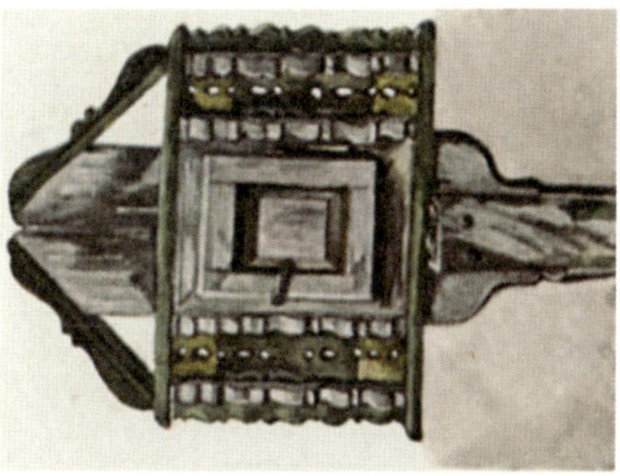

Bemalter Grabschmuck in Hessen-Nassau.

Texte siehe Rückseite

Tafel 12.

Bemalter Grabschmuck in Hessen-Nassau.

1 Keulbach; einheitlich blaue Kreuze mit weißen Strahlen oder kranzförmigen Eckfüllungen.

2 Orb; die Geschlechter unterschieden durch blaue und rote Kreuze.

3 Schöneberg; in Hellgrau und zweierlei Grün bemalter Pfahl mit Kästchen.

4 Dautphe; weiße Stele mit bunter Einfassung (Kruzifix aus Metall).

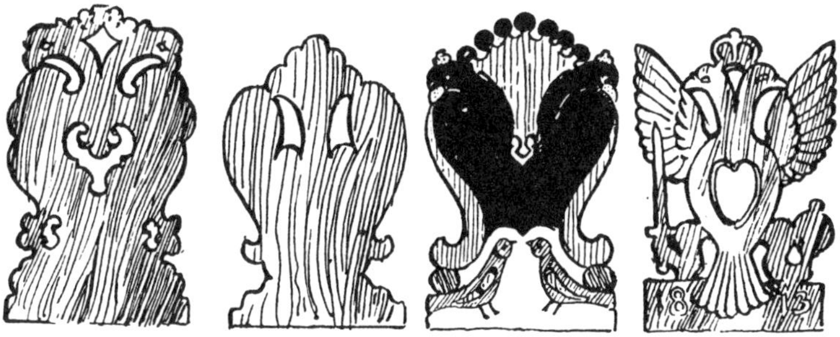

15 16 17 18

Zu Abb. 142. Doppeladlerlehnen (Text siehe Seite 180).

lehne ergeben (Abb. 56, 78). Sie werden verbunden durch ein oder mehrere Querbrettchen, die sich runden, entweder nur das obere oder alle gleichmäßig. Statt der einfachen schmalen parallelen Brettchen treten verschiedene Arten der Lehnenbildung auf, aus größeren und schmäleren Brettern, aus gedrechselten Gliedern, allein oder mit den Brettern sich mischend; auch die Beine wurden schon früh gedrechselt. Wir sehen alsdann Armlehnen auftreten, eine einzelne links für den Spinnstuhl (Abb. $16_{1,2}$) oder zwei wagrecht, sich verbreiternd, sich ausbuchtend, auch schräg zur Rücklehne, ja bei geflochtenen Stühlen verwachsend zu einer großen Rundung (Abb. 140_5 u. 141_5). Eine Form für sich ist der Eckstuhl, wo drei Beine nach oben gewachsen und (z. B. Abb. 140_7) durch eine Rücklehne verbunden sind — er kann so „besessen" werden, daß man übereck sitzt, oder auch, wie man's gewöhnlich macht, so, daß dann die Rücklehne zugleich Lehne für einen Arm abgibt.

(Heute noch gebräuchliche Bauernstühle.)

Zu diesen Hauptzügen der Entwicklung kommen nun noch verschiedene kleine Sondergedanken, verschiedene Beinformen, viereckige, gedrehte, brettförmige oder gemischte, geschweifte — verschiedene Herstellungsweise des Sitzes, aus Brettern, aus schmalen Latten oder verschiedenem Geflecht, Kissenbelag, Polsterung — verschiedene Formen des Sitzes, sehr breit oder nur schmal, tief oder nicht tief, mehreckig, rund, bunt, ausgeschweift — selbst Modellierung des Sitzes in modernster Art kommt vor (Sylt, Abb. 136_6) — verschiedene Armlehnen, vorn sich ausweichend oder vorn sich nähernd (Nordschleswig, Abb. 37_3), besonders hoch oder besonders tief, hohe oder niedere, steile und zurückgebogene Rücklehnen.

Endlich gesellt sich verschiedenste Gestaltung und Ausschmückung aller Einzelheiten in verschiedensten Techniken und Geschmacksrichtungen hinzu, um das außerordentlich bunte, lustige Bild hervorzurufen, das unsere Bauernstühle bieten.

Da sehen wir paralleles Stabwerk reich angewandt (Sylt), sehen lustige, übermütig fast zu nennende Flechtung (Gartenstühle, Holstein, Lüneburger Heide, Pommern), sehen Drechslerkunst, verbunden mit ausgesägten Brettern (Altes Land u. a.), oder

der ganze Stuhl ist aus lauter gedrechselten Gliedern zusammengesetzt (Schleswig), oder das so oder so ausgesägte Brett herrscht. Außerordentlich mannigfaltig geformt sind die Rücklehnen des in Süddeutschland herrschenden Brettstuhles (Abb. 142). Reiche Aussägearbeit zeigen die Madener (Hessen-Nassau), auch Schwälmer Stühle. Kerbschnitt ziert, reich angewandt, in Nordschleswig, Pommern, Schwalm die geradlinig gehaltenen Bretter, zart angewandt auf Rügen, im Spreewald u. a. (Abb. $58_{6,7}$). Schöne Schnitzerei finden wir in Tiroler und bairischen Brettstühlen, alten Vierländer, nordschleswigschen Stühlen u. a. Einlegarbeit ziert die Vierländer Stühle des 18. u. 19. Jahrhunderts und die der Winser Marsch. Punzung finden wir in Hessen, geritzte Linienmuster in Schleswig, Pommern, Spreewald u. a. Endlich kommt die Farbe überall gern und reichlich zur Anwendung, sei es, daß der ganze Stuhl einfarbigen Anstrich hat (hier ist die eine, da die andere Farbe besonders beliebt, rot ist besonders überall beliebt, aber auch blau, z. B. im Alten Lande und Hessen, grün, braun, auch schwarz und weiß kommen vor) oder sei es, daß zwei Farben nebeneinander gesetzt sind (Lüneburger Heide), sei es, daß Schnitzereien und Kerbschnitt (Litauen) bemalt sind, sei es, daß auf einfarbigen Grund ein Hauptzierat aufgemalt ist (Franken, Spreewald u. a.), oder endlich, daß der ganze Stuhl mit buntem Zierwerk bedeckt ist. Die farbenfreudigsten Stühle sind wohl die der Schwalm, die Jamunder in Pommern und die des Alten Landes. (Abb. 17_2, 56, 57_2, 78_5, Tafel 5 u. 8_6.)

Die Ziermotive sind sehr vielseitig, wir finden naive, alteigene geometrische (Schwalm, Schleswig u. a.), übernommene aus allen Stilarten vom Romanischen bis zum Empire, aus der Natur genommene, stark stilisierte oder naturalistische Ranken, Sträuße, Blumen und Fruchtkörbe, Tierformen, Doppeladler, Figuren wie Jäger, Schiffer, Sinnbildliches, Monogramme (Abb. 62_1, 66_1, 77_4 u. a.).

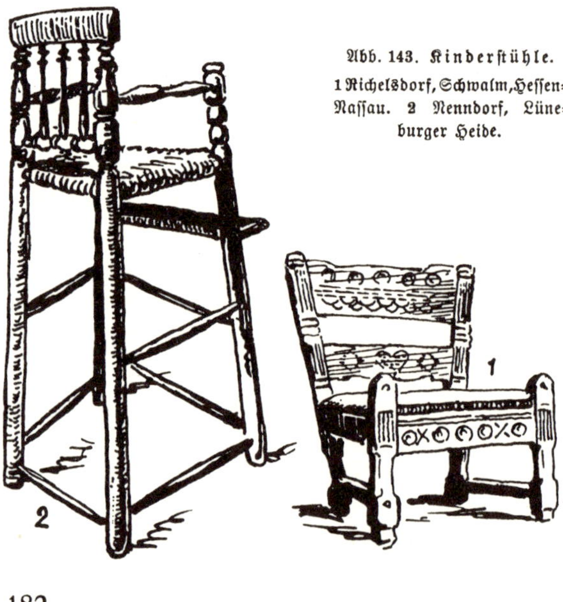

Abb. 143. Kinderstühle.
1 Richelsdorf, Schwalm, Hessen-Nassau. 2 Nenndorf, Lüneburger Heide.

Von plumpen urtümlichen Stühlen bis zu den feinsten, zierlichsten sind alle erdenklichen Zwischenstufen vertreten; zu den ersteren gehören nordschleswigsche und Halligenformen, auch die westfälischen Dreieckstühle, Schwälmer, Jamunder wirken recht urtümlich. Zu den bequemsten und feinsten Formen gehören die Vierländer, Wilstermarschstühle, Sylter, Lüneburger Heide- und einzelne hessische Stühle (vgl. Abb. 17_2, 34, 35 u. a.).

Daß der städtische Stuhl nicht ohne Einfluß blieb, ist klar.

Oft ist der städtische Gedanke aber eigenartig umgedeutet und umgebildet, so bei einem Stuhl des Flensburger Museums, wo man zweifeln kann, ob man den Stuhl als Rokoko oder als altnordisch bezeichnen soll u. a. m.

Am reichsten sind im Hause natürlich immer die Hochzeitsstühle des Ehepaares ausgestattet, sie zeigen sinnbildlichen Schmuck, Herz, Blumen, Rosen u. dgl., sich schnäbelnde Tauben, die Namen, Jahreszahl u. dgl., prachtvoll besonders solche aus Jamund, Maden und Schwalm (Kurhessen), Vierlanden, dem Altenlande u. a.; die anderen Wohnzimmerstühle sind meist recht viel einfacher. Natürlich sind die Gesindestühle und die bei irgendwelchen Arbeiten benützten Sitze, z. B. Spinnstühle u. dgl., recht einfach, da sind auch Hocker, Bock u. dgl. noch im Gebrauch, dazu bisweilen Stühle, die zwei Zwecken dienen, die zugleich Haublock oder gar Tisch sind (in Hessen-Nassau) [Abb. 38_3].

Der Kinderstuhl verdient noch besondere Erwähnung. Er ist einmal einfach ein verkleinertes Abbild des Stuhles der Erwachsenen, niedrig oder im Gegenteil auf hohen Stelzbeinen stehend (Abb. 143), mit Armlehnen, Fuß- und Spielbrett, bisweilen reich und lustig geschmückt. Ein andermal ist er kastenförmig und steht wohl gar auf Rädern. Auf der Rhön ist ein merkwürdiger Kinderstuhl üblich, Setze genannt, eine Art Mittelding zwischen Wiege und Stuhl, der kastenförmige Sitz steht auf der Länge nach sich bewegenden Wiegefüßen (Abb. 38_4). Dazu kommen noch, um sie gleich zu erwähnen, Kinderstände, im Harz z. B. ein rundes, sozusagen papierkorbartiges Gestell auf schwerer, dicker Holzscheibe, oder viereckige Rollgerüste zum Laufenlernen (s. die mittelalterlichen Kinderstühle Abb. $12_{7,8}$).

(Bank.)

Das zweite, zeitlich aber älteste Sitzmöbel ist die Bank, ebenfalls aus einfachsten Sitzformen hervorgegangen und bis zu prunkvollen oder zierlichen Formen, je nach der besonderen Verwendung fortentwickelt (vgl. Abb. 5, 11 u. 12).

Einfachst geblieben ist die Wandbank vor oder im Hause, aus einem Brett, das auf ein paar ein wenig ausgesägten Brettfüßen oder auf vier schrägen Beinen steht, bei der Ofenbank kommen eiserne Füße vor. Bereichert wird diese einfache Form durch ein vorgesetztes, zierliches oder nur wenig ausgesägtes Vorderbrett.

Die von der Wand losgelöste Bank bedarf, um bequem zu sein, der Rücklehne, die wir in allerlei Weise aus Brettern, Latten, Stäben, gedrechselten Docken u. a. verschieden hergestellt finden, oft, namentlich als Gartenbank ausnehmend geschmackvoll, gelegentlich auch einmal vom Sofa beeinflußt. (Abb. 144, 145.)

Wie diese Formen aus den ursprünglichen Sitzformen hervorgegangen sind, so auch die Banktruhe. Die Seitenbretter sind für die Bildung der Armlehnen benützt, die Hinterwand für die der Rücklehne, oder die Lehnen sind für sich aufgesetzt. Rück- und Armlehnen, sowie die Vorderseite, sind oft schön geschmückt durch Aussägearbeit (Vierlande, wo sich an der Banktruhe, die nie eine Rücklehne hat, lückenlos die Entwicklungsgeschichte zeigen läßt, Abb. 44_8, 78_3 u. 146), Schnitzerei

(Altes Land), Malerei u. a. Es finden sich riesige Formen, in Vierlanden bis zu 4 *m* Länge!, die prunkvollsten Banktruhen besitzt das Alte Land (s. Tafel 8_3). Gewöhnlich dient die Sitzfläche in einem oder mehreren Stücken als Verschluß der

Abb. 144. Bänke und Schemel.

1 Wandbank, davor Klapptisch, Rendel, Hessen-Nassau, im Wirtshaus. 2 Doppelbank, Naurod, Hessen-Nassau, im Wirtshaus. 3 Bank vor dem Hause, Stolpmünde, Pommern. 4 Desgleichen, Sylt. 5 Desgleichen, Pommern. 6, 7 Schemel.

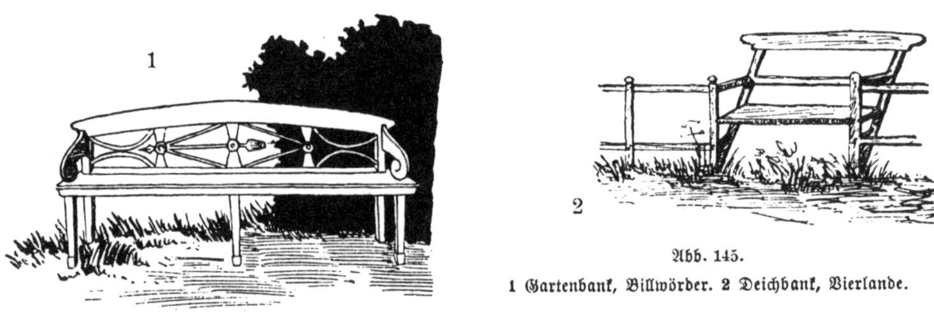

Abb. 145.

1 Gartenbank, Billwörder. 2 Deichbank, Vierlande.

Truhe, es kommt aber auch vor, daß die Vorderseite aufzuklappen ist (s. Abb. 13_{12}), so daß man von einem Bankschrank sprechen kann. Auch Schubladenbänke finden sich, auch noch Banktruhen am Bett wie in Abb. 12_5.

In den Marschgegenden findet sich noch eine besondere Bankform, die Deichbank, der beliebte Sitzplatz, der den Blick auf den Fluß oder die See gestattet, den

Abb. 146. Einfluß der historischen Stilartenfolge in Formen Vierländer Truhenbankwangen. 1 Wange einer Kirchbank, Altengamme. Gotische Form, obschon wohl Anfang 17. Jhdt. 2 Wange einer Truhenbank ähnlicher Form, wohl 18. Jhdt. 3 desgleichen, schräge Form. 4—10 zeigen die Formänderungen bis Zopfstil (in 8 etwas Vierländer Blumenwerk), 11—13 sodann die Nüchternheit des Biedermeier bis zum Einfluß des Sofas (in der Form 2 ist die gleiche Entwicklung darstellbar).

das hinter hohem Deich versteckte Haus nicht bietet; sie ist fest in den Deich eingerammt, nur einfach, sei's aus Latten gefügt (nett in Abb. 145_2 mit dem Geländer verbunden), sei's kastenförmig — in Haseldorf sah ich sie als kleinen Pavillon gestaltet, ein paar alte Wagensitze als Sitz. Umschlossen ist sie vielfach von einer Art Laube, Weißdorn oder Holunder. Einmal sah ich eine Deichbank mit umklappbarer Lehne, so den Blick auch ins Binnenland ermöglichend — ein andermal eine, die an Vor- und Rückseite der hohen Brettrücklehne Sitzmöglichkeit gewährte. Eine Inschrift lädt ein: „Setze dich, müder Wanderer, und blicke hinaus in Gottes freie und schöne Natur". (Eßfleth, Kremper Marsch).

(Tisch.)

Schließen wir an die Sitze zunächst den Tisch an. Auch da verschiedene Arten und Entwicklungsreihen. Der Zargentisch mittelalterlicher Darstellungen wird noch überall in denselben Formen benützt (Abb. $44_{3,4}$ u. 147_1); die aus einem Brett oder mehreren oder in Rahmung hergestellten, oft verzierten Zargen sind durch verkeilte Querleisten und Fußbretter verbunden. Schiebladen, bisweilen zwei übereinander, auch wohl ein Schrank, sind unter der Tischplatte hie und da eingefügt, namentlich beim Eßtisch. Andere Formen ergibt der auf vier geraden oder schrägen Beinen stehende Tisch. Die Beine sind zunächst einfach viereckig, oft gefast oder gedrechselt, ebenfalls durch Querleisten fest verbunden, später kommen die aus der Stadt

Abb. 147. Vierländer Tische.
1 Zargentisch mittelalterlicher Art. 2 Kugelfußtisch und 3 Ausklapptisch in der Stube (s. auch Abb. 47_4).

übernommenen Formen der Kugel- oder Balusterfüße zur Herrschaft, die dem Tisch ein außerordentlich kraftvolles Aussehen geben. Schnitzerei und Einlegearbeit gesellen sich hinzu. Schiebladen und Schränke finden sich auch da unter der Tischplatte (Abb. 147 und in den Bauernstubenabbildungen). Gelegentlich finden wir Platten aus Stein — urtümlich hie und da (Eifel) auch noch Platten mit Höhlungen als Schüsseln.

Sehr erfinderisch ist man überall in Tischformen gewesen, die gelegentliche Vergrößerung gestatten. Wir finden ausziehbare Platten und Klappen, die durch ausziehbare Stützen des Untergestelles gestützt werden (Abb. 147_3).

Die Tischplatte ist viereckig oder an den Enden abgerundet, vielfach sind die Klappen als Halbkreise gebildet. Auch ganz runde Tische und solche mit geschweiftem Umriß kommen vor, vom Biedermeierstil stammt der einbeinige Stubentisch.

Zu den großen Tischen gesellen sich kleinere für allerlei Zwecke, oft, so auf Sylt, in drolligen Formen. Ein besonders praktischer Tisch ist noch der einbeinige Wandklapptisch, wenn nicht in Gebrauch, an die Wand zu klappen (Baiern, auch Hessen, Vierlande). Der Gartentisch ist einfach, obschon bisweilen auch drollig hergestellt. (Abb. 37_5, 48_4, 144_1.)

(Truhe.)

Das einzige Kastenmöbel — abgesehen vom Wandschrank — der früheren Zeiten war die Truhe, zuerst lediglich aus Brettern ohne Rahmung gefügt. Wir finden diese mittelalterliche Form noch heute, so besonders schön in den Vierlanden, mächtige Gesellen bisweilen, auf schrägen, hohen Brettfüßen stehend, zuerst nur durch einen schönen gotischen Beschlag (Abb. 164_{10}) geziert, dann etwas beschnitzt, gepunzt, endlich dazu oder nur mit Einlegearbeit reich geschmückt (Abb. $148_{1,2}$). In anderen Gegenden ist die einfache Brettertruhe ohne Beine (Nordfriesland, Sylt, wo sie mit gotisierenden, bemalten Kerbschnittmustern geschmückt vorkommt [Tafel 8_7], Harz u. a.). Einen Fortschritt bedeutet die überall in Rahmung hergestellte Truhe, beinlos gebaut oder auf Schlitten- oder Kugelfüßen stehend. Eine besondere Fußform bilden noch niedere Räder, die sich bei großen Truhen empfehlen (so in Hadeln z. B.). Die Deckel sind gerade, leicht gebogen oder auch ⌒ förmig. Die Verzierung ist recht mannigfaltig. Neben reich geschnitzten (Wilstermarsch [Abb. 34], Altes Land, Hadeln, Sylt, Schleswig-Holstein [Abb. 129], Westfalen u. a.), einfacher geschnitzten (Lüneburger Heide), finden wir eingelegte (Vierlande, Winser Marsch, Tirol), gekerbte (Westfalen, Sylt u. a.), bemalte (Hessen, Franken, Mecklenburg, Brandenburg, Lausitz u. s. w.). Die Größe ist ganz verschieden, zwischen riesigen Formen (z. B. Winser Marsch) und kofferartig kleinen finden sich alle Zwischenstufen (Abb. $80_{1,2,9}$, 148, 149).

In der Verzierung der Truhen spielt der Umstand eine Rolle, daß sie gleich den Hochzeitsstühlen einen hervorragenden Rang unter den in den Ehestand mitgebrachten Sachen einnehmen und auf Besitzer und Besitzerin persönlich berechnet sind. Namentlich Krone, Kränze und fröhliche Blumen spielen eine Rolle, sodann

Namen und Jahreszahl. Merkwürdig ist in den Vierlanden (Tafel 6), daß die Truhe des Bräutigams die ältere gotische, hochbeinige Form zeigt, Kiste genannt (vorn, rechts und links), während die der Braut die jüngere Form (hinten links) in Rahmung mit

Abb. 148. Truhen.

1 Vierländer „Kiste“ mit Einlegarbeit. 2 Seitenverzierung derselben, mit Punzen hergestellt. 3 Truhe aus Nenndorf, Lüneburger Heide. 4 Leicht geschnitzte und bemalte Truhe aus Hummelsbüttel bei Hamburg.

Kugelfüßen hat und Lade heißt (auch als Mannslad und Fruenslad unterschieden). An den Schmalseiten haben die Truhen eiserne Griffe; merkwürdigerweise hat man hier gelegentlich in aller Gemütsruhe die mit Todesemblemen gezierten Griffe der Särge (Abb. 60_5) genommen!

In Norddeutschland findet sich vielfach eine kofferartige Truhenform mit hohem gerundetem Deckel und reichem Beschlag, letzterer wohl in den Städten, aber in manchen Gegenden auch wohl von geschickten Dorfschmieden hergestellt (Abb. 124, 165_5). Der Beschlag ist höchst wirksam aufgefaßt und verteilt: ein gewaltiges Schloßblech mit anschließendem, mit ihm ein großes Schmuckstück bildenden Deckelbeschlag, senkrecht oder quer herumlaufende Bänder und Eck- und Kantenbeschlag; alles reich durchbrochen gearbeitet in derbschwülstigen Renaissanceformen. Verstärkt wird ihr prächtiger Anblick durch fröhliche, kräftige Bemalung, besonders gern ist ein derbes Rot für den Beschlag auf grüner Truhe z. B. gewählt oder er ist schwarz auf rotem Grund innerhalb seiner Durchbrechungen im Gegensatz zu der sonst grünen oder anderswie bemalten Truhe — Blumenmalereien, Namen u. dgl. kommen dazu. Auch sonst kommen in Deutschland lediglich durch Beschlag gezierte Truhen vor, unter denen sich ebenfalls anmutige Formen finden. Bei außen nicht beschlagenen Truhen ist oft der innere, den Deckel haltende Beschlag ebenfalls reich ausgesägt und durch Hiebe verziert, gehoben auch durch farbige Unterlage aus Leder oder Tuch. Bisweilen ist der Außenbeschlag nur aufgemalt. Besondere Truhen finden wir auf Schiffen, zylindrisch oder von einer Form, die sich an den gegebenen Platz anschließt.

Abb. 149. Fränkische bemalte Truhen, Volkskunstverein, Feuchtwangen.

(Schrank und anderes Aufbewahrungsgerät.)

Der Schrank ist ein vielartiges Möbel: ein- bis viertüriger Wäsche- oder Kleiderschrank, Anrichte, Speiseschrank, Geschirrschrank, Porzellanschrank, Sekretär, Kommode u. a. — ganz abgesehen von den kleinen Hängeschränken — sind ganz verschieden in ihrem Aufbau (vom Wandschrank war schon die Rede).

Der großtürige Kleiderschrank ist ein junges Stück des bäuerlichen Hausrates, er hat noch heutigentags die Kleidertruhe nicht ganz verdrängt. Prachtvolle, in der Verzierung durch Rillung und Kerbung dazu, sowie durch Schnitzerei eigenartig, stets deutlich bäuerlich gebliebene Gestalten finden wir in den namentlich in den westfälischen Museen zu bewundernden Schränken (Abb. 43), z. B. der Ravensburger

Abb. 150. Beschnitzte Schränke, Südhannover.

Gegend, auch im angrenzenden Hannover. Farbig prachtvoll sind oberbairische, z. B. Tölzer Schränke, blau mit bunter Blumenmalerei, auch Heiligenbilder u. dgl. Auch der Porzellanschrank mit seinen Glastüren und die Kommode sind natürlich der Stadt zu verdankende Errungenschaften. (Abb. 55, 124, links, 150—153.) Älter sind Geschirr- und Speiseschränke und Anrichtetisch.

Es gibt unter diesen prächtige, wirkungsvolle Formen, in denen der Gegensatz

Abb. 151.
Links: Anrichte, Oldendorf, Südhannover. Rechts: Bemalter fränkischer Schrank.

zwischen dem verschließbaren Unterschrank und dem oberen zurückspringenden Teil, der oft nur Borte enthält, zu malerischer Gestaltung benützt ist, so z. B. in Westfalen (Abb. 151) und Ostfriesland. Auch die ganz türlosen einfachsten Geschirrschränke, die vielleicht nur aus aneinandergenagelten Brettern bestehen, sind trotzdem oft durch Abwechslung der verschiedenen Borte für Teller oder große oder kleine Gefäße, der am Rand ausgesägten oder durchlochten Bretter für Löffel u. a., der Haken für aufzuhängendes Geschirr u. a. nett gestaltet (Oberbaiern z. B.).

Zu malerischen, schönen Gestaltungen haben auch sonstwie gemischte Schränke geführt, ein Prachtstück z. B. im Westerwald: zwei hohe, große Schranktüren schließen eine Mitte ein, die aus Fächern und Schubladen zusammengesetzt ist (Abb. 152). Ein eigenartiges Möbel ist das „Hörnschapp", der Eckschrank der schleswig-holsteinischen Westküste, aus Ober- und Unterteil bestehend, auf zwei Seiten reich mit Schnitzerei ausgestattet, und zwar so, daß eine als Hauptseite gedacht ist (Abb. 129 rechts). Auch sonst finden sich unter den Eckschränken eigenartige Gestaltungen, z. B. in dem der Vierländer Wirtschaften, wo auf dem Unterschrank ein bisweilen sehr hohes, nach oben sich verjüngendes Bortgestell steht. Hie und da finden sich auch größere Schreibtische in der Art der Sekretäre der Biedermeierzeit in vereinfachter grober Form, kommodenartig, die man wohl einem Dorftischler zutrauen könnte.

Abb. 152. Schrank mit Einlegarbeit und Schnitzerei, Westerwald. Gezeichnet von E. Begerow.

Formen der kleinen Hängeschränke, vom kleinsten zierlich ausgesägten Taschenuhrschränkchen bis zum großen Eckhängeschrank, etwa der Wilstermarsch, finden sich in allen möglichen Arten — hier ist es ein Porzellanschrank mit Glastüren, da ein schlanker Pfeifenschrank, da hat das Schränkchen unten eine Rolle zum Überhängen eines Handtuches, da hat es Borte über, da unter, da neben sich u. a. m., hier hat es nur eine Tür, da mehrere Schiebe- oder Klapptüren, da Türen und Schiebladen usw. (Abb. 17_1, 34 links).

In Ausstattung und Zierart finden wir alle Formen vertreten, einfachste Kastenform, Krönung durch Gesims oder allerlei Aufsätze, Gliederung aller Art, Drechslerarbeit und Schnitzerei, Rillung, Punzung und Kerbschnitt, Einlegearbeit. Dazu natürlich überall Malerei (Franken [Abb. 55, 151], Baiern Hessen, Spreewald, Litauen [Abb. 153]) in allen Stimmungen, meist recht derbfröhlich mit roter oder blauer (Tölz, Oberpfalz) oder grüner Grundfarbe (Sachsen u. a.) und Schmuck aller Art, Blumen, Marmorierung, Kammzugtechnik (Abb. 57_7) u. dgl. Kleine Schränke haben gelegentlich seitlich Eisengriffe.

Kurz erwähnt seien noch allerlei kleine Kästen, gern mit hölzernem Vexierverschluß geschlossen, Nähkästen, oft mit schrägem Deckel (so Sylt, Vierlande u. a. [Tafel 8_5]), kleine Schreib-, Dokumenten-, Schmuckkästen, Uhrkästen u. a., hübsch mit Kerbschnitt (Nordfriesland), Einlagen (Vierlande, Hessen u. a.), Schnitzerei mit Bemalung (Sylt u. a.), Wismutmalerei (Süddeutschland, Lausitz) geschmückt. Sodann die Salzfässer, in Westfalen (Abb. 159_6) groß, hausförmig, mit Pferdeköpfen dran,

Abb. 153.
Links: Eckschrank, Lüneburger Heide.
Rechts: Litauischer Schrank mit bunter Malerei, Sammlung für Deutsche Volkskunde, Berlin.

Löffelkästchen, stellenweise aus Spänen gebogen (Schweiz) oder anmutig beschnitzt (mit bemaltem Kerbschnitt in der Schwalm) oder eigenartig geflochten (Schwalm [Abb. 156]). Sodann endlich allerlei lustig mit Blumen, Liebespaaren, Sprüchen u. a. bemalte Schachteln, die allerdings wohl meistens aus städtischen süddeutschen Fabriken

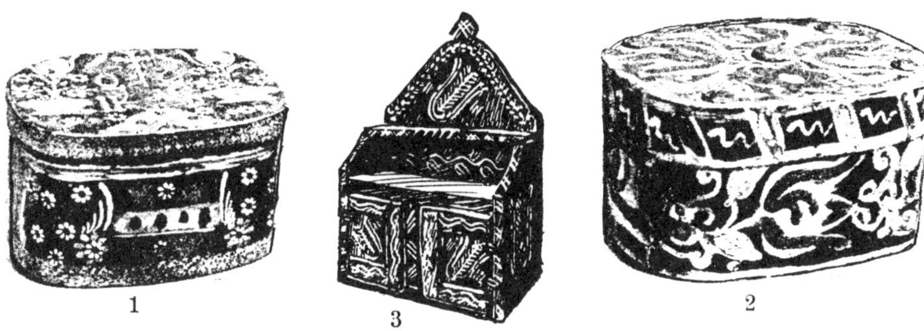

Abb. 154. Bemalte Kästchen und Schachteln.
1, 2 Unterfranken, 3 litauische.

bis in den Norden hinauf durch Hausierer vertrieben werden, ebenso wie die genannten Wismutmalereien.

Schließen wir an die Kastenmöbel die anderen Aufbewahrungsmöbel an, Borte u. dgl. (Abb. 155). Das einfachste Bort ist das so oder so gestützte Brett,

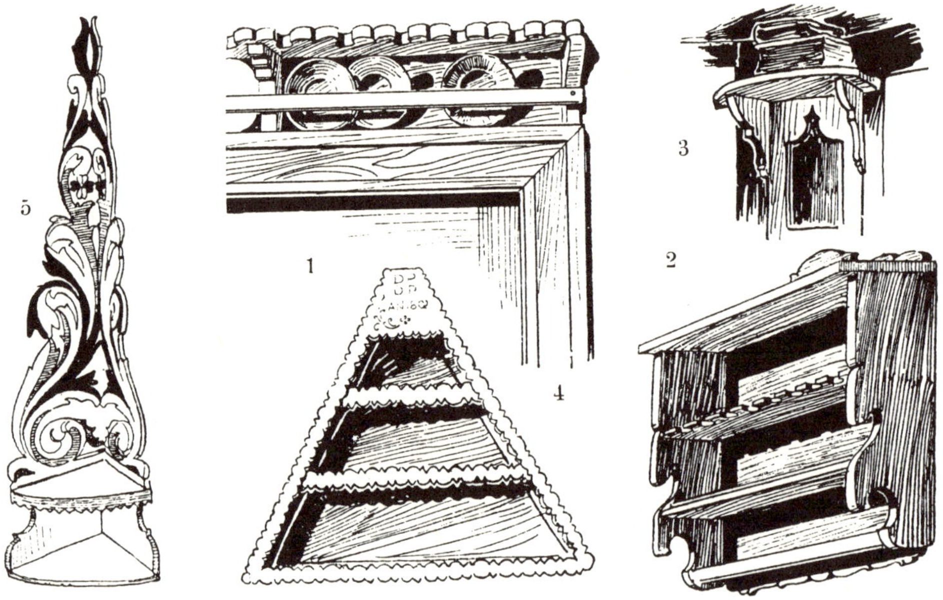

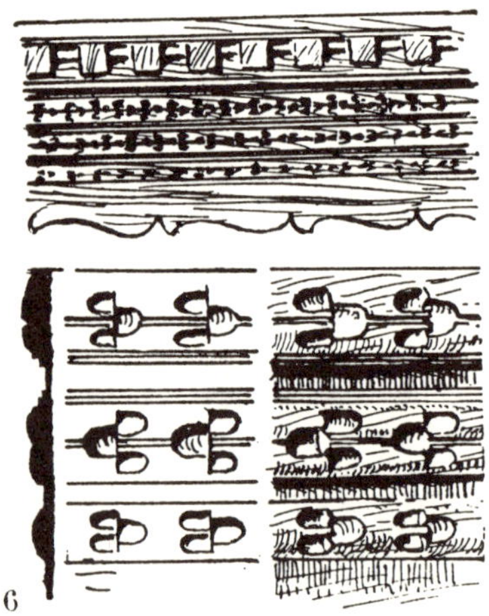

Abb. 155. Allerlei Borte.

1 Türbort. 2 Wandbort, süddeutsch. 3 Schwarzwälder Bibelbort im „Herrgottswinkel". 4 sogenannter Tresor und 5 Pfeifenbort, Museum Flensburg. 6 Vierländer Wandbort, reich profiliert und gekerbt.

oft verschönt durch ein angefügtes ausgesägtes Vorbrett, das bisweilen drollig verziert ist, so in den Vierlanden: das ganze Brett ist erst quer profiliert, dann ist es am Unterrande ausgesägt und mit Kerben (Abb. 155_6) beschnitzt. Zu rechter Wirkung gelangen solche einfache Borte erst durch Übereinanderordnen mehrerer Bretter, so im niederdeutschen Flett und Pesel (Abb. 126 u. 129) und in Küchen. Sind mehrere Bortbretter durch senkrechte oder schräg gestellte Bretter zu einem Ganzen verbunden, so erhalten wir eine Art offenen Schrank; besonders ist die letztgenannte trapezartige Form an der Westküste Schleswig-Holsteins heimisch, sie heißt Tresor und dient, durch Durchbruch- und Aussägearbeit geziert und bemalt, als Tassenbort (Abb. 129 u. 155_4). In den Stuben findet sich wohl über der Stubentür ein Bort, bisweilen vorn am Rande ausgesägt, zur Aufnahme der Löffel u. a. (Abb. 155$_1$). Das Bibelbort des Herrgottwinkels im Schwarzwald, das Pfeifenbrett in verschiedenen sehr hübschen Formen (Schleswig-Holstein), allerlei Tellerborte, Geschirrborte, namentlich auch das der Dorfwirtschaften schließen sich an. Dazu kommen die netten Schinkentellerhalter Norddeutschlands (Tafel 8$_2$), Brothalter Hessens (in einen hängenden Pfahl ringsum eingesteckte lange Pflöcke), sowie Löffelbrett, Hutbrett, Uhrkonsol, Vogelbauer u. a. m. Dazu können wir ferner rechnen die Trockenständer oder Recks, seien es die um den süddeutschen Ofen herumlaufenden, oder an der Decke hängenden (Abb. 128), seien es die schön mit Schnitzwerk gezierten Ofenrecks

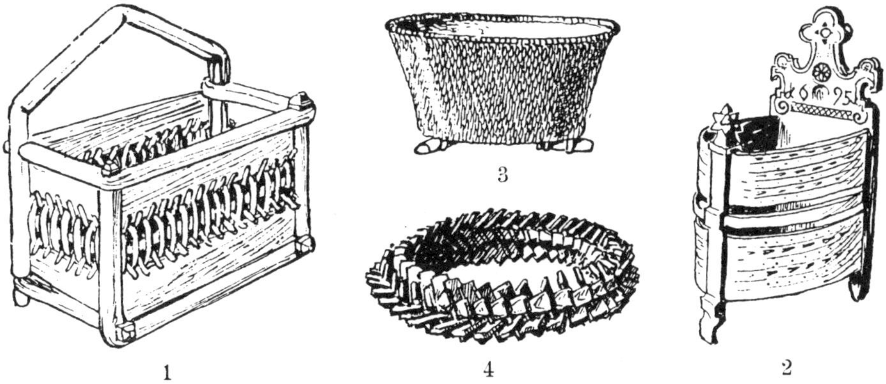

Abb. 156. Verschränktes und Geflochtenes.

1 Löffelkästchen, Schwalm. 2 Desgleichen Schweiz. 3 Körbchen, dicht geflochten, mit Pech wasserdicht gemacht. 4 „Schöttelkranz", Lüneburger Heide. 1—3 Volkstrachten-Museum, Berlin.

Westholsteins, die auf die sogenannten Bileggeröfen zu gleichem Zweck aufgesetzt sind (Abb. 34), seien es die Geschirrtrockenständer in oder vor dem Hause (Abb. 36).

(Schlafmöbel.)

Die Schlafmöbel haben wir oben in den Wandbetten schon gestreift. In vielen Gegenden ist diese Form nie üblich gewesen, sondern (wie jetzt ja überall) das Standbett. Wir finden es von der einfachen Schlafbank, ja, vom Klappbett in Gestalt eines langen Faltstuhls sozusagen (im Klaus Grothhaus, Heide im Ditmarschen) bis zum reich geschmückten Himmelbett in allerlei Verschiedenheit, einmal nichts anderes als das rein nützliche Möbel, ein andermal ein ausgesprochenes Prunkmöbel — das prunkvollste mag das des Swynschen Pesels, jetzt im Meldorfer Museum, sein. Die Grundform ist immer dieselbe, ein Viereck aus Pfosten und für das Besteigen des Bettes zweckmäßig gestalteten Brettern, Kopfwand und Fußwand verschieden hoch. Bisweilen sind am Kopfende kleine Schränkchen oder Borte angebracht (Westfalen), zum Zwecke bequemen Besteigens an den Seiten Klappschemel, bei sehr hoher Anlage dienen auch wohl vorgesetzte Banktruhen als Treppen (Abb. 12_5). An der Ausschmückung sind besonders beteiligt die Schnitzerei (Tirol, Westfalen, Moselgegend, Nassau u. a.), oft noch bemalt, und die Malerei an sich (Oberbaiern u. a.). Die Himmelbetten haben meist zu architektonischer Ausschmückung gereizt, sonst findet sich allerlei Zierwerk. Gern werden Namen u. dgl. angebracht, fromme Sinnbilder finden sich, Sprüche, religiöse Figuren, seltener Bildnisse (Abb. 74_3) Stern oder Drudenfuß. Hie und da begegnet man noch der Bettschere, die sogar beschnitzt vorkommt. (Abb. 127, 157, 158). Vielfach könnte man, scherzhaft gesagt, die schier turmhohe Aufstapelung von so und so viel rot oder blau gemusterten

Abb. 157. Geschnitzte Bettstatt, Bettscheren und Wiege, Westerwald. Ausstellung in Montabour.

Kissen und Pfühlen, mit der die Bäuerin Staat zu machen liebte, auch als eine „architektonische" Ausschmückung bezeichnen!

Die Schlafstatt der kleinen Kinder ist die Wiege, meist für Querbewegung eingerichtet (Abb. 44_{10}), aber auch Längsbewegung kommt vor (Hessen-Nassau [Abb. 127), ja sogar Doppelbewegung. Sie hat noch ganz die Form, der wir schon in alten Holzschnitten begegnen, mit Knöpfen oder Löchern an der Seite, sowohl zur Befestigung eines Wiegeseiles, als auch zum Umschnüren des Bettzeuges. Die Ausstattung zeugt in ihrem Reichtum oft von der Liebe der Eltern zu ihrem Herzblatt; in den Motiven der Ausschmückung spielen Herz, Blumen, Vöglein, fromme Zeichen und Szenen, sowie der gegen Hexen schützende Drudenfuß eine Rolle (Abb. 127). Zwecks festeren Stehens laufen manche Wiegen auf einem besonderen, hübsch ausgesägten Standbrett. Außer geschreinerten Wiegen finden wir auf den Halligen und an anderen Orten auch geflochtene. Selten scheint als altbäuerlich eine Kinderbettstelle auf festen Beinen, wie sie im Egerland vorkommt. (Germanisches Museum, Nürnberg), auch Abb. 157 zeigt eine wohl seltene Art.

(Allerlei kleines Holzgerät.)

Stöbern wir weiter im Hause herum, so finden wir noch allerlei Holzgerät des Dorftischlers und Schnitzers, wie des Bauern und seiner Knechte, auch des Schäfers u. a. Zunächst die Uhr. Freilich richtete man sich auch wohl noch im 19. Jahrhundert hier und da nach der Sonne als billigstem Zeitweiser, „wie's überm

Abb. 158. Fränkisches Bett. Volkskunstverein Feuchtwangen.

Balken geiht und steiht", und die im westfälischen Dorf auf hohem Gerüst stehende Mittagsglocke (Abb. 182_1) (auch die Glocke auf dem Schulhaus!) diente wohl nicht nur dem außerhalb beschäftigten Gesinde, sondern mußte wohl auch allerlei kleinen Leuten im Dorf ein wenig die eigene Uhr ersetzen! Aber wir finden sie doch auch als Stück des Hausrats; sie ist teils bäuerliches Industrieerzeugnis, so im Schwarzwald, dessen kräftig und lustig mit Blumen bemalte Zifferblätter wir überall in Deutschland wieder antreffen, teils ist natürlich nur das Gehäuse bäuerliche Arbeit, so in den Vierländer Standuhren mit schönen Holzeinlagen (Abb. 35) und anderen Formen

z. B. in Sachsen, Westfalen u. a. Eine besondere Uhr ist die außen am Hause angebrachte große Uhr Oberbaierns, verstärkt sozusagen durch die Mittagsglocke (Abb. 59a) auf dem Dach (auch im Böhmerwald). Gelegentlich finden wir auch den Spiegel als ein Stück Dorfkunst z. B. in den Vierlanden, Sylt u. a., ebenso bisweilen in Süddeutschland kleine Bilderrahmen.

Sodann haben wir das große Gebiet der Arbeitsgeräte u. dgl. zu betrachten, unter denen wir noch eine ganze Reihe Gebilde antreffen, voll Schönheitsgefühl in Form

Abb. 159. Allerlei hölzernes Gerät.

1 Mangelbrett, Löwe als Griff, Sylt. 2, 3 Flachskratze und -schwinge, Schwalm. 4 Wäschepfahl, Hadeln. 5 hölzernes „Störken" mit durchbrochenem Zierwerk. 6 Westfälisches Salzfaß. 7 „Schlitten" für den Teekessel. 8 Löffelkästchen (s. auch Abb. 202).

wie in Ausstattung. Insbesondere ist das bei einigen besonderen Gegenständen der Fall, die als Minnegaben oder als Schmuckstücke auf dem Brautwagen eine besondere Rolle spielen, so Mangelbrett und Wäscheklopfholz (Abb. 46_1, 68, 71_1, 159_1, 160), das stets reich und verschieden ausgeschmückt ist, in Kerbschnitt, Schnitzerei und Bemalung, so das Spinnrad in verschiedener Art (Abb. 160), das Drechslerarbeit unter Verwendung zierlicher, aus Knochen hergestellter Zierstücke, hübscher Sinnbilder (Abb. 62_6) und Bemalung aufweist, so ferner Webebrett (Abb. 39_8) und Flachsschwingebrett (dieses auf Rügen mit feinen, farbig ausgefüllten Kerbzieraten Tafel 8_4) u. a. m. Auch anderes Gerät der Frau (Flachsbreche, Haspel, Hechel, ja selbst die Kaffeemühle) wie des Mannes, allerlei Werkzeug der Dorfhandwerker,

1

4

3

Abb. 160. Arbeitsgerät aus Unterfranken.
1 Spinnrad und Rocken. 2 Haspel. 3 Webeapparat.
4 Wäscheklopfholz. 5 Federkasten.
Volkskunstverein Feuchtwangen.
(Aus: Martin Gerlach: Unterfranken.
Verlag Gerlach & Wiedling, Wien.)

5

2

des Fischers, auch des Wirtes! (das Wirtshausschild), wie, des Landmannes bis zum Ackergerät, zum Fischkasten, gibt uns in praktischer Form wie in anmutig oder drastisch einfacher Ausschmückung Anlaß, uns an bäuerlicher Kunstfreude zu ergötzen (s. Abb. 159 u. 160).

Und des weiteren sei noch auf allerlei Holzgeräte für häusliche u. dgl. Zwecke hingewiesen, auf allerlei Holzgefäße, Holzkrüge, Schnellen, Lechel (kleine faßartige Feldflaschen), Becher, vom Drechsler oder Böttcher gefertigt, geschnitzte Butterformen und Küchenmodel, Eßgerät mit geschnitzten Griffen u. dgl., Pfannenknechte oder Schlitten für den großen Teekessel, „Stövken“ u. a., auf Schachteln der Schachtel-

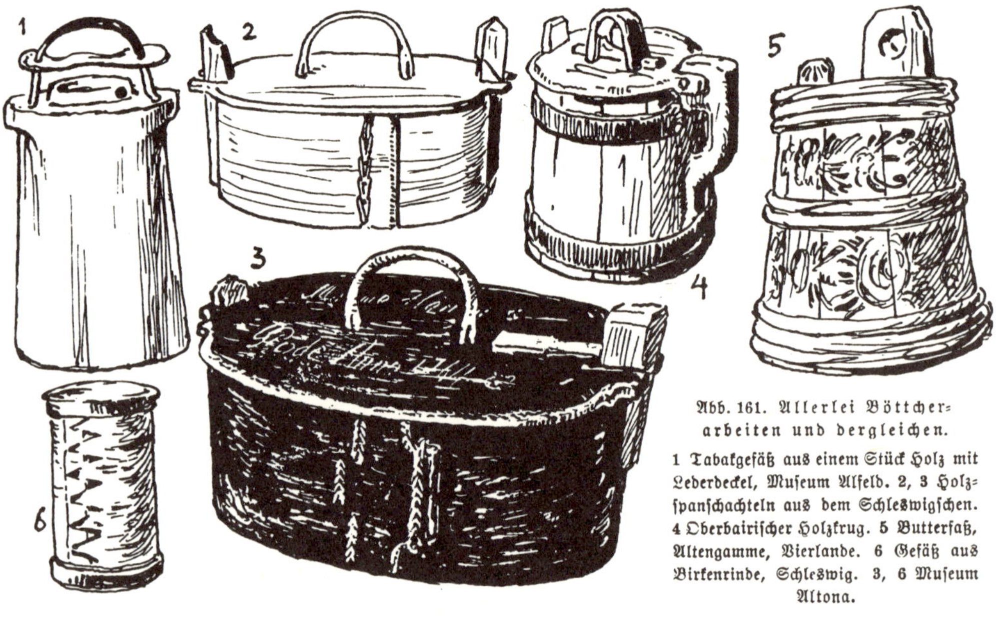

Abb. 161. Allerlei Böttcherarbeiten und dergleichen.
1 Tabakgefäß aus einem Stück Holz mit Lederdeckel, Museum Alfeld. 2, 3 Holzspanschachteln aus dem Schleswigschen. 4 Oberbairischer Holzkrug. 5 Butterfaß, Altengamme, Vierlande. 6 Gefäß aus Birkenrinde, Schleswig. 3, 6 Museum Altona.

macher, Leuchter, Trinkgeschirre, Tabaksdosen und Pfeifen der „Holzbezler“, zum Teil aus Wurzeln oder Baumrinde, Stöcke aus eigens gepflegten Wacholderstämmen, Rockennadeln, Schüsselkränze, Peitschenstiele der Hirten oder Waldleute, einfach, aber in der zweckgemäßen, gefälligen Ausführung, unter Anwendung allerlei witziger technischer Gedanken, sehr wohl in den Begriff bäuerlicher Kunst fallend. Dazu kommen Musikinstrumente und Kinderspielzeug, sei's im Hause selbst, sei's im Spielwarendorf hergestellt: drollige Pferde und Reiter, Wagen, Karussells u. dgl, sodann Spaßwindmühlen im Garten, auch in Figurenform auf dem Dach, und die Weihnachtsleuchter, Pyramiden, Krippen u. dgl., z. B. in Sachsen. Und ferner, um sie zugleich anzuschließen, Korbflechtereien des bäuerlichen Haushaltes. Sind die meisten auch kunstlos einfach, so finden wir anderseits auch Gebilde, vor denen wir bewundernd, kopfschüttelnd stehen ob der angewandten Geschicklichkeit, die der vielbewunderten Flechtkunst wilder Völker oft außerordentlich nahekommt.

(Abb. 156_3), Ja, sogar unter Rükkentragkörben, Fruchtkörben, Körben für den Fischfang u. dgl. finden wir — immer uns vergegenwärtigend, um welchen einfachen Zweck es sich handelt — solche, die wir unzweifelhaft mitbedenken müssen, wenn wir von Bauernkunst sprechen, und nun gar die hübsch gezierten Brautkörbe! Gewisser geflochtener Wandkörbchen ist schon oben gedacht

2

1

Abb. 162. Kleinigkeiten.

1 Butterform, gekerbt. 2 Kinderklapper, kunstvoll verschränkt, Museum Alfeld.

worden, ebenso aus Span hergestellter Salzfässer — es finden sich auch Gefäße, Schachteln u. dgl. in dieser Technik gearbeitet. Auch die auf Abb. 14 gegebenen mittelalterlichen Geräte, Gefäße und Körbe kommen alle noch genau so vor. Auch aus Stroh finden wir dies und das einmal, seien's bunte Strohmuster auf Kästen u. dgl. geklebt, sei's die „Unruhe", die von der Stubendecke herabhängt, gegen Fliegen — oder Hexen (Abb. 156, 161—163).

Schließen wir, da wir bei Holzarbeiten stehen, zugleich Einiges an, was für Zwecke besonderer Art außerhalb des Hauses in Betracht kommt — für Dorffeste: als da sind die Rolandfigur für das Ringreiten (Schleswig-Holstein), Masken für allerlei alte Gebräuche in Süddeutschland, Habergeis, Schnitzereien für den Maibaum, Adler oder „Papagoyen" für das Schützenfest u. a. m.

Der Maler („Stafferer") war wohl hie und da landstädtischer Handwerker, oftmals auch wandernder Zugvogel, hier und da aber

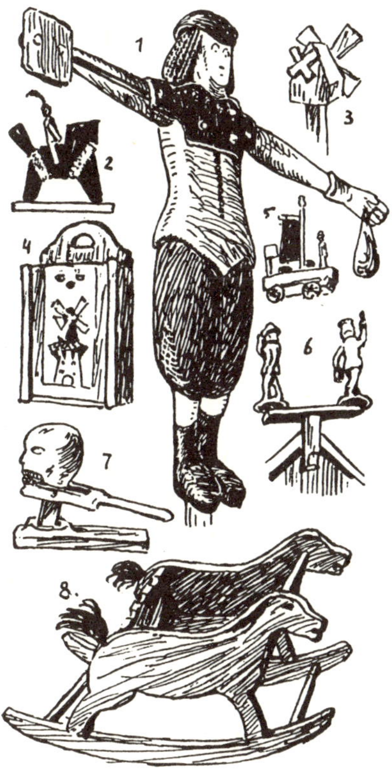

Abb. 163. Spielgerät und dergleichen.

1 Alte Rolandfigur für das Ringreiten, Hopen, Ditmarschen (1650). 2 Reiterchen, Thüringer Spielzeug, ursprünglich von Köhlern und dergleichen Waldleuten geschnitzt. 3 Windmühle im Garten, Schleswig. 4 Schultafelkasten, Ostfriesland, Museum Emden. 5 Schiffchen, Holstein, Museum Altona. 6 Drehfiguren auf dem Dach. 7 Nußknacker, Baden, Nägel als Zähne. 8 Doppelschaukelpferd, Südhannover.

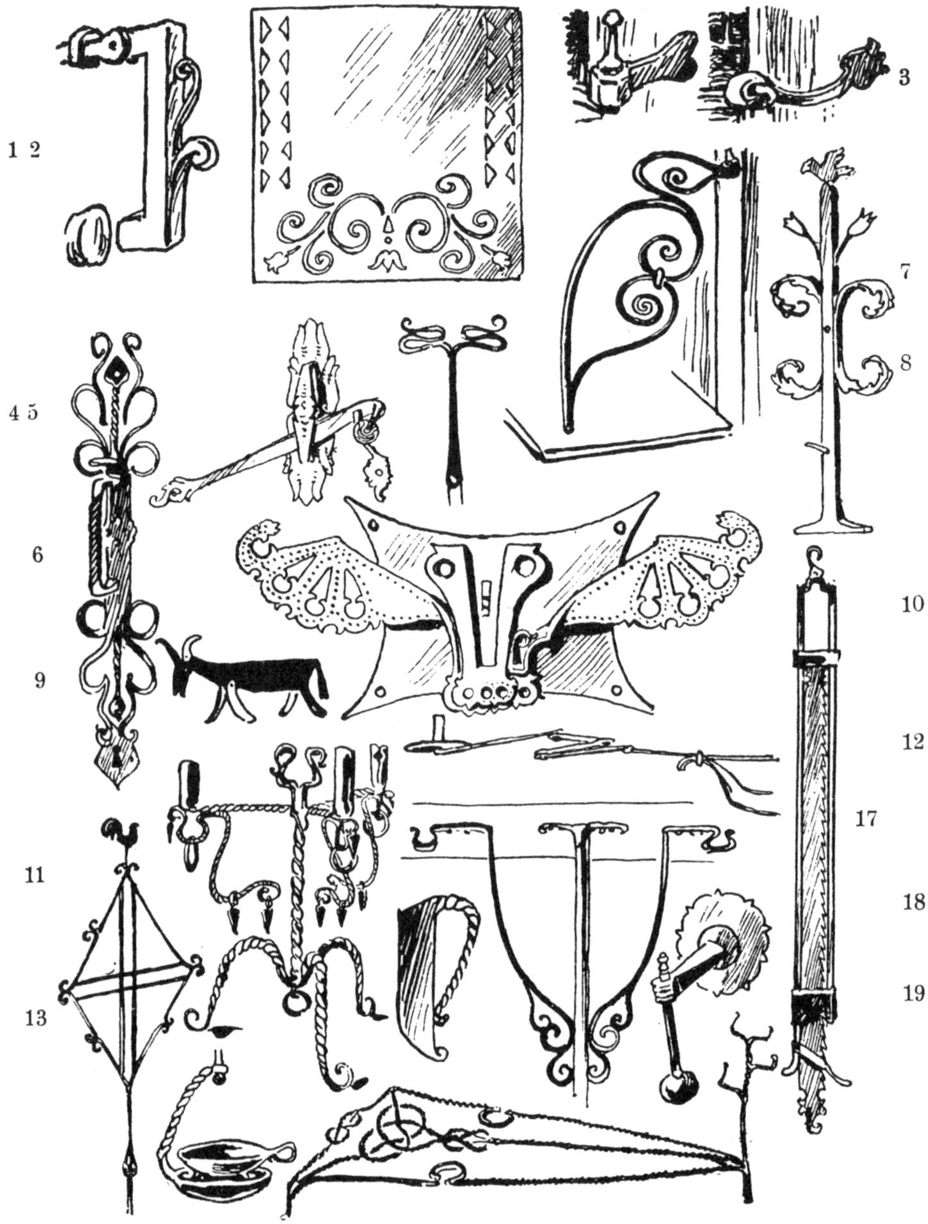

Abb. 164. Dörfliche Schmiedearbeiten.

1 Türklopfer, Kotelow, Mecklenburg. 2 Wirtshausschild, Niedercleen, Wetterau. 3 Ostfriesische Haken für Fensterläden. 4 Türklinke, Vierlande. 5 Spitze eines Kienspanhalters. 6 Türklinke, Sylt. 7 Kirchenbanklehne, Lüdingworth, Hadeln. 8 Sanduhrständer, Kirche zu Kotelow, Mecklenburg. 9 Votivkuh, Tirol. 10 Truhenbeschlag, Vierlande. 11 Leuchter, Museum Flensburg. 12 Wandschiebeleuchter, Museum Stendal. 13 Kirchturmkreuz, Nassau. 14 Lämpchen, Sylt. 15 Feuerstahl. 16 Pfannenknecht, Volkstrachten-Museum, Berlin. 17 Kesselhaken, Westerwald. 18 Emporenstütze, Kirche zu Lüdingworth, Hadeln. 19 Türdrücker, Vierlande (s. auch Abb. 58_3).

doch auch in besonders malfroher Gegend Dorfbewohner (gelegentlich wohl gar eine Frau). Malereien an Haus, Stuben, Möbeln und allerlei Holzgerät, für Grabtafeln und Totenbretter, für Marterln, Kapellen und Kirchen gab's ja in katholischer Bevölkerung besonders viel — gewiß zeichnete er hier und da auch wohl die Muster für Stickereien u. dgl. (in Vierlanden tat's der Tischler); vielfach waren sie wohl auch zugleich die Glasmaler.

Abb. 165. Allerlei Dorfschmiedekunst.

1, 2 Türklopfer in Vierlanden. 3 Türdrücker an der Kirche zu Nienstedten bei Altona. 4 Gitter eines Blumenkastens, Landershausen, Hessen-Nassau. 5 Beschlag einer Truhe im Alten Lande. 6—9 Schaufel eines Schäferwurfstockes, Lüneburger Heide.

(Bäuerliche Metallarbeit.)

Das Holz ist bei weitem der Hauptwerkstoff der Bauernkunst und auch der allgemeinste — sowie wir einem anderen uns zuwenden, merken wir es. Von Metalltechniken ist nur die Eisentechnik allgemein verbreitet. Beschläge für Haus und Gerät finden wir vielfach als Arbeit des Dorfschmiedes hergestellt, schöne eigenartige Türklopfer in Tierform (Hund, Fisch usw.) oder in pflanzlichen oder anderen Formen, Türdrücker, Schloßbleche in Aussägearbeit, Truhen-, Wagen- und Schlittenbeschläge, ferner allerlei Beleuchtungs- und Küchengerät, Leuchter in bisweilen sehr schönen, auch reichen Formen, für eine oder mehr Kerzen, selbst unter Benützung von Tierformen als Träger, Krüsel, d. i. Öllämpchen zum Aufhängen, Kesselhaken mit lustigem ausgesägten Zierat, selbst figürlich, Kucheneisen, Topfuntersätze, in Tauwerknachahmung aus Eisen geflochten, Feuerböcke, Gitter, Ampeln, Gotteskasten, Sanduhrständer u. a. für die Kirche u. a. m. (Abb. 164, 165).

Andere Metalle werden wohl nur hier und da für das eigene Dorf und zum Zwecke des Verhausierens der hergestellten Geräte bearbeitet, so finden sich hier und da Spengler, „Blickslager" oder Klempner, oder es hat solche gegeben, die Leuchter, Löffelhalter u. a. aus Weißblech, Bettwärmer, gebuckelte Prunkteller (s. Abb. 129), Wandleuchter mit „Scheinteller", d. i. Leuchtscheibe, „Teestövken" u. a. Kleingeschirr (Pewsum in Ostfriesland noch heute) aus Messing (Abb. $202_{3,4}$), auch wohl die Kompaßkronen der Sylter Stuben u. a. herstellten, so mag es ehemals Zinngießer auf dem Lande gegeben haben — in der Hauptsache sind es wohl kleinstädtische Handwerker, die das Land mit Blech-, Messingguß- (z. B. des Pferde- und Ochsengeschirrs [Abb. 72_1]) oder -treibarbeiten, mit Zinngeräten, Kupfergeschirr u. dgl. versorgten, und zwar ohne daß sich ihre Arbeiten für das Land von den einfacheren städtischen unterschieden. Ab und zu mag es vorgekommen sein, daß dabei dieser oder jener Schmuck, den das Gerät zu bestimmten Zwecken erhielt, z. B. Widmungen, Scherzsprüche, Figuren, Buchstaben u. dgl. erst auf dem Dorfe vom Tischler oder Dorfschmied eingraviert wurden. Eine sonderbare „Metalltechnik" ist das Verzieren der „Bauchranzen", der ledernen Gürtel süddeutscher Bauern, mit Zinn- und Messingstiften u. dgl. (Abb. 76_4, 77_8).

(Bauerntöpferei und -glaserei.)

Mit der Töpferei steht es ähnlich. Da haben wir in einigen Gegenden vereinzelte ländliche Töpfer verstreut, die Töpferwaren herstellen (oder doch gehabt, z. B. Tellingstedt, Kellinghusen in Holstein), in einer anderen Gegend gibt es nur das Tongeschirr der Stadt oder des Hausierers, in einer dritten aber begegnen wir ganzen Töpferdörfern, ja Töpferstädtchen. So im Kannenbäckerländchen (Nassau), in Schlesien, in Sachsen, in der Lausitz u. a. Sowohl in den Tonwaren dieser Töpferdörfer als auch in denen gewisser Kleinstädte, die insbesondere für ländlichen Bedarf arbeiten, finden wir Arbeiten, die wir zur Bauernkunst zu rechnen haben: Teller in allen Größen bis zu wahren Riesenschautellern (Tirol, Schweiz), Schüsseln, Krüge, Kannen aller Art, Kruken und Flaschen, Lechel, Feldflaschen, Henkel- und andere Töpfe, Schalen, Pfannen, Trinkgefäße aller Formen, sodann lustige Blumengefäße, Tonleuchter und -lämpchen, Weihwasserbecken, Kuchenformen, Waschgeschirr, Tintenfässer, Pfeifenköpfe, Uhrhalter, sowie allerlei Spielereien und Besonderheiten, wie die norddeutschen Möschentöpfe (Abb. 67_4), friesische Kohlenbecken mit Kerbschnittornament u. a. (Abb. 78_8), „Stülpen" für die Bileggerofen, die tönernen Wasserfässer der Nordseeküsten u. a. m.

Meistens sind die Tonwaren der verschiedenen Orte verschieden in ihrer Eigenart, so die sogenannten Marburger Arbeiten mit ihrem mit Modeln geformten und

1

3

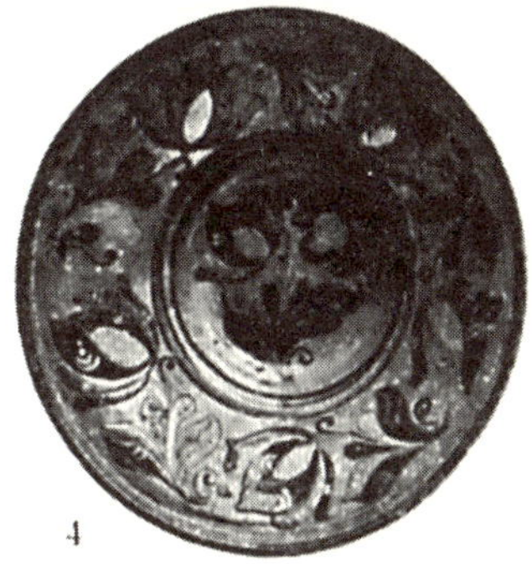

4

2

5

Abb. 166. Töpferwerk.
1 Weiß-graue Schüssel mit blauer Malerei. 2 Teller, Zierwerk eingekratzt, rot und gelb bemalt. 1, 2 Museum für Kunst und Gewerbe, Hamburg. 3, 4 Fränkische bemalte Schüsseln. 5 Fränkischer Henkeltopf. Volkskunstverein Feuchtwangen.

bunt bemalten aufgelegten, die kräftigfarbenen Bunzlauer und Bürgler mit keck aufgesetztem, einfachem Zierwerk und geflossenen Glasuren freundlich geschmückten

Geschirre, die nassauischen grauen Steinzeuge mit eingekratztem oder eingestempeltem und blau ausgefülltem Ornament, die Turnauer Arbeiten (Franken) mit bunter Malerei auf gelbem Grund, die merkwürdigen altenburgischen mit ihren aufgesetzten Tröpfchen und ganzen Quarzstücken, die elsässischen und holsteinischen, für Bauern bestimmten Formen mit bunten, kecken Blumen, von den Kreussener, Raerener, Siegburger u. a. mehr städtischen Arbeiten zu schweigen (Abb. 44, 70, 77, 78, 166, 167 u. Tafel 9). Sogar die deutschen Siedler in Pennsylvanien haben drüben jenseits des

1

2

3

Abb. 167. Töpferwerk.
1 Nassauer Steinzeug. 2 Fränkische Fayence-Tintenfässer.
Volkskunstverein Feuchtwangen.

Meeres gute alte deutsche Bauerntöpferkunst weitergepflegt (sog. Tulipware) und in osteuropäischen Kolonien deutscher Bauern, besonders in Siebenbürgen, ist's ebenso.

Allen ist ein außerordentliches Geschick für kräftige Wirkung in Form wie in Farbe eigen, alle neigen zur Anwendung humoristischer Motive, seien es figürliche oder Tierdarstellungen oder Sprüche. Die meisten lieben keckes, naives, naturalistisches Zierwerk. Stets beibehaltenem einfachen, aus der Technik entwickelten Linienspiel (Abb. 57, 73_8) u. dgl., was wir schon in vorzeitlichen Tonarbeiten finden, begegnen wir vielfach, wie denn (abgesehen von der Malerei dabei und gar der Fayence) überhaupt die wirklich bäuerliche Töpferei als unverfälschter Abkömmling der Töpferkunst unserer Altvordern sich erweist und ganz außerordentlich national anmutet — gerade so wie die der slawischen Länder, Ungarns und Italiens.

Die Verzierung mit lustigen Sprüchen spielt hier selbstverständlich eine große Rolle, namentlich im Eß- und Trinkgeschirr, z. B.:

„Wan du gladen warst als ein gast, so danke wan du gessen hast 1725"

„Die Schüssel ist aus Ert gemacht, Wann sie verbricht der Hafner lacht Darum nempt sie in acht"

oder sehr derb: „Ich koch was ich kan. Est mein Sau net so est mein man."

Aber auch ernster kann's heißen in Selbstbetrachtung des Hafners:

„Ich arbeit erd und denck dabei das ich auch selber Erden sei."

Auf einem sehr großen Hafen im Nassauischen steht der stolze Spruch:

„Das werck lobt den meister und einen weisen fürsten seine hände.

Forst (forschest du) nach wer war der erste Töpfer der grosse Gott der welt als schöpfer die Bibel lehrt aus Roden Thon schuf er den ersten Menschen doch. Trum segne ich mich bin Töpfer blos und denck mich durch des Fürbitt grofs. Hermann H . . . geb. 1809, verfertigt im jahr 1833."

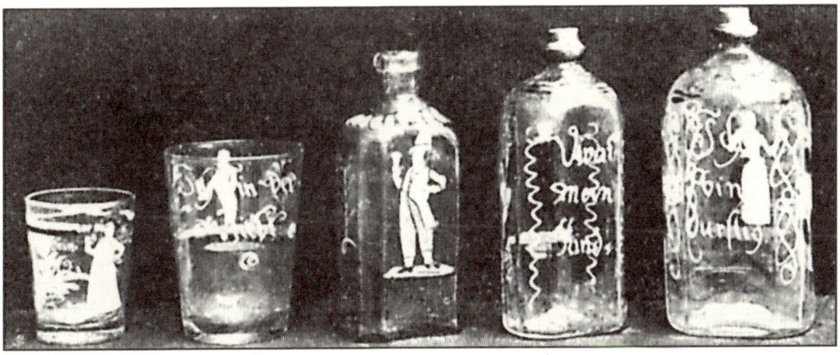

Abb. 168. Bemaltes Glas, fränkisch. Volkskunstverein Feuchtwangen.

Neben der Gefäßtöpferei haben wir auch der Ofentöpferei zu gedenken (Abb . 169) Manche Öfen, z. B. die eigentlichen Hohlkachelöfen sind wohl Dorfarbeit — eigenartig die thüringischen u. a. mit darin eingebauten großen Wassergefäßen. Herde und backofen- oder bienenkorbartige Öfen, die man in Hessen-Nassau bzw. in Tirol, Böhmen u. a. auch heute noch findet, sind sicherlich Bauerntöpfer- oder -maurer-arbeit; von Kunst offenbaren sie freilich wenig. Wo wir Kachelöfen mit glatten, bemalten Fayencekacheln antreffen, sind sie wohl meist vielfach landstädtische Arbeit, die freilich oft dem bäuerlichen Geschmack besondere Rechnung trug. So scheint z. B. in Bergedorf bei Hamburg im Anfang des 19. Jahrhunderts für die bäuerliche Bevölkerung der Umgegend, die sich gewöhnt hatte, die infolge der Geschmacksveränderung aus den Häusern der Großstadt entfernten, schönen, blaubemalten Hamburger Öfen in ihre Stuben zu setzen, eine recht anmutende Ofenart mit blauer Blumenmalerei hergestellt worden zu sein — aber auch anderswo finden sich Kachelöfen mit dörflicher, sogar figürlicher Malerei.

Im eben erwähnten Bergedorf finden wir auch, wie das auch sonst vorkommt, den kleinstädtischen Glaser im Dienste des Bauernhauses. Insbesondere lieferte er die bemalten kleinen Scheiben, die Nachbarn und gute Freunde gelegentlich des danach genannten Fensterbiers bei der Fertigstellung eines Hauses dem Besitzer schenkten, und die in die Fenster des Fletts und der Stube eingelassen wurden. Die Namen der Schenker, auch wohl ihr wirkliches oder vorgebliches Wappen, ihr noch viel „vorgeblicheres“ Bildnis als Pflüger, Reiter, Zimmermann u. dgl. oder sonstige Figuren, Sinnbilder, bunt oder wenig farbig, spielen darin eine Rolle. Wir finden aber auch eigenbäuerliche Arbeiten aus Glasmacherdörfern, dahin gehören

Herde s. Abb. 5, 11, 124—126, Tafel 6. Herdtüren Abb. 38.

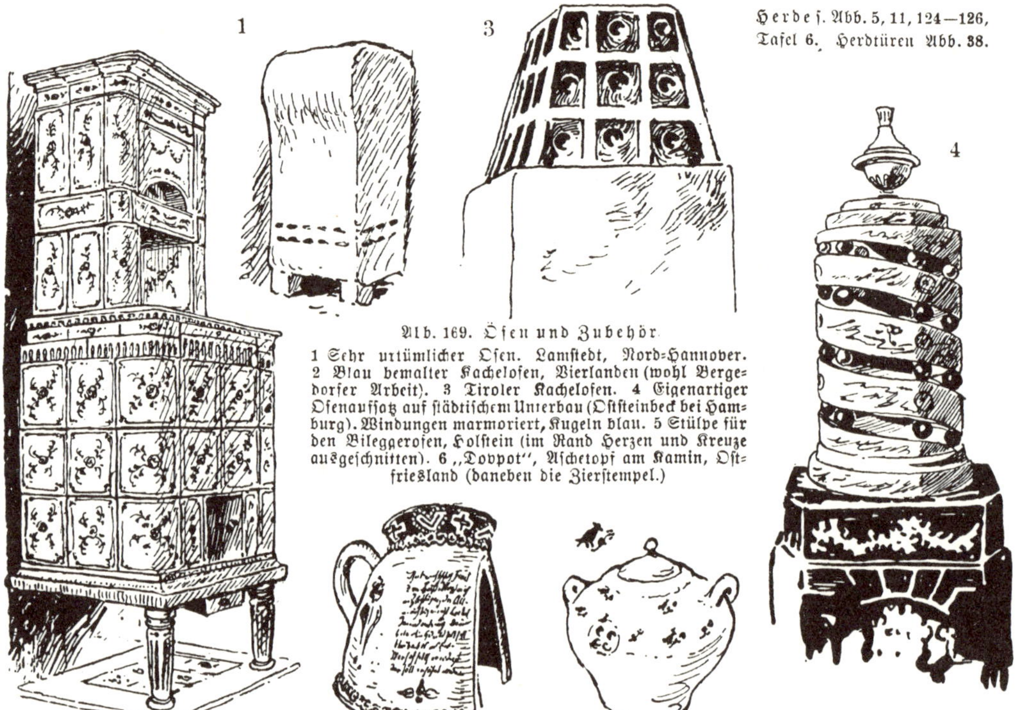

Alb. 169. Öfen und Zubehör.

1 Sehr urtümlicher Ofen. Lamstedt, Nord-Hannover. 2 Blau bemalter Kachelofen, Vierlanden (wohl Bergedorfer Arbeit). 3 Tiroler Kachelofen. 4 Eigenartiger Ofenaufsatz auf städtischem Unterbau (Oststeinbeck bei Hamburg). Windungen marmoriert, Kugeln blau. 5 Stülpe für den Bileggerofen, Holstein (im Rand Herzen und Kreuze ausgeschnitten). 6 „Dovpot“, Aschetopf am Kamin, Ostfriesland (daneben die Zierstempel.)

die sogenannten Fichtelberggläser, derb bemalte Tintenfässer, Flaschen, scherzhafte, drollige Vexiersachen, Tiergestalten, kleine Schnupftabakflaschen, sog. Brisilglasl, in verschiedener Technik, marmoriert, gebändert, gesponnen, geschliffen, sodann natürlich in katholischer Gegend fromme Glasbilder, eingebrannt oder als Hinterglasmalerei mit Ölfarbe gemalt u. a. m. (Abb. 168, Tafel 6_8).

(Bäuerliche Textilkunst u. dgl.)

Hatten wir es bislang nur mit Arbeiten der Männer zu tun, so gelangen wir in der textilen Kunst auch zu Frauenarbeiten. Freilich, die schönen Webereien, z. B. die Beiderwandgewebe Holsteins mit ihren religiösen und anderen Darstellungen, z. B. des Einzugs Christi in Jerusalem, bedruckte Zeuge u. a. sind auch wieder meistens Männerarbeit, ebenso manche Stickereien, z. B. Plattstickereien der Vierländer Tracht (s. Männerärmel, Tafel 10 rechts), die Pfauenfederstickereien der Tiroler und anderer Gürtel u. dgl. (Abb. 71_4), aber im großen und ganzen ist die textile Kunst das Gebiet der kunstfertigen Hand der Frauen und Mädchen, seien's die des Hauses,

1

2

Abb. 170. Kreuzsticharbeiten.

1 Pastor vor dem Altar. Von einem mecklenburgischen Abendmahlstaschentuch. 2 Schiff mit Mannschaft. 3 Blumentopf mit Tauben (vermutlich! trotz Entenähnlichkeit!) 2, 3 Von Sammlung für deutsche Volkskunde, Berlin.

3

seien's berufsmäßige Stickerinnen, Klöpplerinnen, Putzmacherinnen u. dgl. im Dorf.

Nicht nur die einfachen Techniken, auch die edelsten beherrschen sie meisterlich. Wir finden Kissen in schönen geometrischen, z. B. Sternmustern aus Tuchflicken zusammengesetzt (Vierlande), schöne Bandwebereien, z. B. auf Sylt, in Litauen u. a., ferner Wollwebereien, Knüpfarbeiten (z. B. Kissen aus Viöl und Langenhorn in Schleswig), künstliche Häkeleien nnd Strickereien, z. B. an Strümpfen und Handschuhen u. a. (Abb. 58_1, Tafel 10), sodann Stickereien aller Techniken. Da sind anmutige

Kreuzsticharbeiten in der Wäsche und an Kleidungsstücken zu bewundern, nach den Vorbildern des Sibmacherschen Stickmusterbuches gestickt, zum Teil aber auch selbst erfunden: geometrische Muster, Blumen-, Bäumchenmuster, Tiere, z. B. ein Baum, auf dem eine Menge Vögel sitzen (Abb. 170), Wappen, Sinnbilder, Schrift u. dgl., ja selbst Darstellungen aus dem Leben (Schiff mit Mannschaft und Möwe auf dem Mast, Frauen am Brunnen, Jagd, Pastor am Altar) und religiösen Darstellungen (Adam und Eva, Josua und Kaleb [Abb. 46_3], Jakobs Kampf mit dem

Abb. 171. Vierländer Kissen mit Plattstickereien in buntfarbiger Wolle. Kirche zu Kirchwärder, gezeichnet von Frau v. Wodtke (vgl. Abb. 45_7 u. 57_8).

Engel, Christi Opfertod, Himmelfahrt u. dgl.) begegnen wir häufig; gesammelt sehen wir sie auf den Mustertüchern der Mädchen. Einfarbig, blau, rot oder für Trauer schwarz, oder auch buntfarbig, in hübscher Anordnung, bisweilen reizvoll, z. B. an Vierländer Schürzen, nur an einer bestimmten Stelle angebracht (an einer sonst völlig schwarzen Haube in Scheessel, Lüneburger Heide, sah ich ebenso nur an einer einzigen kleinen Stelle am Hinterkopf einen kleinen, völlig rot gestickten Fleck von feinster, anmutigster Wirkung!), legen sie Zeugnis ab für den kunstfröhlichen Sinn und oft bewunderungswürdig feinen Farbengeschmack der Frauen. Der Plattstich, in Wolle wie in Seide, wird ebenfalls gern geübt, gern erfreut man sich der größeren Freiheit, die er gegenüber dem Kreuzstich bietet. Hier benützt man sie zu großen, flottgeschwungenen, buntblumigen Ranken (Tücher der Winser Marsch), da, um vielfarbig große Kissen zu besticken, mit Blumen (Abb. 71_2), Reichsadler, Schrift u. a., da, um vermutlich Gobelinwirkung (Abb. 171) nachzumachen (Kissen der Vierlande,

Blumen, Herzen, Engeln, Truthähnen oder Pfauen) u. a. m. Im Brustlatz (Tafel 4) in der Haube u. a. hat man gern kleine, runde Messingplättchen zur Verschönerung mitbenützt, ja man hat wohl gar selbst in Metallstickereien sich versucht. Perlenstickerei findet sich ebenfalls an Mieder und Kopfputz, Aufnäharbeit desgleichen — auch einfaches Aufkleben kommt auf Kissen, Nadelkissen (z. B. Vierlande) vor. Edler Netzstickerei, die selbst an Figuren sich wagt, die reizend Blumen und Tiere herzustellen weiß, schöner Durchbruchstickerei, ja selbst der Klöppelspitze (Schleswig, sächsisches Erzgebirge und Böhmerwald) begegnen wir. Bemerkenswert ist, daß in weiblichen Arbeiten, z. B. der Niederelbe, gleiche Verschiedenheiten sich zeigen, wie in den Arbeiten der Männer in Haus und Mobiliar. Urtümlich ist Stickerei mit Fischschuppen in Ostpreußen!

Der Textilkunst reihen wir vielleicht einige Sattlerarbeiten, z. B. am Tiergespann, zum Teil nett mit Metall, Nägeln, Platten und eigenartigem Beschlag verbunden, sowie andere Lederarbeiten an, so die schon erwähnten Pfauenfederstickereien der Tiroler „Bauchranzen" mit Namen und allerlei geschmackvoller Verzierung, schönem reichem Pflanzenwerk, Tieren, wie Gemsen u. a. (Abb. 71_4) oder menschlichen Figuren, so ferner die Ötztaler, mit Ornamenten aus lauter Zinnägeln beschlagen (ebenfalls Gemsen, ferner Doppeladler [Abb. 76_1] u. a.), so durchbrochene, bepunzte Hosenträger (Sarntal und Passeier [Abb. 40_4]), so Steppereien und Stickereien der Lederhosen des Steirers, des Betzingers u. a., auf Lederschuhen oder Pantoffeln, so Lederarbeit auf bairischen Brautkörben (Tafel 10), Taschen, so Lederbestecke mit geschnittenen Verzierungen u. a.

Auch die oft sonderbar geformten bunten Brautkronen (Schappeln) aus allerlei Buntzeug, Flittergold, künstlichen Blumen, Glaskugeln u. dgl. können hier erwähnt werden, von alten Frauen hergestellt. Auch allerlei Papierausschneidekunst u. dgl. für allerlei Zwecke, z. B. „Unruhen", sei hier flüchtig gedacht — im Harz wird heute noch z. B. allerlei buntgoldiger, farbiger Papierschmuck für Erntekränze verkauft — derartiges stellte man auch vielleicht selbst früher her.

Wir sind unmerklich vom Hausinhalt auch zu einzelnen im Dorfe selbst hergestellten Stücken der Tracht gekommen — gedenken wir an dieser Stelle kurz auch der in der Kleinstadt für sie eigens hergestellten Teile. Samt- und Seidenwebereien an Miedern, Bändern, Tüchern, Schürzen, Hauben begegnen wir, bisweilen weither (für Orte der Lüneburger Heide vielleicht heute noch aus der Schweiz) kommend, Metallstickereien, Silber- und Goldtressen für Mieder und Haube, Posamentierarbeiten aller Art an Schürze, Mieder, Kopfschmuck, Männerweste u. s. f., bedruckten Kattunen in Kopf- und Halstüchern, Schürzen usw. Sie ordnen sich, und deswegen müssen sie hier erwähnt werden, meistens mehr oder weniger dem bäuerlichen Geschmack unter; ein und dieselbe Werkstatt arbeitet für die eine Gegend so, für die andere anders, und oft beidemal abweichend von dem, was sie für die Stadt selbst liefert. Muster und Farbe richten sich nach dem feststehend gewordenen Dorfgeschmack, stimmen oftmals sogar überein mit dem, was das Dorf selbst arbeitet, das sie umgekehrt bisweilen auch beeinflussen.

Abb. 172. Bäuerinnenschmuck.
1 Bäuerin in Hopfenstadt, Unterfranken. 2, 3 Vierländer Hemdspangen. 4 Altländer Hemdspange. 5 Kette. 6 Ohrring. 7 Gürtelschluß, Holstein. 8 Anhänger, ostfriesisch. 9 Vorstecknadel, Osnabrücker Gegend.

(Bauernschmuck.)

Und mit dem Schmuck steht es ebenso. Der größten Beliebtheit erfreut sich überall das Silberfiligran, das aber zu ganz verschiedenen Wirkungen benützt wird. Einmal ist es auf eine Platte aufgelötet, ein andermal ist es ganz frei gearbeitet, gelegentlich vergoldet. In Norddeutschland ist es zart und zierlich, bleibt in der Fläche, in Ostfriesland ist es gemischt mit blanken Flächen, in Süddeutschland strebt es oft nach plastischen derben Wirkungen; einmal bleibt es reines Linienwerk (Vierlande), ein andermal sucht es Blumen herzustellen (Dachau) oder es bildet Prunkbuchstaben (Wilstermarsch). Hier benützt es die farbige Wirkung eingesetzter Granaten und blauer Perlen (Altes Land), dort ist es mit buntem Glas gespickt (Lüneburger Heide) u. s. f. (Abb. 172). Neben dem Filigran spielen gegossene und gravierte Schmuckstücke eine mehr zurücktretende Rolle. Meist sind Goldschmiede kleiner Nachbarstädte die Hersteller (für die Niederelbe Stade, Buxtehude, Bergedorf).

Die Schmuckstücke selbst sind von Gegend zu Gegend verschieden; sowohl in der Gestaltung der Spangen, Schnallen, Ketten, des Brustschmucks, der Ohrringe, als auch in der Wahl des Hauptschmuckstückes herrschen große Unterschiede. Manche Gegenden haben ein ganz besonderes Lieblingsstück, das sonst gar nicht vorkommt (so der Platensteker der Wilstermarsch). Nur einzelne, dem bäuerlichen Geschmack besonders zusagende sinnbildliche Schmucksachen wiederholen sich wenigstens in der Gesamtform, insbesondere das gekrönte Herz u. dgl. findet sich natürlich des öfteren (Altes Land, Nordfriesland, Pommern u. a. [Abb. 67_6, 172_4]). Namentlich findet sich's in kleinen Spangen, die nicht vom Goldschmied stammen, aus Horn, Knochen, Bernstein u. dgl., vielleicht vom Liebhaber selbst als Minnegaben geschnitzt. Auch sonst gibt's wohl noch allerlei sozusagen selbst hergestellten Schmuck, z. B. Halsketten aus Bernstein, Glasperlen, Perlstickereien u. a.

Der deutsche Bauernschmuck gehört ohne Frage zu den schönsten Leistungen der deutschen Goldschmiedekunst, er steht dem Nationalschmuck Norwegens u. a., dem wir in unseren deutschen Goldschmiedeläden begegnen, durchaus nicht nach — ihn selbst findet man drin, von Ausnahmen in Ostfriesland, Stade, Buxtehude u. a. abgesehen, leider nicht mehr!

(Bauerntracht.)

Werfen wir einen kurzen Blick auch noch auf unsere leider überall aussterbende Bauerntracht als Ganzes. Wer sie in ganzer, sozusagen lückenloser Schönheit sehen will, tut wohl am besten, einmal an einem Orte, wo sie noch einigermaßen lebt und man noch stolz auf sie ist, ein Fest zu besuchen, wo die guten Leute für sich (nicht als Theater für Städter!), zu eigener Freude absichtlich alle in alter Tracht erscheinen. Mir sagte einmal ein in Vierlanden geborener Wirt, in seiner Wirtschaft habe ein solches Fest einer landwirtschaftlichen Vereinigung stattgefunden: „er habe gewiß ja immer die alte Tracht nett gefunden (er selbst war eigentlich ganz Städter geworden),

Abb. 173. Bauerntrachten (Text s. S. 215).

Abb. 171. Bauerntrachten.

1 Mädchen aus Lehengericht, Schwarzwald (nach Aquarell von Professor W. Hasemann); links Brautjungfer. Farben: Haube schwarz, Mieder violett mit grünem Rand, weißer Halskragen mit roter Stickerei, Jacke schwarz mit dunkelgrünen Aufschlägen, Rock schwarz mit rotem Saum, Schürze schwarz mit buntem Schürzenband und etwas roter und blauer Linien-stickerei, Hut gelb mit schwarzem Besatz, Strümpfe weiß, Krone Goldflitter und bunte Blumen.

2 Jäger aus Oberbaiern (nach Original von Enhuber). Hut grün, Jacke braun mit grünen Aufschlägen, Kniehosen schwarz, Strümpfe grauweiß mit grüner Stickerei.

3 Elsässerin. Schleife schwarzseiden, Halstuch bunt geblümte Seide mit roten Fransen, Hemd weiß, Mieder dunkler geblümter Sammet, Rock dunkelfarben, Schürze ebenfalls dunkel mit buntgeblümtem Rand.

4 Mann und Frau aus Ostenfeld bei Husum (Schleswig, bis Anfang des 19. Jahrhunderts). Farben der Männertracht: Hut, Rock, Weste, Halstuch schwarz, Kniehose gelb, Strümpfe weiß, Strumpfband schwarz. Frauentracht: Weißes Kopftuch, Überjacke schwarz, mit schwarzem, am Ärmel mit rot gemustertem Sammet besetzt, dazu silberne Knöpfe. Der darunter hervorguckende Ärmel der Unterjacke ist rot, mit Aufschlägen von rotem Sammet und gelben und weißen Borten sowie Silberknöpfen, über der Brust silberne Ketten und Knöpfe, Halstuch mit lang herabhängenden Enden schwarz, Schürze dunkelblau mit hellblauen Bändern, Saum des Rockes blau-weiß, Strümpfe schwarz (nach altem kolorierten Stiche).

aber von der Schönheit, der Pracht, die sich da offenbart habe, habe er doch keine Ahnung gehabt!

Auch in ihrer Gesamtzusammenstellung ist die alte Bauerntracht ein Zweig der Bauernkunst, der alle Eigenschaften mit den anderen Zweigen gemein hat. Nur daß der städtische Einfluß hier aus erklärlichen Gründen am größten ist — in der Tatsache aber, daß die Bauerntracht in Deutschland eine so verschiedene war, liegt wiederum der Beweis dafür, daß doch der bäuerliche Eigenwille auch hier die Hauptrolle spielt, auch hier hat er vom Städtischen nur genommen, was ihm just paßte, und weil es ihm oder sagen wir der Sitte paßte, hat er es beibehalten, trotz auch schon in alter Zeit vorkommender städtischer Kritik (z. B. 1727: daß die Frauen

Abb. 174. Unterfränkische Trachten.

in Wursten in ihrer Kirchtracht wie Faßnachts Butzen und Scharwentzeln in Schauspielen ähnlicher sähen, als vernünftigen Leuten). Ja, die Stadthandwerker waren gezwungen, es alles weiter so zu liefern, auch wenn die vorbildliche Stadt schon längst darüber hinaus war — wie die Sitte unsere Hutmacher ja auch zwingt, uns Städtern den doch altertümlichen Zylinder, die Tracht der französischen Revolution, immer noch herzustellen. Auch in der Tracht finden wir Urtümliches und Mittelalterliches beibehalten und naiv verbunden mit Neuerem, finden wir diese verschiedenen Elemente zu eigenen Gebilden verschmolzen, hier so, dort so. Alte Formen, wie die Wämser, Kniehosen, Wettermäntel, Kniestrümpfe, Schuhformen, Kopfbedeckungen (wie Turbane, merkwürdige Kopftücher u. a.), alte Techniken, wie sie die ledernen Kleidungsstücke, Kaninchenhaarstrümpfe, dicke Wollstrickereien, Lodenstoffe, ja Kappen aus Baumschwamm zeigen, vereinen sich mit städtischen oder höfischen Renaissance-, wie mit Rokoko- oder späteren Formresten. Selbst an die Amulette des Naturmenschen erinnernde abergläubische Zeichen treffen wir wohl noch irgendwie angebracht, z. B. im Schmuck, an. Die Gesamtstimmung ist verschieden, wie sie in Möbeln u. a. verschieden ist, edle Gestaltungen treffen wir, wie überladen barocke, Anmut wie Plumpheit, Zierlichkeit wie Stattlichkeit, Buntheit wie Farbeneinfachheit, Farbenfröhlichkeit wie Farbenernst. Besondere Sinnigkeit offenbart oft das Studium der Trachtenänderungen bei den verschiedenen fröhlichen oder ernsten Zeiten des Jahres, bei Hochzeit und Trauer; es ist oft überraschend, wie sinnig Farbenzusammenstellungen die verschiedenartigen, auf das feinste unterschiedenen Stimmungen zum Ausdruck zu bringen wissen (Tafel 4). Die Kenntnis aller dieser Feinheiten war gewiß auch ehedem gar nicht so ganz einfach! Mir klagte einmal eine alte Vierländerin (ich glaube, sie hatte mir so an 40 bis 50 verschiedene Brustlätze gezeigt und als ehedem durchaus nötig bezeichnet und erklärt): Ja, die jungen Leut! — neulich sei eine „Person“ an ihr vorübergegangen, die sei „baben Pingsten un ünnen Halftrur“ gewesen! — schrecklich für die alte Frau, ein Verbrechen: Pfingstbrustlatz und Halbtrauerschürze oder dgl.! Die feinste Kennerin war wohl die Schneiderin — auch wohl Verfertigerin der Brautkronen u. dgl. Nur mit der Zweckmäßigkeit ist es bei der Prunktracht oft, vereinzelt auch bei der gewöhnlichen, nicht zum besten bestellt. Daß z. B. 16 Röcke für ein zum Tanze gehendes reiches Bauernmädchen (Schwalm) besonders zweckmäßig sind, kann niemand behaupten, ebenso wenig zweckmäßig und unschön sind gewisse Polster, die krinolinenartige Rockform hervorrufen (z. B. in Deutschböhmen), Panzerungen der Brust (Altenburgerinnen) oder einzelne Kopfbedeckungen (Prechtalerinnen u. a.) — leider muß das auch oft von jetzigen Brautkronen gesagt werden! — da siegte eben die Königin Mode, die auch in der Stadt ja in der Tracht eine noch größere Rolle spielt als sonst und allerlei Dummheiten heiligt! Demgegenüber finden wir aber auch sehr bequeme und praktische Kleidungsarten, von denen wir Städter ja auch schon allerlei (zum Teil wieder) übernommen haben, wie den Wettermantel, die Kniehosen und -strümpfe, Lederkleidung, die geschnürten Schuhe u. a. Zu den schönsten Männertrachten gehören die Trachten der Alpen — die, was wichtig ist, von der Stadt nur wenig beeinflußt sind! — sowie einzelne andere, badische (Rickesbach), württembergische (Betzingen), auch niedersächsische (Braunschweig, Schaumburg-Lippe) — auch Ölrock und Südwester unserer Nordseeküste empfinde ich, weil sie ihrem Zweck ausgezeichnet entsprechen, als zwecksinnig schöne Tracht. Unter den Frauentrachten ist die Auswahl größer, süddeutsche Fröhlichkeit und Anmut streiten mit dem Ernst und der Herbheit Norddeutschlands um den Preis, der Betzingerin, Gutacherin, Schlierseerin, Mainfränkin u. a. steht die Dannstädterin, Wykerin, Propsteierin, Mönchguterin u. a. gegenüber, jede Tracht ist in ihrer Art schön, der Volksart fühlbar ebenso aus der Seele gesprochen wie die sonstige Bauernkunst! Bemerkenswert sind u. a. noch Trachtenunterschiede zwischen Katholiken und Protestanten, jene sind immer konservativer (z. B. Hessen-Nassau, Lausitz u. a.).

(Noch ein bißchen Frauenkunst und anderes.)

Die Frauen üben ja auch sonst noch allerlei wenn auch bescheidene Kunst. Einmal sind sie als Malerinnen tätig: mit Sand verzieren sie den Fußboden, ja, Sonnabend Abend die Straße am Hause! (Ostfriesland), die Wand hinterm Herd schmücken sie im alten niedersächsischen Flett mit Bäumchen in weißer Farbe, sie bemalen hie und da wirklich Möbel u. a., sie „stippen" Vorplatzwände. Und zum anderen sind sie ja die wichtigen Pflegerinnen des schönen Hausrats! — sie säubern, sie putzen, sie ordnen — sie zieren Alkoven, Glasschränke u. a. mit Vorhängen, den Tisch mit Decken, die Fenster mit Gardinen und Blumen, sie pflegen den Garten usw.

Sodann, wenn auch die Kuchen- und Buttermodel Männerarbeit sind (Abb. 162_1), gibt's doch in anderen Kuchenformen Selbständiges! — z. B. in Kringel- und Zopfformen sowie in den Tier- und Menschenformen von allerlei Festgebäcken (z. B. zu Advent und Nikolaustag). Und wenn bei den in Formen gegossenen Butterlämmern die Wolle naturgetreu vermittelst durch „schüttere" Leinen gepreßter Butter dargestellt wird, so ist das doch auch bescheidenes Eigenhinzugefügtes.

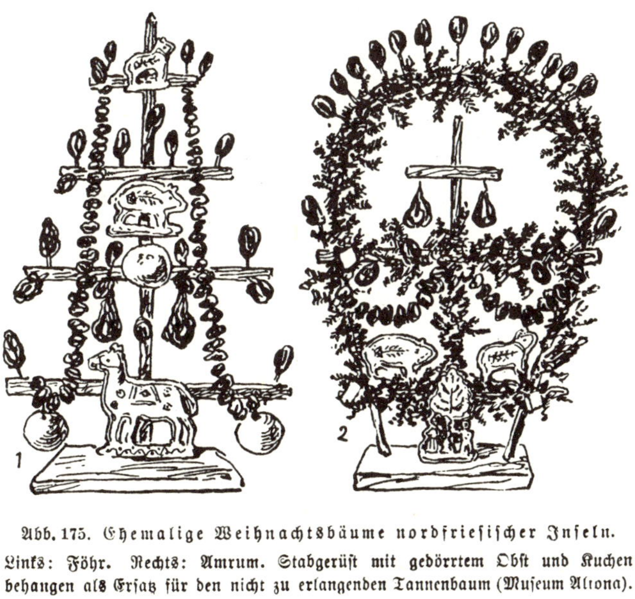

Abb. 175. Ehemalige Weihnachtsbäume nordfriesischer Inseln.
Links: Föhr. Rechts: Amrum. Stabgerüst mit gedörrtem Obst und Kuchen behangen als Ersatz für den nicht zu erlangenden Tannenbaum (Museum Altona).

Und auch allerlei anderes Festliches kann

flüchtig erwähnt werden, wie die schier rührend naiven alten „Christbäume" von Föhr u. a. Inseln, die „Wepelrod" und „Tuunscheer" als sinnbildliche Neujahrsglückwünsche im Oldenburgischen, verzierte Ostereier, Sträuße des Hochzeitsbitters, Schmuck des Spinnrads der Braut, Kränze allerlei Arten und Gelegenheit, z. B. bei der Ernte, im Kirchenschmuck, besondere Sträuße u. a. m. — da ist die Frau doch wohl die gegebene Künstlerin.

Abb. 176. Scheunen und dergleichen.

1 Hölzerne Vierländer Scheune. 2 Wagenschuppen, Lüneburger Heide. 3 Heuberg, Reitbrook bei Hamburg. 4 Untere Torflügel einer Grotdör, Jamund, Pommern. 5 Durchfahrttür, Bärwalde, Pommern.

Wir haben das Haus bis in seine letzten Winkel durchstöbert, auch den Bewohner selbst ein wenig beschaut — treten wir wieder in das Freie und halten weiter Umschau.

(Allerlei in Hof und Schuppen.)

Da geraten wir wieder, nachdem wir zuletzt auf allerlei Kleinkram gestoßen sind, auch zu größeren Bauernkunstgegenständen, freilich nur räumlich größeren — wir kommen auf den Bauernhof und stehen den Wirtschaftsgebäuden und ihren

Abb. 177. Brunnen.
1 Münzenberg, Wetterau. 2 Lottin, Pommern.
3 Ostfriesland
(s. auch Abb. 48_1).

1 2 3

Anhängseln gegenüber. Daß Scheune, Schuppen, Speicher, Kelterhaus, Stall u. dgl. nicht gerade die Gebäude sind, welche den Bauer zu den höchsten Kunstleistungen gereizt haben, ist klar. — Da ist ihm (leider) mancherlei gut genug, wie in bezug auf Sauberkeit (die doch dem Sinn für Schönheit verwandt ist) im Stall die köstliche Bemerkung eines Bauern im Böhmerwald aussagt: „So a Hochfohrt leid i nit amol ei der Stubn, erscht im Stall!" Immerhin können wir nicht umhin, uns des öfteren über gute Gesamtwirkung, zweckgemäße Form und die Technik, die meist den einzigen Schmuck bildet, zu freuen. Auch wenn am Wohnhause bisweilen nicht viel Altertümliches mehr zu bemerken ist, sehen wir es am Nebengebäude bewahrt; teils hat man die alten Nebenbauten trotz Neubau des Hauses beibehalten, teils die neuen in alter Art errichtet. Alterhaltene Form, urtümlicher Werkstoff (z. B. vielleicht Wände aus Schilf, Heidekraut oder Torf), alte Holzbauweise, Kratztechnik, einfache Bemalung, einfache, urtümliche Dachdeckung treten uns entgegen. So in Vierländer turmartigen Speichern, in mächtigen, gern tiefrot gestrichenen Scheunen in Hadeln, im niedersächsischen Heuberge, in den nur aus einem auf die Erde gesetzten Dache bestehenden Schuppen und Schafställen, sowie den Honigspeichern der Lüneburger Heide, in Bauten der Alpenländer, Sennhütte, Ziegenstall-Dörfern der Schweiz, bairischen und anderen Bootsschuppen, im Schweizer Käsespeicher, Kelter, in der litauischen Klete u. a. (Abb. 1, 3, 4, $42_{1a, 2a}$, 176, Tafel 2).

Abb. 178. Brunnen in Gollhofen, Unterfranken.

Neben diesen größeren finden wir sodann auf dem Hofe oder nahe dem Hause einige andere kleine „Bauwerke", zunächst den Brunnen, in einfachster Gestalt im Laufbrunnen des Gebirgs mit dem Brunnentrog davor, und auch im „Fething" mit aufgefangenem Regenwasser (Halligen). In Norddeutschland schmückt den Hof noch vielfach die urtümliche Gestalt des Ziehbrunnens mit dem „Soodschwengel" (Abb. 42_{3a}), in Mittel- und Süddeutschland finden wir Windebrunnen, sei es die Form, wo die Kette um eine Welle sich legt (auch in Norddeutschland vorkommend und vordringend), sei es die, wo sie über ein Rad läuft, und Lauf- und Röhrenbrunnen. Während der norddeutsche Ziehbrunnen nur selten gewisser Verschönerung sich erfreut, finden wir bei diesen drei Arten oft sehr hübsch ausgebildete Formen (Abb. $177_{2,3}$), z. B. von niederem oder hohem, schmuckem, bisweilen höchst eigenartigem Dach überspannt. Noch mehr ausgestattet aber sind Rad- und Laufbrunnen, namentlich auch durch Steinhauerarbeit. Die Radbrunnen haben ein steinernes Gerüst, an dem das Rad hängt (Abb. 177_1), die Laufbrunnen ziert eine Säule mit einem Schutzheiligen oder einer anderen Figur, auch wohl einer Kugel oder einem Wappen- oder anderen Tier darauf — es sind das Brunnen für ganze Straßen oder gar für das ganze Dorf. Eine andere Brunnenart ist noch die Pumpe, meist mit nur bescheidener, gelegentlich aber doch schöner Ausstattung (Abb. 178).

Andere bescheidene Bauwerke sind sodann noch die Laube, aus Holzstäben in oft hübscher Ausstattung zusammengenagelt, Backhaus am Hause oder für sich, Taubenhaus und der Bienenstand — ein kleines Bretterhäuschen, hofartig gestellte lange Schuppen oder in an Papuadörfer erinnernder Weise Korb für Korb, jeder mit einem Strohdach überdacht, auf Stangengerüsten stehend (Wetztal, in Hessen-Nassau, Abb. 179_3) — wenn sie nicht scherzweise als Figuren, Apostel oder Soldaten geschnitzt sind. — Die Gesichter, die man gelegentlich auf den Körben findet, sind ernst gemeint, Bannbilder, als Schutz gegen irgend welches Unerwünschte u. a.

1 3 2

Abb. 179. „Tiergeschichten."

1, 2 Hühnersteigen in der Schwalm, 1 Verschluß geöffnet, 2 geschlossen. 3 Bienenstand, Wetterau.

2

1

Abb. 180. Bauernwagen.

1 Zweiräderiger Wagen aus Ditmarschen mit schmiedeeisernen Ornamenten, Museum Meldorf. 2 Stuhlwagen (Wetterau).

Endlich sei noch des kleinen, den Norddeutschen eigenartig anmutenden, an das Haus gehängten Käsekastens an hessischen und anderen Häusern gedacht.

Eine eigene Stellung nehmen die bäuerlichen Gefährte ein (soweit sie Arbeiten des Rademachers im Dorfe sind), der einfache Leiterwagen, der Stuhlwagen (auch den sah ich in Pommern hochaltertümlich einfach noch mit Wandungen aus Strohseilen geflochten!) — und der Prunkwagen. Ist der erstere kunstlos einfach, so finden wir unter den beiden letzteren sehr schön geschwungene, anmutige oder derbere Formen, ja auch schöne Verzierungen durch Drechslerei, Schnitzerei, Bemalung und kunstvolle Eisenarbeit kommen vor (ausgezeichnete Beispiele im Hamburger, Altonaer und Meldorfer Museum, Wagen aus Vierlanden, dem Alten Lande und Ditmar-

Abb. 181. Kajüte eines niederelbischen alten Fischerewers mit Herd und zwei Schlafkojen (nach Zeichnung von H. R. Hardorff †).

schen [Abb. 180]). Dazu z. B. die bunt mit der Figur des Heiligen u. a. bemalten Wagen zur Leonhardifahrt in Tölz u. dgl. Ja, im oberbairischen u. a. Hochzeitswagen wird der Leiterwagen, hoch bepackt mit dem schönen bunten Heiratsgut und bekränzt, natürlich auch ein Prunkwagen ersten Ranges!

Zum Wagen gesellt sich der Schlitten, gleichfalls in einfacher Form (z. B. Hörnerschlitten des Elsaß zum Holztransport talwärts) und reicher Prunkausstattung vorhanden. Auch des Schäferkarrens sei gedacht, ebenso das Geschirr der Zugtiere flüchtig gestreift — geschnitzte Ochsenjoche, metallbeschlagenes Pferdegeschirr weisen allerlei Bemerkenswertes auf. Hingewiesen sei auch auf die Glocken des Weideviehs im Gebirge, die sogenannten Schellenbögen, die die Hirten selbst herstellten und bemalten, u. a. m.

Gefährte anderer Art sind die Schiffe der Fischer- und Schifferdörfer, vom urtümlichen Einbaum oder Floß bis zum Hochseefischerboot. Sind die einfachen Nachen meist gänzlich schmucklos, ja plump, z. B. die des Steinhuder Meers, so finden wir unter den größeren Jollen, Ewern, Kuttern, Tjalken, Marktbooten sehr malerische, auch wohl gar mit derbfarbiger Malerei, ja mit Schnitzerei geschmückte Formen. Lustig ist der Rumpf bemalt mit besonderer bunter Bordkante. Vorn am Bug sehen wir in uralter Weise (wie auch an chinesischen Dschonken) zwei Augen auf den

Abb. 182.

1 Mittagsglocke in Westfalen. 2 Spritzenhaus, Niederwetz (Nassau). 3 Wirtshausschild (Schwalm). 4 Dingstätte in der Rhön.

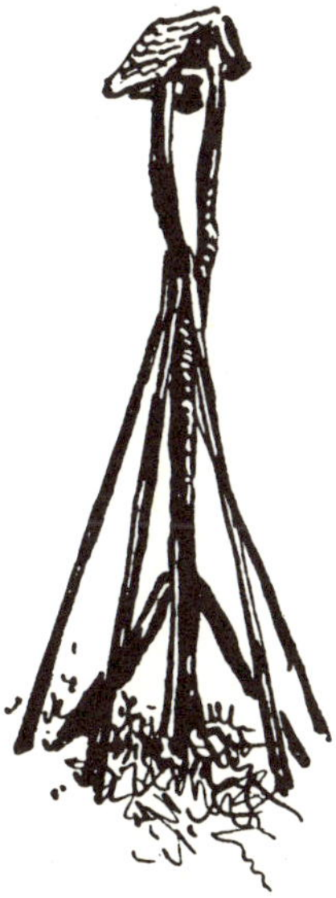

1

2

3

4

Rumpf gemalt, wohl auch als Ankerlöcher benützt. Auch eine lustige Gallionfigur kommt hie und da wohl noch vor. Am reichsten ist das Heck ausgestattet, mit Namen und Sinnbild, netten Fensterchen u. a. Das Steuerruder ist sogar auch etwas geschmückt. Auch an Bord selbst finden wir alles nett buntfarben bemalt, Kajüteneingang, Wassertonne, Ankerspill u. a. m. Rote oder gelbe Segel vollenden das fröhlich farbige Bild. In älteren Schiffen finden sich auch reizvolle, praktisch und schön ausgestattete und fröhlich buntfarbene Kajüten. Sehr drollig sind die von Dorf zu Dorf, ja von Besitzer zu Besitzer verschiedenen Zierden der kurischen „Keitelkähne". Eine besondere Sache für sich sind noch die großen Fährprähme, derbe, „deftige" Gestalten, natürlich ohne Schmuck — ich entsinne mich indes, an der Niederelbe einmal auf einem rot gemalt gewesenen gefahren zu sein, der (mit seinem ihn führenden alten, wettergebräunten, weißbärtigen Fährmann in blauen Hemdärmeln) mir einen geradezu prachtvollen Eindruck machte! (Taf. 11, Abb. 181.)

(Öffentliche Gebäude u. a.)

Es war eine lange Wanderung, die wir gemacht haben, indes sind wir noch nicht fertig. Wir haben im Dorf noch mehr anzusehen und außerhalb auch!

Da sind zuerst noch die „öffentlichen Gebäude" des Dorfes. Schon das Wirtshaus ist halbwegs ein solches, oft als besonders stattlich sich darbietendes Haus schon von außen kenntlich, auch wenn gar keines der gern anmutig ausgestatteten hölzernen, drastisch bemalten oder eisernen Wirtshausschilder uns durch die allgemein verständlichen Zeichen oder durch einen schalkhaften Spruch kündet, daß allhier in der Post, im Ochsen oder Schwan, im Löwen oder Adler Atzung oder Labung zu haben sei (Abb. 164_2, 182_3).

Abb. 183. Schöne Stellung der Kirche im Straßenbild. Schenklengsfeld (Hessen-Nassau).

Wir stoßen sodann wohl auf die Gemeindekelter, auf das Feuerleiter- und das gelegentlich gar türmchengekrönte Spritzenhaus (ein solches ganz reizend z. B. in Niederwetz in Nassau, Abb. 182_2), das Gemeindebackhaus, auf die mit Steinen als Sitzen bestellte oder ummauerte Dingstätte — und vielfach Tanzstätte, — (Abb. 182_1), die Mittags- oder Dingglocke (z. B. Harlinghausen in Westfalen), in großen süddeutschen Dörfern sodann bisweilen auf das Rathaus, meist Fachwerk mit offenem schmuckem Türmchen darauf, vielfach von ähnlichem Reiz wie das kleinstädtische. — Auch das Schulhaus hat bisweilen Türmchen mit Glocke.

In drei deutschen Dörfern (Buch bei Tangermünde, Questenberg im Amt Roßla und Potzlow in der Ukermark) grüßt uns auch ein freilich nicht gerade als künstlerische Glanzleistung zu bezeichnender echter Roland, oder wenn wir gerade zu Pfingsten unsere Wanderung antreten, treffen wir hie und da, z. B. Schleswig-Holstein, eine beim Pfingstreiten (Ring-, Rolandreiten) benützte holzgeschnitzte Männergestalt, die ebenfalls den Namen Roland erhalten hat (Abb. 163_1).

(Dorfkirche.)

Alsdann aber gelangen wir zur Dorfkirche, vielfach dem eigentlichen Prunkstück des Dorfes, sowohl infolge ihres Alters, als auch, wenn sie so oder so, z. B.

Abb. 184. Dorfkirchen. 1 Keitum, Sylt. 2 Asel, Ostfriesland. 3 Oberneundorf und 4 Niederseelbach, Hessen-Nassau. 5 Grünerdeich, Altes Land. 6 Hademarschen, Holstein, daneben Feldsteinmauerwerk des Chors.

durch Baumumkränzung, sie und den Friedhof umschließend, zu malerischer Großwirkung gesteigert ist (Abb. 88, 187_3), und dem Pastorat.

Letzteres, um es vorweg zu nehmen, ist vielfach ein besonders trauliches, echt bäuerliches oder doch halbbäuerliches Haus von gleicher, wenn nicht gar noch durch Gartenschönheit u. dgl. gesteigerter Anmut.

Die Dorfkirche bildet ein schwieriges Kapitel insofern, als sie wohl nur selten von A bis Z reine Bauernkunst ist. Viele Kirchen sind, vorläufig abgesehen vom Innern, das Werk städtischer, in frühester Zeit auch mönchischer Meister, z. B. die romanischen Dorfkirchen in Angeln u. a. Allerlei Anbauten, Vortore, Aufgänge, auch bisweilen der Turm (so die hölzernen freistehenden Glockentürme Norddeutsch-

Abb. 185. Holzkirche in Bahrenbusch (Pommern).
Oben Einzelheiten und Aufsatz des achteckigen Turmhelms auf den viereckigen Unterbau des Kirchturms in Lottin.

lands, oft ja nur offene Gerüste! [Abb. 186₁]), der Beschlag der Tür u. dgl., mögen dann das Einzige sein, was außen von Dorfhandwerkern herrührt. In anderen Fällen allerdings mag auch einmal diese oder jene kleine Kirche, in abgelegener Gegend oder in einem großen stadtähnlichen Dorf ganz von Dorfhandwerkern hergestellt worden sein, so Holzkirchen Schlesiens und Ostpreußens u. a. (auch in Pommern noch zwei [Abb. 185]), so kleine Gebirgskirchen in Baiern, in Hessen u. a., so frühe norddeutsche Kirchen aus Findlingsteinen, vielleicht von den Bauern selbst errichtet, so insbesondere noch kleine Kapellen, z. B. in den Alpen (Abb. 201). Wir finden alle

Abb. 186. Dorfkirchtürme.

1—3 Freistehende, hölzerne Glockentürme. 1 Morsum, Sylt. 2 Koldenbüttel in Schleswig. 3 Curslak, Vierlande. 4—7 Hessische Turmhelme. 8—11 Süddeutsche Zwiebeltürme. 12 Schwarz-weißer Helm, Wursten. 13 Holzturm, Alt-Valm, Pommern.

Arten vor, Kirchen, die von städtischen in nichts sich unterscheiden, und solche ausgesprochen ländlicher Art (in Wolfers [Holledau, Bayern] soll bis 1867 noch eine strohgedeckte bestanden haben!), große, wie winzig kleine, Holzkirchen, Fachwerkbauten mit Ziegelmustern geziert, mit Schiefer, mit Schindeln überkleidet (so fand ich in Hessen-Nassau ein Kirchlein vom Erdboden bis zur Turmspitze damit überzogen), Felssteinkirchen, Backsteinkirchen, Kirchen aus Findlingsteinen oder aus Raseneisenstein im Hannoverschen. Besonders sind die Türme von größter Verschiedenheit in Form und Stellung, vielfach in einer Gegend gern fast national zu nennende Art innehaltend, so die freistehenden hölzernen Glockentürme Schleswig-Holsteins (der in Schwabstedt auf einem Hünengrabe stehend, unten große Steine herum!) oder die ebenfalls freistehenden, kraftvollen steinernen in friesischer Gegend, so die bairischen Zwiebeltürme, die tirolischen nadelspitzen Türme u. a. Überall stoßen

Abb. 187. Kraftvoll einfache Schönheit an Dorfkirchen.

1, 2 Hennstedt, Ditmarschen. 3 Öderquart, Kehdingen. 4 Oberwetz, Wetterau. 5 Ober-Auroff, Hessen-Nassau. 6 Loit, Angeln. 7 Reinberg, Pommern. 8 Röhrda, Hessen-Nassau.

Abb. 188. Inneres der Kirche zu Lüdingworth (Hadeln).
Gestühl zu ebener Erde jetzt hell gestrichen, Hofbauernempore links kräftig farbig (rot und Gold), Decke mit Renaissancemalereien. (Nach Photographie von C. Griese.)

wir gelegentlich auf anmutige, einfach schöne, ja, rührend schlichte oder auch auf drollige, malerische Formen; so seien hessische Türme mit schönen Schieferhelmen, Altländer Holztürme mit kräftiger Bemalung, schöne sächsische Formen, thüringische, schwäbische, Turmhelme in Wursten mit weißen Streifen herum (Abb. 186_{12}) noch hervorgehoben. Einen geradezu prachtvollen Schmuck bilden, z. B. in Angeln, die

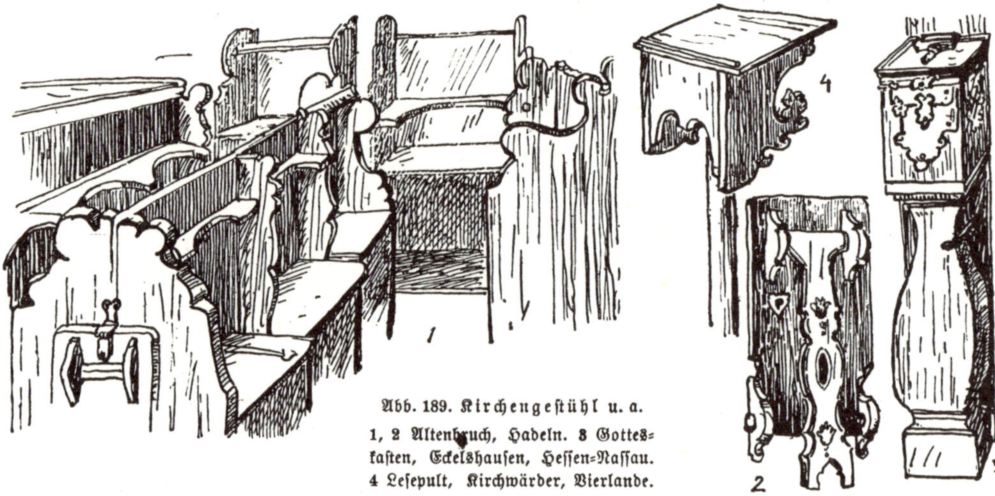

Abb. 189. Kirchengestühl u. a.
1, 2 Altenbruch, Hadeln. 3 Gotteskasten, Eckelshausen, Hessen-Nassau. 4 Lesepult, Kirchwärder, Vierlande.

vielen großen eisernen Maueranker an Ecken und Seiten des Turmes — Kreuze, Lilienform, auch Buchstaben und Ziffern. Besonders bemerkenswert ist oft die schöne Lage der Kirche, in hügeliger Gegend vielfach so, daß sie den höchsten Platz einnimmt, die Häuser wie schutzsuchend um sie geschart — ein außerordentlich sinnig

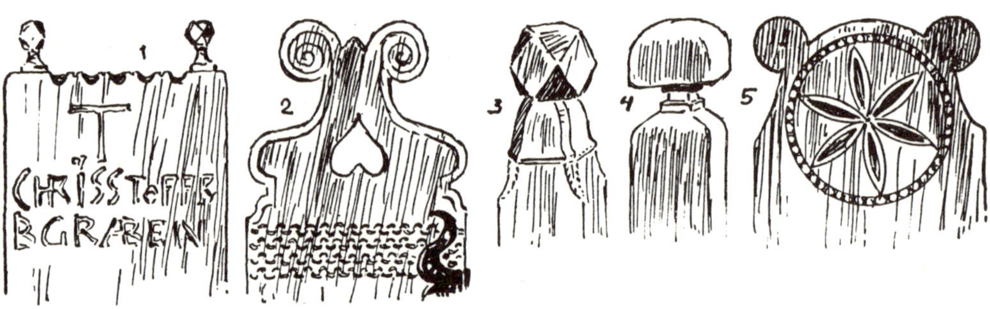

Abb. 190. Bankwangen u. dgl. von Kirchbänken.
1, 3 Lüdingworth. 2 Neuenkirchen (Hadeln). 4 Sylt. 5 Altengamme (Vierlande).

anmutendes Bild! Das Schutzsuchen war in früherer Zeit ja bisweilen im wahrsten Sinne des Wortes der Fall, nicht nur in Siebenbürgen, wo die Kirchen der Sachsen wahre, mit Mauern und mit Vorratsräumen wohl versehene Festungen sind, bildeten sie in Kriegszeiten die Zuflucht der Bevölkerung, auch in Deutschland erzählt hie und da eine Kirche noch heute von ihrem ehemaligen Nebenzweck, z. B. in Ostfriesland. Etwas Ähnliches war der Fall auf den der Überschwemmung ausgesetzten friesischen Inseln oder in Ländern, wie Eiderstedt oder dem St. Jürgensland — auch da bildete die hochgelegene Wurth der Kirche in Wassersnot die letzte Zuflucht. Wundervoll im wahren Sinne des Wortes ist die Wurth, auf der die Kirche in Kotzebüll (Eiderstedt) steht: Graben in Viereck herum, die mit jungen Buchen leicht bestandene Böschung blau von Vergißmeinnicht! — nicht gepflanzt!, — wie ich höre, von den Bauern aber sehr wohl in ihrer sinnigen Schönheit empfunden! Sonderbare Lagen gibt's auch, z. B. in Marschdörfern, in Nordleda in Hadeln liegt sie am äußersten Ostende des fast eine Stunde langen Ortes! Ein ganz eigentümliches Stahlgeläut soll an der Kirche zu Serno, Kreis Zerbst, stehen.

Abb. 191. Kirche zu Altengamme, Vierlande.
Gestühl in Einlegearbeit reich geschmückt, kunstvoll geschmiedete, buntbemalte Huthalter darauf.

(Inneres der Dorfkirche.)

Im Innern der Kirche mischen sich natürlich städtische und Dorfarbeit. Altar, Kanzel und Orgel sind wohl städtische Arbeit oder doch mit städtischer Beihilfe entstanden, sei es, daß der Dorfhandwerker Gehilfen aus der Stadt annahm, sei es, daß er städtische Arbeiten nachahmte, so gut er konnte. Die Formen sind dann häufig vergröbert oder doch mißverstanden. Eher finden sich in biblischen Bildern durch Unbefangenheit das Mißlingen des Figürlichen wettmachende, mehr oder weniger dörfliche Werke. Auch das in katholischen Gegenden in frommem Verschönerungstriebe gern geübte, aber entstellende Behängen des Altars u. a. mit allerlei Flittern, Papier- und Stoffblumen — die als aus der Stadt kommend, natürlich für besser gehalten werden als die Blumen draußen im Garten — trägt nicht zur Verschönerung bei, wenn auch die Bauern der Umgebung, wie Rosegger in seinen Bergpredigten schreibt, vor Bewunderung vergehen mögen: „Dasselb weiß man nicht, wo man's muß hin schreiben, aber s' ist richtig, ihr Rohrheimer habt's eine wunderlich schöne Kirchen!"

Gute eigene Arbeiten — alte, denn der Dörfler schätzt und arbeitet sie leider selten noch — finden wir außer in vereinzelten wirklich bäuerlichen Altären, Kanzeln u. a., in Balkenschnitzereien, Emporenanlagen, Treppen, im Gestühl, sowie in allerlei Gerät. Neben einfachen, kräftig wirkenden Formen finden wir auch feinstgeschmückte — Aussägearbeit, Drechslerei, Kerbschnitt, Flach- und Hochschnitzerei, Einlegearbeit, Malerei und Schmiedekunst sind daran beteiligt. Insbesondere im

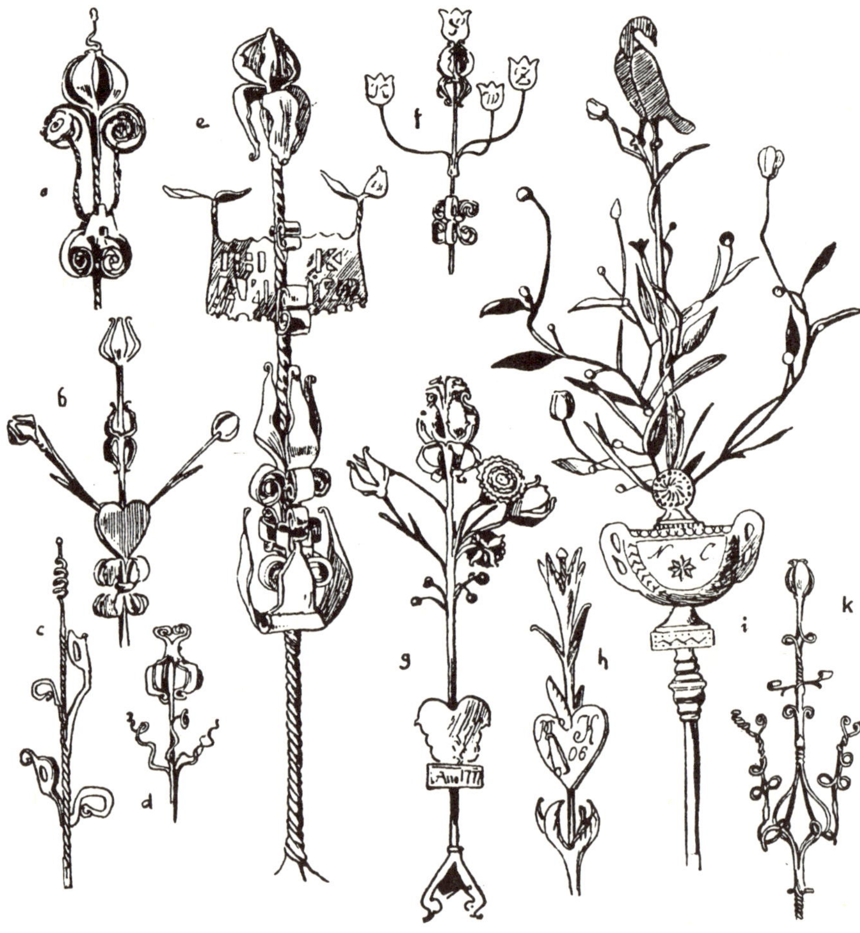

Abb. 192. Schmiedeiserne, zum Teil auch bemalte Huthalter aus Vierländer Kirchen.
a, c, e (1742), i Curslak. b, f, k Kirchwärder. d, g Neuengamme. h Altengamme.
(S. auch Abb. 45_5, 66_4, 74_2 u. 76_2. Aus dem benachbarten Allermöhe 70_3.)

Gestühl entfaltet sich hie und da große Kunstliebe (Vierländer, Hadeler, süddeutsche Kirchen z. B.), vielfach mit angeregt durch den Wetteifer um die schönste Ausstattung des eigenen Sitzes (in Altenbruch in Hadeln sind die stolzen Wappen der freien Hofbauern der hauptsächlichste Schmuck des Kirchengestühls — im benachbarten Lüdingworth zieren sie die Decke, Abb. 188.) Da ist bisweilen eine einer Musterkarte ähnelnde Abwechslung der verschiedenen Banktüren und -wangen, bemalte, beschnitzte, eingelegte, gekerbte, ausgesägte reihen sich (so in der außerordentlich reichen Kirche zu Altengamme in Vierlanden, die ein kostbares Bauernkunstmuseum ist, Abb. 191). Auch bei nur bemalten Bankwangen sind die einzelnen nicht alle gleichfarbig, rote, grüne, weiße, blaue u. a. wechseln gelegentlich miteinander ab — ja, in Altenbruch sind innerhalb ein und derselben Bank die einzelnen Sitze wieder verschiedenfarbig: rosa, grün, weiß, braunrot, hellblau usw.! Fröhliche

Abb. 193. Inneres der Friedhofkapelle zu Schönberg (in der Schwalm, Kurhessen).

Farbe ist überhaupt eine Eigenschaft der bäuerlichen Kirchen gewesen (die Decke war gern blau mit Sternen als Himmel ausgestattet), — Weiß und lehmgelber Anstrich sind bedauerliche Errungenschaften aus der Stadt! (Abb. 44_7, 58_9, 59_c u. 190.)

Allerlei Schönes finden wir im Gerät. Da sind schöne Tischlerarbeiten in den Beichtstühlen, im Sakristeimöbel, in den Betstühlen der katholischen Kirchen, Taufsteindeckeln (die Taufsteine selbst sind oft uralte Steinarbeit oder mittelalterliche Erzwerke), in Schränken, Lesepulten, allerlei Klappsitzen, Nummerntafeln, Gesangbuchkästen u. a. m. (Abb. 189.) Auch der Dorfschmied ist mit schönen Arbeiten beteiligt, in der Windfahne des Turms (Hahn oder Kirchenpatron, auf ostfriesischen lutherischen Kirchen Schwan), im Beschlag der Türen, der Schränke, im Opferstock oder der Kirchlade, in Votivgaben, Wandleuchtern, ja, großen mehrkerzigen Hängeleuchtern reizender

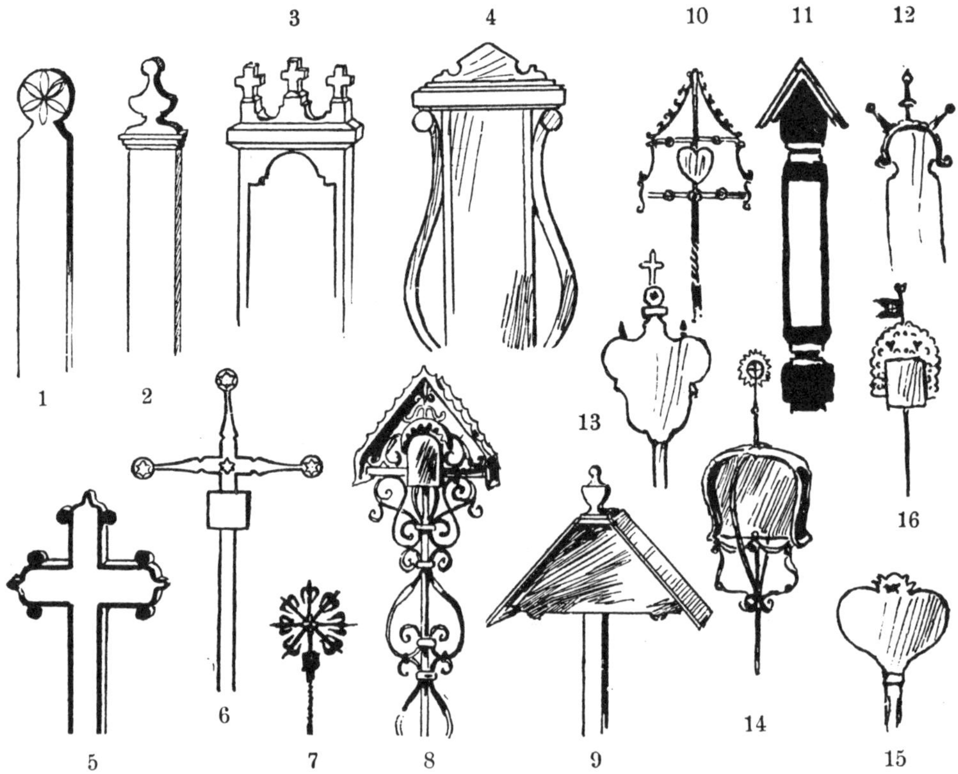

Abb. 194. Grabtafeln und Kreuze.

1 nach R. Mielke. 2, 3 Vierlande. 4 Kuddewörde, Holstein. 6 Schwarzwald. 7, 9, 13, 15, 16 Hessen-Nassau. 8 Oberbaiern. 10 Elsabrunn (Unterfranken). 11, 12, 14 Pommern. 17, 18 Hademarschen, Holstein. (S. auch Abb. 20_1.)

Form, sowie Huthaltern, deren schönste, zu den Meisterwerken deutscher Schmiedekunst zu zählende, die Vierlande aufweisen, hohe, edle oder malerische Gestaltungen in größter Abwechslung und Eigenart, meist aus nach der Natur geschmiedeten Gartenblumen aufgebaut (Abb. 192). Die weibliche Dorfbevölkerung hat ihre Kunst in Kissen, Decken und anderen textilen Arbeiten in den Dienst der Kirchenausstattung gestellt, auch unter diesen sind sehr schöne Werke zu finden in Stickerei, Flickentechnik u. a. In Küstendörfern bilden Schiffsmodelle, von der Decke herabhängend, eine besondere Zier. (S. hölzerne Huthalter Abb. 41, 66_2. Schmiedearbeiten: Wetterfahne, Armlehne, Sanduhrständer Abb. 164.)

(Friedhof.)

Der Friedhof liegt um die Kirche oder außerhalb des Dorfes, bisweilen in besonderer, sinnvoller Lage, an einem Abhang hinauf oder einen ganzen Hügel einnehmend, gern besonders geschmückt durch eine kleine, oft sehr hübsche Friedhofskapelle, manchmal eine wahre kleine Kirche mit malerischem Innern — die aufgehängten Totenkränze sind hier ein kennzeichnender Schmuck (Abb. 193). Ein Anhängsel der Kapelle ist im Süden hie und da, aber wohl selten, eine an ihr angebrachte oder freistehende Kanzel — auch sogenannte Kirchhofleuchter oder Totenleuchter aus Stein fallen ebenda auf. Eingefaßt ist der Friedhof von Erdwall, Mauer u. dgl., Hecke oder Baumkranz. Prächtig in Lüdingworth (Abb. 88) die ovale Einfassung von Friedhof und Kirche durch hohe, in Höhe der höchsten Leiter flächig beschnittene Linden, drüber hinaus kränzen die nicht beschnittenen Zweige das Ganze wie ein Riesenkranz. Zugang zum Friedhof bildet ein Tor, oft packend einfach gestaltet, oder eine nur kleine Tür, hie und da witzig von selbst wieder zuklappend. Meistens schmückt Grün und Blumenanmut unsere Dorffriedhöfe; herrlich beherrscht sie gelegentlich ein riesiger uralter Baum (z. B. eine riesige Linde in Steinbergkirche, Angeln). Und im Grün und Blumenwerk von Lebensbäumen, hochstämmigen Rosen, Trauerweiden oder -eschen beschattet liegen in bisweilen auch eigenartigen Särgen die stillen Schläfer. (Abb. 46_4, 187.)

In den älteren, ihnen gewidmeten Denkmalen finden wir wiederum allerlei schöne Zeugen der bäuerlichen Kunstfertigkeit, oft das Einzige, was heut an dörflicher Eigenkunst im Ort noch zu finden ist. Sie entfaltet oft eine überraschende, naiv einfache, aber wirksame Sinnigkeit, so, wenn ein Zwillingspaar ein Doppelkreuz, aus zwei Pfosten und einem in der Mitte durch zwei ausgesägte Herzen durchbrochenen Querbrett erhält (Nenndorf, Lüneburger Heide [Abb. 67_5]), wenn mehrere durch einen Unglücksfall zugleich umgekommene Geschwister ein gemeinsames Kreuz mit mehreren Querbalken erhalten (Allermöhe bei Hamburg), wenn das ganze Denkmal die Form eines Herzens hat (Westerwald). Oder im Grabschmuck des Dorfes Groß-Möllen in Pommern, schwarzen Pfählen, darauf, aus Holz nachgeahmt, das geschlossene Gesangbuch des Abgeschiedenen! — in ergreifender Gesamtwirkung um die alte stille Kirche her. (Abb. 195.)

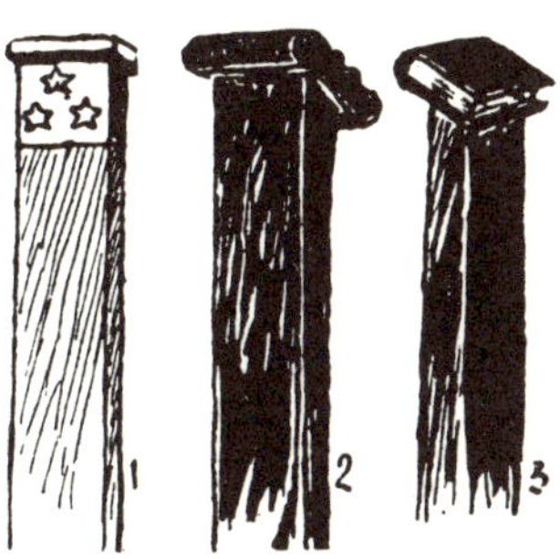

Abb. 195. Grabpfähle, Groß-Möllen, Pommern.

Die Entwicklung zeigend, die aus dem einfachen Pfahl den zuletzt herrschenden schwarzen mit dem Gesangbuch als Deckung machte.

Unter den Kreuzen wie unter den Tafeln finden wir viel Eigenart.

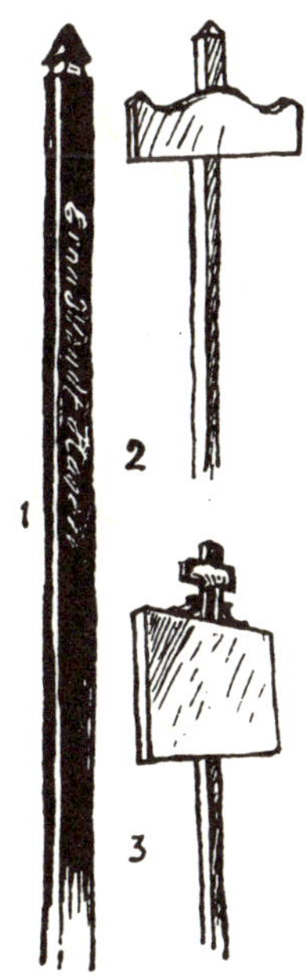

Abb. 196. Grabschmuck, Sagard auf Rügen.

Auch hier Entwicklung vom kleinen Pfahl mit unbequem zu malender und zu lesender Inschrift zu Tafelformen.

Die Kreuze sind in verschiedenen Gegenden verschieden, aus Holz ausgesägt, beschnitzt, mit einem Dach versehen, oder aus Eisen besonders in Linien-, Pflanzenformen (auch Blechfiguren), mit Dach, kleinem Heiligenschrein, Weihkessel u. a. (Abb. 194, 199), — die beiden Seitenarme bisweilen in Hände auslaufend, — schwarz oder bunt bemalt (Tafel 12), ja zum Teil einzelnes vergoldet.

Abb. 197. Eigenartige Grabsteine in Hilmes, Hessen-Nassau, aus rotem Sandstein, bunt bemalt.

Die Tafeln sind ebenfalls von Gegend zu Gegend verschieden, aus Stein oder Holz, selten Eisen, die hölzernen öfters bemalt, und zwar auch rot, blau, grün (Tafel 12), ja, gelegentlich auch die steinernen!, schier überbunt sogar (Hilmes, [Abb. 197]). Schmale oder breite Stelen, architektonische und eigenartig ausgeschnittene, in Worten kaum zu schildernde Formen (z. B. große Herzform mit Kreuz darauf, ja, Krötenform in Litauen) finden sich. Die größten Steintafeln hat wohl die holsteinische Elbmarsch (wohl eingeführte holländische o. dgl.).

Merkwürdig sind Unterschiede, die Geschlecht oder Alter kennzeichnen (ich fand in Hessen-Nassau einmal die Geschlechter durch rote und blaue Kreuze unterschieden, ein andermal Erwachsene und Kinder durch grüne und blaue) oder die das religiöse Bekenntnis andeuten. Als unübertrefflichen, ergreifenden natürlichen Grabschmuck sah ich in Todenbüttel in Holstein am Kopfende alter Kindergräber mächtig aufgeschossene Lebensbäume ragen — überhaupt tut immergrünes Pflanzenwerk, Efeu o. dgl., das am Grabmal aufrankt, natürlich noch viel zum Schmuck hinzu.

Die wundervollsten, eigenartigsten Grabeinfassungen hat wohl das überhaupt merkwürdig eigenartige kunstfrohe Dorf Jamund in Pommern: um den Grabhügel ein hölzernes kastenförmiges Viereck mit betontem Kopf- und Fußende, bunt bemalt, blitzblau, schwarze Eckpfeiler, mit bunten, geometrisch stilisierten Blumen! der Grabhügel selbst ein buntes Blumenbeet mit Geranien, Fuchsien, Nelken u. a.! — eine Pracht ersten Ranges! (Tafel 5).

Fromme Sprüche, in denen der Tote Abschied nimmt oder die die Lebenden ihm nachrufen, der Leichentext, religiöse Darstellungen, Bildnisse (Abb. 60_2, $66_{7,8}$),

Sinnbilder: Gottesauge, Palme, Sonne, Anker u. dgl. (s. auch Abb. 20, 63), Blumen, kleine Vöglein, z. B. deutlich erkennbar Dompfaffen (Abb. 62_7), auch Wappen zieren das Denkzeichen des Toten. Meistens ist das Sinnbildliche und auch der Spruch sinnig einfach, wir finden aber auch förmlich mit all dem überreich gefüllte Grabsteine — Christi Auferstehung oder die ganze trauernde Familie ist abgebildet u. dgl. m., — auch mit Sprüchen sind die Steine hie und da vorn und hinten

Abb. 198. Grabsteine.
1 Zella, Hessen-Nassau (mit Einzelheit des Kapitäls). 2 Seester, Holstein. 3 Kirchdorf, Pommern.

völlig bedeckt, dazu gelegentlich schier die ganze Familiengeschichte und bis auf den Sterbetag genauen Zeitangabe der Lebensdauer des Abgeschiedenen. Religiöse Zeit-, Orts- und persönliche Stimmung offenbaren sich darin. Z. B.:

„Wer ich gewest, die Frage ist:
Ein Schatt und Staub, mein lieber Christ.
Der Staub und Schatten fleucht dahin,
O Mensch, zu wandeln richt' den Sinn."

oder:

„Wir ruhen in Jesu Wunden, mit dem sind wir verbunden,
Der wird am jüngsten Tage uns wecken aus dem Grabe!"

Abb. 199. Grabkreuze mit schöner Schrift.
1 Hilmes. 2 Hergenroth, Hessen-Nassau.

Oder es heißt ein andermal nur:

„Ruhet sanft, ihr irdischen Gebeine, in euch ist der Geist
unsres guten Vaters nicht mehr.“

Vielleicht am ergreifendsten auf einem Grabe in Holtegast (Ostfriesland) die zwei kurzen Worte:

— LIEFDE — HOOPE —

Und wir wandern zum Dorf hinaus, heim. Noch auf dem Heimwege kommen wir an allerlei bäuerlicher oder halbbäuerlicher Kunst vorüber — wir überschreiten drollige Brücken (zu den malerischesten gehören die Zugbrücken, vor allem Ostfrieslands), wir kommen an stattlichen Windmühlen, altertümlicheren Bockmühlen und jüngeren, sogenannten holländischen (die gelegentlich farbig geschmückt sind), an versteckten Wassermühlen vorüber, an in Ostfriesland noch nicht seltenen Entwässerungsmühlen (Abb. 200), an Ziegeleien, Glashütten. Köhlerhütte, Torfgräber-, Wildheuer-, Holzfällerhütten rufen uns altertümlichste Wohnungsformen in die Erinnerung.

Vielleicht achten wir noch auf merkwürdig verschieden gestaltete Hocken, Heuberge u. dgl., auf Quelleinfassungen, Grenzsteine, Wegweiser u. a. m.

Wallfahrts- und andere Kapellen von oft wunderbar schlicht-schöner Form, Bildstöcke, Christusbilder (Abb. 201), Sühnekreuze, Votivtafeln, Marterln am Wege reihen sich noch zu einem besonderen Stück der Bauernkunst zusammen, von tiefer Frömmigkeit, von harmlos naiver Sinnigkeit und oft feinem Formgefühl erfüllt — einer Wanderung z. B. in Unterfranken am Main entlang geben sie unfraglich einen ganz besonderen künstlerischen Reiz.

(Schlußwort.)

Unsere Wanderung durch die ehrwürdige, langezeit mißachtete, vergessene Kunst eines Teiles unseres Volkes, durch die Kunst eines fast vergessenen Volkes endet! — ja, wahrlich, mutet sie uns hie und da nicht an wie die Kunst eines uns fremd gewordenen Volkes, zu der wir uns aber doch eigenartig hinzugezogen fühlen?

Man hat in der Tat oft, wenn man in ein neues Bauernkunstgebiet kommt, ein Gefühl, wie es ein Forschungsreisender haben mag, der die Kunst eines fremden Naturvolkes studiert!

Abb. 200. Mühlen.

1 Ostfriesische Mühlenhäufung, vorn und hinten rechts Entwässerungsmühlen, hinten links Mehlmühle, Wymeer. 2 Moorwärder bei Hamburg. 3 Ostfriesische Kanallandschaft mit zwei Hebebrücken, Warsingfehn.

1

2

Abb. 201. Kleine Andachtstätten.
1 Kapellchen u. 2 Kruzifix in Tirol. Bildstöcke u. dgl.: 3, 5 Unterfranken. 4 Hessen-Nassau.

Viele Handhaben sonstiger Kunstwissenschaft werden mehr oder weniger unzuverlässig, die Merkmale, nach denen man sonst Entstehungszeit, Herkunft usw. bestimmen kann, versagen, die Schönheitsregeln passen nicht, die Grenze zwischen einfach nützlichem Gerät und Kunst ist oft gar nicht festzustellen, die bescheidenste kindlichste Technik erzeugt schon Arbeiten, die man mitrechnen muß. Formen, die wir als gotisch kennen, sehen wir hier als Erzeugnisse des 18. Jahrhunderts, Stilmischungen, Mißverständnisse, die wir sonst als unmöglich zu Gutem führend ansehen, sehen wir

3

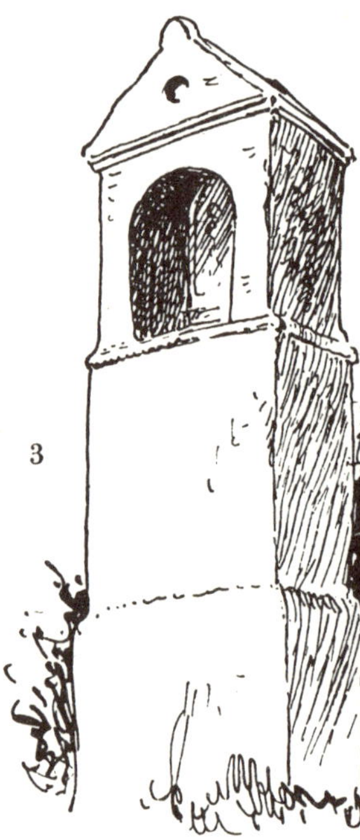

4

5

zu wertvollen Leistungen führen, Farbenwagnisse ungewöhnlicher Art beleidigen uns merkwürdigerweise gar nicht, sondern erfreuen uns — genau wie bei der

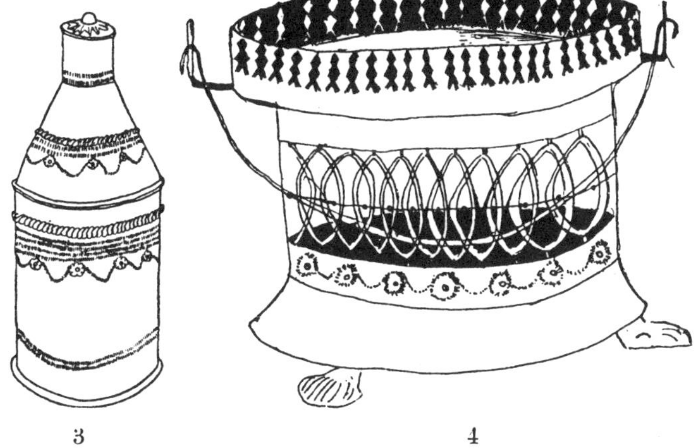

Abb. 202. Aufnahmen bäuerlicher Gegenstände in der Dorfschule.

1, 2 Flachsbreche und -schwinge, gezeichnet in der Schule in Dautphe, Hessen-Nassau. 3 Flasche. 4 „Stövken“ aus Messing, gezeichnet in der Schule in Eilsum, Ostfriesland. (Siehe auch Abb. 122, 132.)

Kunst von Völkern, die nicht den Gang der europäischen Kunst mitgemacht haben.

Ich glaube aber nicht fehlzugehen, wenn ich vermute, daß für Jeden, der sich unvoreingenommen mit dem Studium der Bauernkunst beschäftigt, der in ihren eigenen Gedankengang einzudringen sucht, ihr Gesamteindruck weniger wie vielleicht bei einem exotischen Volke ein bloß merkwürdiger, als vielmehr ein guter, anmutender, erfreulicher, ja oft ein in bestem Sinne staunenerregender sein wird — daß das Gefühl immer mehr Eingang finden wird, daß wir's in unserer Bauernkunst nicht mit einer Auch-Kunst zweiter Güte, sondern mit einem der beachtenswertesten, edelsten, volksechtesten Zweige unserer deutschen Kunst zu tun haben, mit einer Kunst, in der unsere Volksseele mindestens ebenso gut ihr Bestes gegeben hat wie in den anderen bisher allein geschätzten! — ja daß sie vielleicht in besonderer Reinheit sich drin ausspricht!

Denn das ist es wohl gerade, was ihr so viel Beachtung in der Einkehr in unser eigenstes Volkstum verschafft hat, die wir auf so und so vielen Gebieten erfreulicherweise beobachten — von der volkstümlichen Wanderbewegung bis zu den aufblühenden, tiefschürfenden Wissenschaften der Volkskunde und Deutschkunde und zu Vorgängen auf den Gebieten der Literatur und Kunst.

Das Eigenleben der Bauernkunst verging, als im 19. Jahrhundert das ungestörte Abseitsliegen des Dorfes aufhörte, gerade an dem Zeitpunkte, da in den Zweigen der Stadtkunst, die auch in der bäuerlichen eine Rolle spielen, jene Stilartenrundreise zu Ende ging (am deutlichsten sichtbar im Kunstgewerbe), die das Kennzeichen verlorener Eigenart war. Was man damals als Heilmittel zur Wiedergenesung fand und auf den Schild hob: Werk- und Zweckgerechtigkeit, Wertschätzung der Einfachheit, Selbständigkeit gegenüber diesen und jenen Einflüssen, Natürlichkeit, Heimatlichkeit — das sind ja alles selbstverständliche Eigenschaften jeder auf natürlichem Boden stehenden volkstümlichen Kunst und auch der deutschen Bauernkunst! Wenn wir sie als ältere Schwester der städtischen Kunst betrachten — denn das deutsche Dorf war eher als die deutsche Stadt! — so können wir sagen: Indem die städtische Kunst von heute sich in der Bauernkunst nach gesunden Anregungen umsieht, frägt sie ihre ältere Schwester um Rat, die der Mutter, d. i. der Natur in Volksart und Heimatart, näher blieb und in der ländlichen Zurückgezogenheit allerlei alte gute Mutterweisheit besser bewahrt hatte!

Und man kann das Bild scherzhaft fortsetzen und sagen: Und nun beschließen die Schwestern zusammenzuziehen! — indem sich die künstlerischen Vervollkommnungen der Stadtkunst mit den vergessenen Erbweisheiten alter, quellnahe gebliebener Volkskunst vereinen. Eine neue Bauernkunst ganz im alten Sinne wird's und kann's wohl nicht wieder geben, wohl aber eine allgemeine Kunst, die die Vorzüge der beiden Schwestern aufweist! Auch in dem, was an Kunst auf dem Lande entstehen wird, sei's als handwerkliche Eigenkunst oder häusliche Kleinkunst, sei's als das, was in diesen und jenen Bauten, Kirchen, Schulen, Bahnhöfen und neuen vervollkommneten Bauernhäusern auf's Land gebracht wird.

Leider ist ja heute noch der deutsche Bauer derjenige, der unter dem nachwirkenden Einfluß schlechter Stadtkunst die von uns heute bewunderte Kunst seiner Vorfahren am wenigsten schätzt und über unsere Wertschätzung den Kopf schüttelt! Hoffentlich wird auch das anders, lernt er, wie er schlechten Geschmack von der Stadt übernahm, in Zukunft guten übernehmen! — auf dem Lande selbst werden hoffentlich die überall entstandenen Heimatmuseen dazu beitragen, namentlich kann ich mir vorstellen, daß sie auf die ländliche Jugend einwirken können.

Vielleicht kann in dieser Richtung auch ein Vorgehen wirken, wie ich's in Hessen-Nassau und zuletzt in Ostfriesland angeregt habe: Ich habe dort Dorfschullehrer veranlaßt, von ihren Schülern und Schülerinnen allerlei örtlich Volkstümliches in Hausbau, Gerät, auf dem Friedhof, im Felde u. dgl. mehr zeichnen zu lassen. Es kam dabei nicht nur allerlei recht Nettes, im besonderen natürlich in bezug auf alte Kunst, heraus (auch Unbekanntes kam zutage!), sondern es machte den Kindern obendrein große Freude, so große, daß sie auch außerhalb der Schulzeit auf derlei in ihrer Umwelt fahndeten! Allerlei Alltägliches und daher nicht Beachtetes wurde ihnen ja wichtig, wurde eindringlicher angesehen, und es bedarf nur der Worte des Lehrers, um ihnen die Gegenstände als eigenst-heimatliche Werte sogar lieb zu machen, sie hie und da gar stolz darauf zu machen und so allerlei wertvolle Keime in die Seele der Kinder zu legen. Ja, ich erfuhr sogar, daß die Zeichnungen ihrer Kinder auch die Eltern auf allerlei, was ihnen gleichgültig und wertlos geworden war, wieder aufmerksam machten!

Ich brauche mir das nur fortgesetzt zu denken, um mir allerlei Wünschenswertes in bezug auf Wertschätzung, Pflege und Erhaltung der noch vorhandenen Reste alter örtlicher Bauernkunst zu erhoffen, — und vielleicht von der in solchem Sinne heranwachsenden Jugend, die ja in solchem Zeichnen als Zweig der Heimatkunde förmlich die alte Kunst studiert hat, noch etwas mehr: so oder so gesunden, Eigenart wahrenden Einfluß auf die Gestaltung dessen, was die Zukunft dem Lande in Dorf und Siedlung an Kunstmöglichkeiten gewähren wird als Zweige einer deutschen wahren Volkskunst der Zukunft — volkstümlich im innersten Kern und volkstümlich, indem sie allen im deutschen Volke dient!

Fach- und Sachbücher aus vergangenen Jahrhunderten

Überwiegend aus den Bereichen Handwerk, Handwerksgeschichte, Möbel, Holzbau, Holzverarbeitung, Technik, Architektur, Innenarchitektur

Fordern Sie bitte unser Gesamtverzeichnis an

EDITION libri rari

Verlag Th. Schäfer
Postfach 5469
30054 Hannover
Tel.: (0511) 87575-075
Fax: (0511) 87575-079
E-Mail:
libri-rari@th-schaefer.de

... oder besuchen Sie uns im Internet: www.libri-rari.de

Theodor Krauth / Franz Sales Meyer

Das Zimmermannsbuch
Die Bau- und Kunstzimmerei (1895)

Ein Lehrbuch aus der Zeit um die Jahrhundertwende mit 361 Illustrationen im Text und weiteren 131 ganzseitigen Tafeln. Die Autoren der Schreinerbücher haben auch hier ein Werk geschaffen, das durch die enorme Breite des behandelten Stoffes und die klare informative Darstellungsweise viel Interesse findet. Zimmerleute greifen auch heute gerne auf dieses Buch zurück.

512 Seiten, 17,5 × 24 cm, 131 Tafeln, 361 Abbildungen
fester Einband mit Goldprägung
***Best.-Nr. 1212** · ISBN 3-88746-004-9*

Theodor Krauth / Franz Sales Meyer

Die Möbelschreinerei
Das Schreinerbuch II (1902)

Th. Krauth und F. Sales Meyer behandeln hier wie auch in der Bauschreinerei ausführlich alle Techniken und das Material des Schreinerhandwerks. In umfassender Form, aufgelockert durch viele hundert Abbildungen, wird in diesem Buch die ganze Schönheit tischlermäßig gefertigter Möbel eindrucksvoll vorgestellt. Auch für den versierten Hobbytischler ist dies ein nützliches Werk.

440 Seiten, 17,5 × 24 cm, 136 Tafeln, 276 Abbildungen
fester Einband mit Goldprägung
***Best.-Nr. 1211** · ISBN 3-88746-002-2*

Fritz Spannagel

Das Drechslerwerk (1948)

Die Grundlagen des Drechselns sind nirgends gründlicher dargestellt als bei Spannagel. Das bekannte und seit vielen Jahren vergriffene Standardwerk für Drechsler, Werklehrer, Innenarchitekten und Schreiner und für die vielen Hobby-Drechsler wurde wegen der großen Nachfrage wieder von uns herausgegeben. Dieses Handbuch ist trotz der Technisierung und Standardisierung für alle Interessenten eine unentbehrliche Hilfe.

320 Seiten, 17,5 × 24 cm, 1258 Abbildungen
mehrfarbig bedruckter, fester Einband
***Best.-Nr. 1213** · ISBN 3-88746-014-6*

hoffentlich die überall entstandenen Heimatmuseen dazu beitragen, namentlich kann ich mir vorstellen, daß sie auf die ländliche Jugend einwirken können.

Vielleicht kann in dieser Richtung auch ein Vorgehen wirken, wie ich's in Hessen-Nassau und zuletzt in Ostfriesland angeregt habe: Ich habe dort Dorfschullehrer veranlaßt, von ihren Schülern und Schülerinnen allerlei örtlich Volkstümliches in Hausbau, Gerät, auf dem Friedhof, im Felde u. dgl. mehr zeichnen zu lassen. Es kam dabei nicht nur allerlei recht Nettes, im besonderen natürlich in bezug auf alte Kunst, heraus (auch Unbekanntes kam zutage!), sondern es machte den Kindern obendrein große Freude, so große, daß sie auch außerhalb der Schulzeit auf derlei in ihrer Umwelt fahndeten! Allerlei Alltägliches und daher nicht Beachtetes wurde ihnen ja wichtig, wurde eindringlicher angesehen, und es bedarf nur der Worte des Lehrers, um ihnen die Gegenstände als eigenst-heimatliche Werte sogar lieb zu machen, sie hie und da gar stolz darauf zu machen und so allerlei wertvolle Keime in die Seele der Kinder zu legen. Ja, ich erfuhr sogar, daß die Zeichnungen ihrer Kinder auch die Eltern auf allerlei, was ihnen gleichgültig und wertlos geworden war, wieder aufmerksam machten!

Ich brauche mir das nur fortgesetzt zu denken, um mir allerlei Wünschenswertes in bezug auf Wertschätzung, Pflege und Erhaltung der noch vorhandenen Reste alter örtlicher Bauernkunst zu erhoffen, — und vielleicht von der in solchem Sinne heranwachsenden Jugend, die ja in solchem Zeichnen als Zweig der Heimatkunde förmlich die alte Kunst studiert hat, noch etwas mehr: so oder so gesunden, Eigenart wahrenden Einfluß auf die Gestaltung dessen, was die Zukunft dem Lande in Dorf und Siedlung an Kunstmöglichkeiten gewähren wird als Zweige einer deutschen wahren Volkskunst der Zukunft — volkstümlich im innersten Kern und volkstümlich, indem sie allen im deutschen Volke dient!